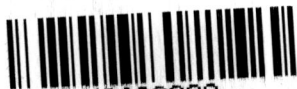

宋 范 曄 撰
唐 李 賢等注

後漢書

第 三 册
卷一五至卷二四(傳二)

中 華 書 局

後漢書卷十五

李王鄧來列傳第五

李通字次元，南陽宛人也。世以貨殖著姓。父守，身長九尺，容貌絕異，爲人嚴毅，居家如官廷。〔一〕初事劉歆，好星歷讖記，爲王莽宗卿師。〔二〕通亦爲五威將軍從事，出補巫丞，有能名。〔三〕莽末，百姓愁怨，通素聞守說讖云「劉氏復興，李氏爲輔」，私常懷之。且居家富逸，爲閭里雄，以此不樂爲吏，乃自免歸。

〔一〕續漢書曰：「守居家，與子孫尤謹，閨門之內如官廷也。」

〔二〕平帝五年，王莽攝政，郡國置宗師以主宗室，蓋特尊之，故曰宗卿師也。

〔三〕王莽置五威將軍。從事謂驅使小官也。前書，秦御史監郡，蕭何從事辨之。巫，縣，屬南郡，故城在今夔州巫山縣北也。

及下江、新市兵起，南陽騷動，〔一〕通從弟軼，亦素好事，乃共計議曰：「今四方擾亂，新室且亡，漢當更興。南陽宗室，獨劉伯升兄弟汎愛容衆，可與謀大事。」通笑曰：「吾意也。」

會光武避（事）〔吏〕在宛，通聞之，卽遣軼往迎光武。〔二〕光武初以通士君子相慕也，故往荅之。及相見，共語移日，握手極歡。通因具言讖文事，光武初殊不意，未敢當之。時守在長安，光武乃微觀通曰：「卽如此，當如宗卿師何？」通曰：「已自有度矣。」〔三〕因復備言其計。光武既深知通意，乃遂相約結，定謀議，期以材官都試騎士日，〔四〕欲劫前隊大夫及屬正，〔五〕因以號令大衆。乃使光武與軼歸舂陵，舉兵以相應。遣從兄子季之長安，以事報守。

〔一〕騷亦動也。

〔二〕續漢書曰：「先是李通同母弟申徒臣能爲醫，難使，伯升殺之。上恐其怨，不欲與軼相見。軼數請，上乃強見之。軼深達通意，上乃許往，意不安，買半臿佩刀懷之。至通舍，通甚悅，握上手，得半臿刀，謂上曰：『一何武也！』上曰：『蒼卒時以備不虞耳。』」

〔三〕度，計度也，音大各反。

〔四〕漢法以立秋日都試騎士，謂課殿最也。翟義誅王莽，以九月都試日勒車騎材官士是也。

〔五〕前隊大夫謂南陽太守甄阜也。屬正謂梁丘賜也。

季於道病死，守密知之，欲亡歸。素與邑人黃顯相善，時顯爲中郎將，聞之，謂守曰：「今關門禁嚴，君狀貌非凡，將以此安之？不如詣闕自歸。事既未然，脫可免禍。」守從其計，卽上書歸死，章未及報，留闕下。會事發覺，通得亡走，莽聞之，乃繫守於獄。而黃顯爲請曰：「守聞子無狀，〔一〕不敢逃亡，守義自信，歸命宮闕。臣顯願質守俱東，曉說其子。如遂悖逆，令守北向刎首，以謝大恩。」〔二〕莽然其言。會前隊復上通起兵之狀，莽怒，欲殺守，顯爭之，遂并被誅，及守家在長安者盡殺之。南陽亦誅通兄弟、門宗六十四人，皆焚尸宛市。

〔一〕無狀謂禍大不可名言其狀也。

〔二〕刎，割也。

時漢兵亦已大合。通與光武、李軼相遇棘陽，遂共破前隊，殺甄阜、梁丘賜。更始立，以通爲柱國大將軍、輔漢侯。從至長安，更拜爲大將軍，封西平王；軼爲舞陰王；通從弟松爲丞相。更始使通持節還鎭荆州，通因娶光武女弟伯姬，是爲寧平公主。〔一〕光武卽位，徵通爲衞尉。建武二年，封固始侯，拜大司農。帝每征討四方，常令通居守京師，鎭撫百姓，修宮室，起學官。五年春，代王梁爲前將軍。六年夏，領破姦將軍侯進、捕虜將軍王霸等十營擊漢中賊。〔二〕公孫述遣兵赴救，通等與戰於西城，破之，〔三〕還屯田順陽。〔四〕

〔一〕寧平，縣，屬淮陽國也。

〔二〕賊謂延岑也。

〔三〕西城，縣，屬漢中郡也。

〔四〕順陽，縣名，屬南(郡)〔陽〕，哀帝改爲博山，故城在今鄧州穰縣西。

時天下略定，通思欲避榮寵，以病上書乞身。詔下公卿羣臣議。大司徒侯霸等曰：「王莽篡漢，傾亂天下。通懷伊、呂、蕭、曹之謀，建造大策，扶助神靈，輔成聖德。破家爲國，忘身奉主，有扶危存亡之義。功德最高，海內所聞。通以天下平定，謙讓辭位。夫安不忘危，宜令通居職療疾。欲就諸侯，不可聽。」於是詔通勉致醫藥，以時視事。其夏，引拜爲大司空。

通布衣唱義，助成大業，重以寧平公主故，特見親重。然性謙恭，常欲避權埶。素有消疾，〔一〕自爲宰相，謝病不視事，連年乞骸骨，帝每優寵之。令以公位歸第養疾，通復固辭。積二歲，乃聽上大司空印綬，以特進奉朝請。有司奏請封諸皇子，帝感通首創大謀，即日封通少子雄爲召陵侯。每幸南陽，常遣使者以太牢祠通父冢。十八年卒，謚曰恭侯。帝及皇后親臨弔，送葬。

〔一〕消，消中之疾也。周禮天官職曰：「春有痟首疾。」鄭玄注云：「痟，酸削也。」

子音嗣。音卒，子定嗣。定卒，子黄嗣。黄卒，子壽嗣。〔一〕

〔一〕東觀記「黄」字作「箕」也。

李軼後爲朱鮪所殺。更始之敗，李松戰死，唯通能以功名終。永平中，顯宗幸宛，詔諸李隨安衆宗室會見，〔一〕並受賞賜，恩寵篤焉。

〔一〕安衆，縣，屬南陽郡，故城在鄧州東。謝承書曰：「安衆侯劉(崇)〔寵〕，長沙定王五代孫，南陽宗室也。與宗人討莽有功，隨光武河北破王郎。朝廷高其忠壯，策文嗟歎，以厲宗室。安衆諸劉皆其後。」

論曰：子曰「富與貴是人之所欲，不以其道得之，不處也」。〔一〕李通豈知夫所欲而未識以道者乎！夫天道性命，聖人難言之，況乃億測微隱，猖狂無妄之福，〔二〕汙滅親宗，以觖一切之功哉！〔三〕昔蒙穀負書，不徇楚難；〔四〕卽墨用齊，義雪燕恥。〔五〕彼之趣舍所立，其殆與通異乎？

〔一〕論語之文。

〔二〕微隱謂讖文也。莊子曰：「猖狂妄行。」易無妄卦曰：「無妄之往，何之矣。」鄭玄注云：「妄之言望，人所望宜正。行必有所望，行而無所望，是失其正，何可往也。」卽史記朱英曰「代有無望之福，又有無(妄)〔望〕之禍」是也。

〔三〕停水曰汙，言族滅而汙池之也。觖，望也，音丘瑞反。一切，謂權時也。

〔四〕戰國策曰，吳、楚戰於栢舉，吳師入郢。蒙穀奔入宮，負離次之典，浮江逃於雲夢之中。後昭王反郢，五官失法，百姓昏亂；蒙穀獻典，五官得法，百姓大化。校蒙穀之功，與存國相若，封之執圭。蒙穀怒曰：「穀非人臣也，社稷之臣也。苟社稷血食，余豈患無君乎！」遂弃於歷山也。

〔五〕史記曰：燕昭王伐齊，湣王敗，出亡。燕人入臨菑，盡取齊寶，燒其宮室宗廟，下齊七十餘城，其不下者，唯獨莒、即墨。後齊田單以即墨擊破燕軍，悉復所亡城。故曰雪也。

王常字顏卿，潁川舞陽人也。〔一〕王莽末，爲弟報仇，亡命江夏。〔二〕久之，與王鳳、王匡等起兵雲杜綠林中，聚衆數萬人，以常爲偏裨，攻傍縣。後與成丹、張卬別入南郡藍口，號下江兵。〔三〕王莽遣嚴尤、陳茂擊破之。常與丹、卬收散卒入蔞谿，〔四〕劫略鍾、龍閒，〔五〕衆復振。引軍與荊州牧戰於上唐，大破之，〔六〕遂北至宜秋。〔七〕

〔一〕東觀記曰：「其先鄠人，常父博，成、哀閒轉客潁川舞陽，因家焉。」

〔二〕命者，名也。言背其名籍而逃亡也。

〔三〕續漢志曰南郡編縣有藍口聚。

〔四〕蔞音力于反。

〔五〕盛弘之荊州記曰永陽縣北有石龍山，在今安州應山縣東北。又隨州隨縣東北有三鍾山也。

〔六〕上唐，鄉名，故城在今隨州棗陽縣東北也。

〔七〕續漢志曰南（郡）〔陽〕有宜秋聚也。

是時，漢兵與新市、平林衆俱敗於小長安，各欲解去。伯升聞下江軍在宜秋，即與光武及李通俱造常壁，曰：「願見下江一賢將，議大事。」成丹、張卬共推遣常。伯升見常，說以合從之利。〔一〕常大悟，曰：「王莽篡弑，殘虐天下，百姓思漢，故豪傑並起。今劉氏復興，卽眞主也。誠思出身爲用，輔成大功。」伯升曰：「如事成，豈敢獨饗之哉！」遂與常深相結而去。常還，具爲丹、卬言之。丹、卬負其衆，皆曰：「大丈夫既起，當各自爲主，何故受人制乎？」常心獨歸漢，乃稍曉說其將帥曰：「往者成、哀衰微無嗣，故王莽得承閒篡位。既有天下，而政令苛酷，積失百姓之心。民之謳吟思漢，非一日也，故使吾屬因此得起。夫民所怨者，天所去也；民所思者，天所與也。舉大事必當下順民心，上合天意，功乃可成。若負強恃勇，觸情恣欲，雖得天下，必復失之。以秦、項之埶，尚至夷覆，況今布衣相聚草澤？以此行之，滅亡之道也。今南陽諸劉舉宗起兵，觀其來議事者，皆有深計大慮，王公之才，與之并合，必成大功，此〔天〕所以祐吾屬也。」下江諸將雖屈強少識，然素敬常，乃皆謝曰：「無王將軍，吾屬幾陷於不義。願敬受教。」卽引兵與漢軍及新市、平林合。於是諸部齊心同力，銳氣益壯，遂俱進，破殺甄阜、梁丘賜。

〔一〕以利合曰從也。

及諸將議立宗室，唯常與南陽士大夫同意欲立伯升，而朱鮪、張卬等不聽。及更始立，以常爲廷尉、大將軍，封知命侯。別徇汝南、沛郡，還入昆陽，與光武共擊破王尋、王邑。更始西都長安，以常行南陽太守事，令專命誅賞，〔一〕封爲鄧王，食八縣，賜姓劉氏。常性恭儉，遵法度，南方稱之。

〔一〕東觀記曰：「誅不從命，封拜有功。」

更始敗，建武二年夏，常將妻子詣洛陽，肉袒自歸。光武見常甚歡，勞之曰：「王廷尉良苦。〔一〕每念往時，共更艱戹，何日忘之。〔二〕莫往莫來，豈違平生之言乎？」〔三〕常頓首謝曰：「臣蒙大命，得以鞭策託身陛下。〔四〕始遇宜秋，後會昆陽，幸賴靈武，輒成斷金。〔五〕更始不量愚臣，任以南州。〔六〕赤眉之難，喪心失望，〔七〕以爲天下復失綱紀。聞陛下即位河北，心開目明，今得見闕庭，死無遺恨。」帝笑曰：「吾與廷尉戲耳。吾見廷尉，不憂南方矣。」〔八〕乃召公卿將軍以下大會，具爲羣臣言：「常以匹夫興義兵，明于知天命，故更始封爲知命侯。與吾相遇兵中，尤相厚善。」特加賞賜，拜爲左曹，〔九〕封山桑侯。〔一〇〕

〔一〕良，甚也，言苦辛甚也。

〔二〕更，經也。艱戹謂帝敗小長安，造常壁，與常共破甄阜及王尋等也。

〔三〕平生言謂常云「劉氏眞主也，誠思出身爲用，輔成大功」。常乃久事更始，不早歸朝，帝微以責之，故下文云「吾與廷尉戲耳」。詩衞風曰：「莫往莫來，悠悠我思。」

〔四〕策，馬檛也。言執策以從之。

〔五〕伯升與常深相結，故曰斷金。易繫辭曰：「二人同心，其利斷金。」

〔六〕謂以廷尉行南陽太守。

〔七〕謂赤眉入長安，破更始。

〔八〕謂南陽也。

〔九〕前書曰，左、右曹，平尚書事。

〔一〇〕山桑，縣，屬沛郡，今亳州縣。

後帝於大會中指常謂羣臣曰：「此家率下江諸將輔翼漢室，心如金石，眞忠臣也。」是日遷常爲漢忠將軍，遣南擊鄧奉、董訢，令諸將皆屬焉。又詔常北擊河閒、漁陽，平諸屯聚。五年秋，攻拔湖陵，又與帝會任城，因從破蘇茂、龐萌。進攻下邳，常部當城門戰，一日數合，賊反走入城，常追迫之，城上射矢雨下，帝從百餘騎自城南高處望，常戰力甚，馳遣中黃門詔使引還，賊遂降。又別率騎都尉王霸共平沛郡賊。〔一〕六年春，徵還洛陽，令夫人迎常於舞陽，歸家上冢。西屯長安，拒隗囂。七年，使使者持璽書卽拜常爲横野大將軍，位次與諸將絶席。〔二〕常別擊破隗囂將高峻於朝那。〔三〕囂遣將過烏氏，常要擊破之。轉降保塞羌諸營壁，皆平之。九年，擊內黃賊，破降之。後北屯故安，拒盧芳。〔四〕十二年，薨于屯所，謚曰節侯。

〔一〕東觀記曰，沛郡賊，苗虛也。

〔三〕絕席謂尊顯之也。漢官儀曰：「御史大夫、尚書令、司隸校尉，皆專席，號三獨坐。」

〔三〕朝那，縣，屬安定郡也。

〔四〕故安，縣，屬涿郡，故城在今易州易縣南也。

子廣嗣。三十年，徙封石城侯。〔一〕永平十四年，坐與楚事相連，國除。

〔一〕石城故城在今復州沔陽縣東南也。

鄧晨字偉卿，南陽新野人也。世吏二千石。〔一〕父宏，豫章都尉。晨初娶光武姊元。王莽末，光武嘗與兄伯升及晨俱之宛，與穰人蔡少公等讌語。少公頗學圖讖，言劉秀當爲天子。或曰：「是國師公劉秀乎？」光武戲曰：「何用知非僕邪？」坐者皆大笑，晨心獨喜。〔二〕及光武與家屬避吏新野，舍晨廬，甚相親愛。晨因謂光武曰：「王莽悖暴，盛夏斬人，此天亡之時也。〔三〕往時會宛，獨當應邪？」光武笑不荅。

〔一〕東觀記曰：「晨曾祖父隆，揚州刺史；祖父勳，交阯刺史。」

〔二〕東觀記曰：「晨與上共載出，逢使者不下車，使者怒，頗加恥辱。上稱江夏卒史，晨更名侯家丞。使者以其詐，將至亭，欲罪之，新野宰潘叔爲請，得免。」

〔三〕王莽地皇元年，下書曰：「方出軍行師，有趍讙犯〔法〕者，斬無須時。」於是春夏斬人都市，百姓震懼也。

及漢兵起，晨將賓客會棘陽。漢兵敗小長安，諸將多亡家屬，光武單馬遁走，遇女弟伯姬，與共騎而奔。前行復見元，趣令上馬。元以手撝曰：「行矣，不能相救，無爲兩沒也。」會追兵至，元及三女皆遇害。漢兵退保棘陽，而新野宰乃汙晨宅，焚其冢墓。宗族皆恚怒，曰：「家自富足，何故隨婦家人入湯鑊中？」晨終無恨色。

更始立，以晨爲偏將軍。與光武略地潁川，俱夜出昆陽城，擊破王尋、王邑。又別徇陽翟以東，至京、密，皆下之。〔一〕更始北都洛陽，以晨爲常山太守。會王郎反，光武自薊走信都，晨亦閒行會於鉅鹿下，自請從擊邯鄲。光武曰：「偉卿以一身從我，不如以一郡爲我北道主人。」乃遣晨歸郡。光武追銅馬、高胡羣賊於冀州，晨發積射士千人，〔二〕又遣委輸給軍不絕。光武卽位，封晨房子侯。〔三〕帝又感悼姊沒於亂兵，追封諡元爲新野節義長公主，立廟于縣西。封晨長子汎爲吳房侯，〔四〕以奉公主之祀。

〔一〕京、密，二縣名，屬河南郡。京故城在今鄭州滎陽東，鄭之京邑也。密故城在滎陽東南也。

〔二〕積與迹同，古字通用，謂尋迹而射之。

〔三〕房子，今趙州縣也。

〔四〕吳房，今豫州縣也。

建武三年，徵晨還京師，數讌見，說故舊平生爲歡。晨從容謂帝曰：「僕竟（辯）〔辦〕

之。」〔一〕帝大笑。從幸章陵，拜光祿大夫，使持節監執金吾賈復等擊平郾陵、新息賊。〔二〕四年，從幸壽春，留鎮九江。

〔一〕光武前語晨云：「何用知非僕乎？」故晨有此言也。

〔二〕新息，今豫州縣也。

晨好樂郡職，由是復拜爲中山太守，吏民稱之，常爲冀州高第。〔一〕十三年，更封南䜌侯。〔二〕入奉朝請，復爲汝南太守。十八年，行幸章陵，徵晨行廷尉事。從至新野，置酒酣讌，賞賜數百（十）〔千〕萬，復遣歸郡。晨興鴻郤陂數千頃田，〔三〕汝土以殷，魚稻之饒，流衍它郡。〔四〕明年，定封西華侯，復徵奉朝請。二十五年卒，詔遣中謁者備公主官屬禮儀，〔五〕招迎新野主魂，與晨合葬於北芒。乘輿與中宮親臨喪送葬。謚曰惠侯。

〔一〕中山屬冀州，於冀州所部郡課常爲弟一也。

〔二〕䜌音力全反。

〔三〕鴻郤，陂名，在今豫州汝陽縣東。成帝時，關東水陂溢爲害，翟方進爲丞相，奏罷之。

〔四〕衍，饒也。

〔五〕漢官儀曰「長公主官屬，傅一人，員吏五人，騶僕射五人，私府長、食官長、永巷令、家令各一人」也。

小子棠嗣，後徙封武當。棠卒，子固嗣。固卒，子國嗣。國卒，子福嗣，永建元年卒，無子，國除。

來歙字君叔，〔一〕南陽新野人也。六世祖漢，有才力，武帝世，以光祿大夫副樓船將軍楊僕，擊破南越、朝鮮。父仲，〔二〕哀帝時爲諫大夫，娶光武祖姑，生歙。光武甚親敬之，數共往來長安。

〔一〕歙音許及反。

〔二〕東觀記「仲」作「沖」。

漢兵起，王莽以歙劉氏外屬，乃收繫之，賓客共篡奪，得免。更始即位，以歙爲吏，從入關。數言事不用，以病去。歙女弟爲漢中王劉嘉妻，嘉遣人迎歙，因南之漢中。更始敗，歙勸嘉歸光武，遂與嘉俱東詣洛陽。

帝見歙，大歡，即解衣以衣之，〔一〕拜爲太中大夫。是時方以隴、蜀爲憂，獨謂歙曰：「今西州未附，〔二〕子陽稱帝，道里阻遠，諸將方務關東，思西州方略，未知所任，其謀若何？」歙因自請曰：「臣嘗與隗囂相遇長安。其人始起，以漢爲名。今陛下聖德隆興，臣願得奉威命，開以丹青之信，〔三〕囂必束手自歸，則述自亡之埶，不足圖也。」帝然之。建武三年，歙始使隗囂。五年，復持節送馬援，因奉璽書於囂。既還，復往說囂，囂遂遣子恂隨歙入質，拜歙爲中郎將。時山東略定，帝謀西收囂兵，與俱伐蜀，復使歙喻旨。囂將王元說囂，多設疑故，久冘豫不決。〔四〕歙素剛毅，遂發憤質責囂曰：〔五〕「國家以君知臧否，曉廢興，故以手書暢意。足下推忠誠，遣伯春委質，〔六〕是臣主之交信也。今反欲用佞惑之言，爲族滅之計，叛主負子，違背忠信乎？吉凶之決，在於今日。」欲前刺囂，囂起入，部勒兵，將殺歙，歙徐杖節就車而去。囂愈怒，王元勸囂殺歙，使牛邯將兵圍守之。囂將王遵諫曰：「愚聞爲國者愼器與名，爲家者畏怨重禍。〔七〕俱愼名器，則下服其命；輕用怨禍，則家受其殃。今將軍遣子質漢，內懷它志，名器逆矣；外人有議欲謀漢使，輕怨禍矣。古者列國兵交，使在其閒，〔八〕所以重兵貴和而不任戰也，何況承王命籍重質而犯之哉？君叔雖單車遠使，而陛下之外兄也。〔九〕害之無損於漢，而隨以族滅。昔宋執楚使，遂有析骸易子之禍。〔一〇〕小國猶不可辱，況於萬乘之主，重以伯春之命哉！」歙爲人有信義，言行不違，及往來游說，皆可案覆，西州士大夫皆信重之，多爲其言，故得免而東歸。

〔一〕東觀記曰「解所被襜襦以衣歙」也。

〔二〕西州謂隗囂也。

〔三〕楊子法言曰「聖人之言，明若丹青」也。

〔四〕冘豫，不定之意也。說文曰「冘冘，行皃」也。音淫。東觀記曰「狐疑不決」也。

〔五〕質，正也。

〔六〕囂子恂，字伯春。

〔七〕器，車服也。名，爵號也。言名與器不可妄授也。

〔八〕左傳曰：「晉欒書伐鄭，鄭人使伯蠲行成，晉人殺之，非禮也。兵交使在其閒，可也。」

〔九〕光武之姑子，故曰外兄也。

〔一〇〕左傳曰，楚使申舟聘齊，不假道於宋。華元曰：「楚不假道，鄙我也。」乃殺之。楚子聞之，遂圍宋。宋人懼，使華元夜入楚師，告子反曰「寡君使元以病告，弊邑易子而食，析骸以爨」也。

八年春，歙與征虜將軍祭遵襲略陽，遵道病還，分遣精兵隨歙，合二千餘人，伐山開道，從番須、回中〔一〕徑至略陽，〔二〕斬囂守將金梁，因保其城。囂大驚曰：「何其神也！」〔三〕乃悉兵數萬人圍略陽，斬山築堤，激水灌城。歙與將士固死堅守，矢盡，乃發屋斷木以爲兵。囂盡銳攻之，自春至秋，其士卒疲弊。帝乃大發關東兵，自將上隴，囂衆潰走，圍解。於是置酒高會，勞賜歙，班坐絕席，在諸將之右，賜歙妻縑千匹。詔使留屯長安，悉監護諸將。

〔一〕番須、回中，並地名也。番音盤。武帝元封四年幸雍，通回中道。前書音義曰回中在汧。汧今隴州汧源縣也。

〔二〕徑，直也。

〔三〕東觀記曰：「上聞得略陽，甚悅。左右怪上數破大敵，今得小城，何足以喜？然上以略陽囂所依阻，心腹已壞，則制其支體〔易〕也。」

歙因上書曰：「公孫述以隴西、天水爲藩蔽，故得延命假息。今二郡平蕩，則述智計窮矣。宜益選兵馬，儲積資糧。昔趙之將帥多賈人，高帝懸之以重賞。〔一〕今西州新破，兵人疲饉，若招以財穀，則其衆可集。臣知國家所給非一，用度不足，然有不得已也。」帝然之。於是大轉糧運，〔二〕詔歙率征西大將軍馮異、建威大將軍耿弇、虎牙大將軍蓋延、揚武將軍馬成、武威將軍劉尚入天水，擊破公孫述將田弇、趙匡。明年，攻拔落門，〔三〕隗囂支黨周宗、趙恢及天水屬縣皆降。

〔一〕高帝十年，陳豨反於趙、代，其將多賈人，帝多以金購，豨將皆降。

〔二〕東觀記曰：「詔於汧積穀六萬斛，驢四百頭負馱。」

〔三〕聚名也。解見光武紀。

初王莽世，羌虜多背叛，而隗囂招懷其酋豪，遂得爲用。及囂亡後，五谿、先零諸種數爲寇掠，皆營塹自守，州郡不能討。歙乃大修攻具，率蓋延、劉尚及太中大夫馬援等進擊羌於金城，大破之，斬首虜數千人，獲牛羊萬餘頭，穀數十萬斛。又擊破襄武賊傅栗卿等。〔一〕隴西雖平，而人飢，流者相望。〔二〕歙乃傾倉廩，轉運諸縣，以賑贍之，於是隴右遂安，而涼州流通焉。

〔一〕襄武，縣，屬隴西郡也。

〔二〕流謂流離以就食也。

十一年，歙與蓋延、馬成進攻公孫述將王元、環安於河池、下(辯)〔辨〕，陷之，乘勝遂進。蜀人大懼，使刺客刺歙，未殊，馳召蓋延。延見歙，因伏悲哀，不能仰視。歙叱延曰：「虎牙何敢然！今使者中刺客，無以報國，故呼巨卿，欲相屬以軍事，而反效兒女子涕泣乎！刃雖在身，不能勒兵斬公邪！」延收淚強起，受所誡。歙自書表曰：「臣夜人定後，爲何人所賊傷，中臣要害。〔一〕臣不敢自惜，誠恨奉職不稱，以爲朝廷羞。夫理國以得賢爲本，太中大夫段襄，骨鯁可任，〔二〕願陛下裁察。又臣兄弟不肖，〔三〕終恐被罪，陛下哀憐，數賜教督。」投筆抽刃而絕。

〔一〕何人謂不知何人也。

〔二〕骨鯁，喻正直也。說文曰：「鯁，魚骨也。」食骨留咽中爲鯁。

〔三〕肖，似也。不似猶不賢也。

帝聞大驚，省書(覽)〔擥〕涕，乃賜策曰：「中郎將來歙，攻戰連年，平定羌、隴，憂國忘家，忠孝彰著。遭命遇害，嗚呼哀哉！」使太中大夫贈歙中郎將、征羌侯印綬，謚曰節侯，謁者護喪事。喪還洛陽，乘輿縞素臨弔送葬。以歙有平羌、隴之功，故改汝南之當鄉縣爲征

羌國焉。〔一〕

〔一〕征羌故城在今豫州郾城縣東南也。

子褒嗣。十三年，帝嘉歙忠節，復封歙弟由爲宜西侯。〔二〕褒子稜，尚顯宗女武安公主。稜早歿，褒卒，以稜子歷爲嗣。

〔二〕東觀記曰「宜西鄉侯」。

論曰：世稱來君叔天下信士。夫專使乎二國之閒，豈厭詐謀哉？而能獨以信稱者，良其誠心在乎使兩義俱安，而己不私其功也。

歷字伯珍，少襲爵，以公主子，永元中，爲侍中，監羽林右騎。〔一〕永初三年，遷射聲校尉。永寧元年，代馮石爲執金吾。延光元年，尊歷母爲長公主。二年，遷歷太僕。

〔一〕羽林騎，武帝置。宣帝令中郎將騎都尉監羽林，見前書。

明年，中常侍樊豐與大將軍耿寶、侍中周廣、謝惲等共讒陷太尉楊震，震遂自殺。歷謂侍御史虞詡曰：「耿寶託元舅之親，〔一〕榮寵過厚，不念報國恩，而傾側姦臣，誣奏楊公，傷害忠良，其天禍亦將至矣。」遂絕周廣、謝惲，不與交通。時皇太子驚病不安，避幸安帝乳母野王君王聖舍。太子乳母王男、廚監邴吉等以爲聖舍新繕修，犯土禁，不可久御。聖及其女永與大長秋江京及中常侍樊豐、王男、邴吉等互相是非，聖、永遂誣譖男、吉，皆幽囚死，家屬徙比景。太子思男等，數爲歎息。京、豐懼有後害，妄造虛無，構讒太子及東宮官屬。帝怒，召公卿以下會議廢立。耿寶等承旨，皆以爲太子當廢。歷與太常桓焉、廷尉張皓議曰：「經說，年未滿十五，過惡不在其身。且男、吉之謀，皇太子容有不知，宜選忠良保傅，輔以禮義。廢置事重，此誠聖恩所宜宿留。」帝不從，〔二〕是日遂廢太子爲濟陰王。時監太子家小黃門籍建、中傅高梵等〔三〕皆以無罪徙朔方。歷乃要結光祿勳祋諷，〔四〕宗正劉瑋，將作大匠薛皓，侍中閭丘弘、陳光、趙代、施延，太中大夫朱倀、〔五〕第五頡，〔六〕中散大夫曹成，諫議大夫李尤，符節令張敬，〔七〕持書侍御史龔調，〔八〕羽林右監孔顯，〔九〕城門司馬徐崇，衞尉守丞樂闟，〔一〇〕長樂、未央廄令鄭安世等十餘人，〔一一〕俱詣鴻都門證太子無過。龔調據法律明之，以爲男、吉犯罪，皇太子不當坐。帝與左右患之，乃使中常侍奉詔脅羣臣曰：「父子一體，天性自然。以義割恩，爲天下也。歷、諷等不識大典，而與羣小共爲讙譁，外見忠直而內希後福，飾邪違義，豈事君之禮？朝廷廣開言事之路，故且一切假貸；若懷迷不反，當顯明刑書。」諫者莫不失色。薛皓先頓首曰：「固宜如明詔。」歷怫然，〔一二〕廷詰皓曰：「屬通諫何言，而今復背之？〔一三〕大臣乘朝車，處國事，固得輾轉若此乎！」〔一四〕乃各稍自引起，歷獨守闕，連日不肯去。帝大怒，乃免歷兄弟官，削國租，黜公主不得會見。歷遂杜門不與親戚通，時人爲之震慄。

〔一〕寶女弟爲清河王慶姬，即安帝嫡母也，故竇於帝爲元舅焉。
〔二〕宿留猶停留也。宿留音秀溜。
〔三〕梵音扶汎反。
〔四〕殺音丁外反。
〔五〕佷音丑羊反。
〔六〕頡音下結反。
〔七〕續漢（書）〔志〕曰：「符節令，秩〔六〕百石。」
〔八〕續漢志曰「持書侍御史，秩六百石」也。
〔九〕漢官儀「羽林左、右監，屬光祿」也。
〔10〕守丞，兼守之丞也。
〔一一〕續漢志曰「未央廐令一人，長樂廐令一人，主乘輿馬」也。
〔一二〕字林曰：「怫，鬱也。」怫音扶勿反。
〔一三〕屬，近也。通猶共也。近言共諫，何乃相背也。
〔一四〕周禮曰：「卿乘夏縵，大夫乘墨車。」輾轉，不定也。詩曰：「展轉反側。」

及帝崩，閻太后起歷爲將作大匠。順帝卽位，朝廷咸稱社稷臣，於是遷爲衞尉。祋諷、劉瑋、閭丘弘等先卒，皆拜其子爲郎；朱倀、〔一〕施延、陳光、趙代等並爲公卿，任職；徵王男、邴吉家屬還京師，厚加賞賜；籍建、高梵等悉蒙顯擢。永建元年，拜歷車騎將軍，弟祉爲步兵校尉，超爲黃門侍郎。三年，母長公主薨，歷稱病歸第；服闋，復爲大鴻臚。陽嘉二年，卒官。

〔一〕倀音丑良反。

子定嗣。定尙安帝妹平氏長公主，順帝時，爲虎賁中郎將。定卒，子虎嗣，桓帝時，爲屯騎校尉。弟豔，字季德，少好學下士，開館養徒，少歷顯位，靈帝時，再遷司空。

贊曰：李、鄧豪贍，舍家從讖。〔一〕少公雖孚，宗卿未驗。〔二〕王常知命，功惟帝念。〔三〕款款君叔，斯言無玷。〔四〕方獻三捷，永墜一劍。〔五〕

〔一〕鄧晨代以吏二千石爲豪，李通家富爲贍也。
〔二〕孚，信也。言蔡少公論讖，其事雖信，而李守被誅，是未驗也。
〔三〕王常，更始中爲知命侯，後歸朝，上錄其功，封爲列侯，故曰帝念。
〔四〕玷，缺也。

〔五〕小雅采薇詩曰：「豈敢定居，一月三捷。」

校勘記

五七三頁三行　李通字次元　集解引汪文臺說，謂初學記十一、北堂書鈔五十二引華嶠書「次元」作「文元」。今按：安國桂坡館刊本初學記及孔廣陶校注本北堂書鈔並作「次元」。

五七四頁一行　會光武避(事)〔吏〕在宛　集解引陳景雲說，謂它處皆作「避吏」，此「事」疑因相似而誤。今據改。按：「事」字古文作「叓」，與「吏」形相近也。

五七四頁七行　同母弟申徒臣　集解引惠棟說，謂「申徒臣」東觀記作「公孫臣」，袁宏紀作「申屠臣」。今按：聚珍本東觀記光武紀作「公孫臣」，李通傳作「申屠臣」。

五七四頁九行　蒼卒時以備不虞耳　汲本、殿本「蒼」作「倉」。按：蒼倉通用。又按：影印紹興本此卷仍有闕佚，取它本補配，故多譌字。以下遇極明顯之譌字，皆逕予改正，不作校記。

五七五頁一〇行　徵通爲衞尉　按：袁紀「衞尉」作「光祿勳」。書鈔五十三引續漢書同。

五七六頁二行　屬南(郡)〔陽〕　據集解引洪亮吉說改。

五七六頁三行　以病上書乞身　按：集解引洪亮吉說，謂此蒙上「六年夏」之文，下云「其夏，引拜爲大司空」，考通爲司空在建武七年五月，則此應云「明年夏，引拜爲大司空」，否則「以病上書乞身」上亦應加「明年」二字。省此二字，增一「其」字，遂覺敍事不清。

五七七頁三行　安衆侯劉（崇）〔寵〕　集解引顧炎武說，謂「崇」當從漢表作「寵」。又引陳景雲說，謂崇死於莽未篡漢之先，建武二年，從父弟寵紹封，此傳寫誤也。今據改。按：集解又引惠棟說，謂安衆侯紹封者有劉宣子高，見卓茂傳。校補謂「宣」與「寵」自係一人名，因形近而誤。

五七七頁六行　猖狂無妄之福　按：汲本「福」作「禍」。

五七七頁一一行　又有無（妄）〔望〕之禍　據汲本、殿本改，與史記平原君傳合。

五七八頁一三行　南（郡）〔陽〕有宜秋聚也　集解引惠棟說，謂續志平氏縣有宜秋聚，屬南陽，非南郡也。今據改。

五七九頁一〇行　此〔天〕所以祐吾屬也　校補引錢大昭說，謂「此」字下通鑑有「天」字。按：上屢言「天」，此處合有「天」字，今據補。

五八一頁六行　此家率下江諸將　集解謂袁宏紀「此家」作「此人」。按：通鑑胡注「此家猶言此人也」。

五八一頁一三行　囂遣將過烏氏　按：集解引惠棟說，謂氏音支，續志作「枝」或作「支」。

五八二頁二行　按：此注原繫「烏氏」下，據汲本、殿本移正。

五八二頁一〇行　往時會宛獨當應邪　按：張熷謂「會宛」下當有「語」字，袁紀作「宛下言儻能應也」。

五八二頁一四行　有趍讙犯〔法〕者斬無須時　據刊誤補，與前書莽傳合。按：殿本「趍」作「趨」，與前書莽傳同。

五八三頁一五行　僕竟（辯）〔辨〕之　按：集解引沈欽韓說，謂此「僕」字即光武自稱之「僕」，「辯」當作「辨」。今據改。

五八四頁七行　賞賜數百（十）〔千〕萬　據汲本、殿本改。

五八五頁三行　娶光武祖姑生歙　按：殿本考證萬承蒼謂下文王遵曰「君叔陛下之外兄也」，此「祖姑」字必有誤。又沈家本謂按後文「而陛下之外兄也」，注「光武之姑子，故曰外兄」，然則仲娶者非光武祖姑，恐「祖」字譌也。

五八六頁九行　而陛下之外兄也　按：御覽四五二引「陛下」作「漢帝」。

五八六頁一〇行　害之無損於漢而隨以族滅　按：御覽四五二引作「害之無損於彼，滅之有害於吾」。

五八七頁一四行　前書音義曰回中在汧　按：集解引惠棟說，謂番須、回中皆在安定郡，注引前書音義謂「回中在汧」，非。

五八七頁一六行　則制其支體〔易〕也　據校補引錢大昭說補。

五八九頁三行　下（辯）〔辨〕　據集解引惠棟說改。按：通鑑作「辨」。

五八九頁一二行　按：此注原在「被罪」下，依汲本移正。

五八九頁一三行 省書（覽）〔擥〕涕　校補謂「覽」當作「擥」，屈子懷沙「思美人兮擥涕而竚眙」。今據改。按：通鑑引作「攬」，攬卽擥字。

五九〇頁一五行 故改汝南之當鄉縣爲征羌國焉　按：前志汝南無當鄉縣。集解引錢大昕說，謂「縣」字疑衍。又引洪頤煊說，謂地理、郡國兩志於征羌不言「故當鄉」。范滂傳「汝南征羌人」，李注「謝承書云汝南細陽人」。疑當鄉縣東京初年割細陽所置，故承以滂爲細陽人。

五九一頁八行 侍中閭丘弘　按：集解引惠棟說，謂袁紀作「中郎將閭丘宏」。

五九一頁一五行 固得輾轉若此乎　按：汲本、殿本「得」作「復」。

五九二頁九行 續漢（書）〔志〕曰符節令秩〔六〕百石　「書」當作「志」。又集解引沈欽韓說，謂「百石」上應有「六」字，今據補，與續志合。

後漢書卷十六

鄧寇列傳第六 鄧禹子訓 孫騭 寇恂曾孫榮

鄧禹字仲華，南陽新野人也。年十三，能誦詩，受業長安。時光武亦游學京師，禹年雖幼，而見光武知非常人，遂相親附。數年歸家。

及漢兵起，更始立，豪桀多薦舉禹，禹不肯從。及聞光武安集河北，卽杖策北渡，追及於鄴。光武見之甚歡，謂曰：「我得專封拜，生遠來，寧欲仕乎？」禹曰：「不願也。」光武曰：「卽如是，何欲爲？」禹曰：「但願明公威德加於四海，禹得効其尺寸，垂功名於竹帛耳。」光武笑，因留宿閒語。〔一〕禹進說曰：「更始雖都關西，今山東未安，赤眉、青犢之屬，動以萬數，三輔假號，往往羣聚。更始旣未有所挫，而不自聽斷，諸將皆庸人屈起，〔二〕志在財幣，爭用威力，朝夕自快而已，非有忠良明智，深慮遠圖，欲尊主安民者也。四方分崩離析，〔三〕形埶可見。明公雖建藩輔之功，猶恐無所成立。於今之計，莫如延攬英雄，務悅民心，立高祖之業，救萬民之命。以公而慮天下，不足定也。」光武大悅，因令左右號禹曰鄧將軍。常宿止於中，與定計議。

〔一〕閒，私也。

〔二〕屈音求勿反。

〔三〕論語曰：「邦分崩離析。」

及王郎起兵，光武自薊至信都，使禹發奔命，得數千人，令自將之，別攻拔樂陽。〔一〕從至廣阿，〔二〕光武舍城樓上，披輿地圖，指示禹曰：「天下郡國如是，今始乃得其一。子前言以吾慮天下不足定，何也？」禹曰：「方今海內殽亂，人思明君，猶赤子之慕慈母。古之興者，在德薄厚，不以大小。」〔三〕光武悅。時任使諸將，多訪於禹，禹每有所舉者，皆當其才，光武以爲知人。使別將騎，與蓋延等擊銅馬於清陽。延等先至，戰不利，還保城，爲賊所圍。禹遂進與戰，破之，生獲其大將。從光武追賊至（滿）〔蒲〕陽，連大克獲，北州略定。

〔一〕樂陽，縣名，屬常山郡。

〔二〕東觀記曰：「上率禹等擊王郎橫野將軍劉奉，大破之。上過禹營，禹進炙魚，上餐啗，勞勉吏士，威嚴甚厲。衆皆竊言『劉公眞天人也』。」

〔三〕史記蘇秦說趙王曰：「堯無三夫之分，舜無咫尺之地，禹無百人之聚，湯、武之士不過三千，立爲天子，誠得其道也。」

及赤眉西入關，更始使定國上公王匡、襄邑王成丹、抗威將軍劉均及諸將，分據河東、弘農以拒之。赤眉衆大集，王匡等莫能當。光武籌赤眉必破長安，欲乘釁幷關中，而方自事山東，未知所寄，以禹沈深有大度，故授以西討之略。乃拜爲前將軍持節，中分麾下精兵二萬人，遣西入關，令自選偏裨以下可與俱者。於是以韓歆爲軍師，李文、李春、程慮爲祭酒，〔一〕馮愔爲積弩將軍，樊崇爲驍騎將軍，宗歆爲車騎將軍，鄧尋爲建威將軍，耿訢爲赤眉將軍，左于爲軍師將軍，引而西。

〔一〕「慮」字或爲「憲」字。

建武元年正月，禹自箕關將入河東，〔一〕河東都尉守關不開，禹攻十日，破之，獲輜重千餘乘。進圍安邑，數月未能下。更始大將軍樊參將數萬人，度大陽欲攻禹，〔二〕禹遣諸將逆擊於解南，大破之，斬參首。〔三〕於是王匡、成丹、劉均等合軍十餘萬，復共擊禹，禹軍不利，樊崇戰死。會日暮，戰罷，軍師韓歆及諸將見兵埶已摧，皆勸禹夜去，禹不聽。明日癸亥，匡等以六甲窮日不出，禹因得更理兵勒衆。明旦，匡悉軍出攻禹，禹令軍中無得妄動；既至營下，因傳發諸將鼓而並進，大破之。匡等皆棄軍亡走，禹率輕騎急追，獲劉均及河東太守楊寶、持節中郎將弭彊，皆斬之，收得節六，印綬五百，兵器不可勝數，遂定河東。承制拜李文爲河東太守，悉更置屬縣令長以鎭撫之。是月，光武卽位於鄗，使使者持節拜禹爲大司徒。策曰：「制詔前將軍禹：深執忠孝，與朕謀謨帷幄，決勝千里。〔四〕孔子曰：『自吾有回，門人日親。』〔五〕斬將破軍，平定山西，功効尤著。百姓不親，五品不訓，汝作司徒，敬敷五教，五教在寬。〔六〕今遣奉車都尉授印綬，封爲酇侯，食邑萬戶。敬之哉！」〔七〕禹時年二十四。

〔一〕箕關在今王屋縣東。

〔二〕大陽，縣，屬河東郡。前書音義曰：「大河之陽。」春秋：「秦伯伐晉，自茅津濟。」杜預云：「河東大陽縣也。」

〔三〕解，縣，屬河東郡，故城在今蒲州桑泉縣東南也。

〔四〕高祖曰：「運策帷幄之中，決勝千里之外，吾不如子房。」

〔五〕史記曰，顏回年二十九，髮白，早死，孔子哭之慟，曰「自吾有回，門人益親」也。

〔六〕五品，五常也：父義，母慈，兄友，弟恭，子孝。言五常之教務在寬也。

〔七〕酇，縣，（今）屬南陽郡，故城在〔今〕襄州穀城縣東北。

遂渡汾陰河，入夏陽。更始中郎將左輔都尉公乘歙，〔一〕引其衆十萬，與左馮翊兵共拒禹於衙，〔二〕禹復破走之，而赤眉遂入長安。是時三輔連覆敗，赤眉所過殘賊，百姓不知所歸。聞禹乘勝獨克而師行有紀，〔三〕皆望風相攜負以迎軍，降者日以千數，衆號百萬。禹所止輒停車住節，〔四〕以勞來之，父老童穉，垂髮戴白，〔五〕滿其車下，莫不感悅，於是名震關西。帝嘉之，數賜書褒美。

〔一〕左輔即左馮翊也。三輔皆有都尉。

〔二〕衙，縣名，屬左馮翊，解見安紀。
〔三〕紀，綱紀也。言有條貫而不殘暴。
〔四〕仕或作柱。
〔五〕垂髮，童幼也。戴白，父老也。

諸將豪傑皆勸禹徑攻長安。禹曰：「不然。今吾衆雖多，能戰者少，前無可仰之積，〔一〕後無轉饋之資。赤眉新拔長安，財富充實，鋒銳未可當也。夫盜賊羣居，無終日之計，財穀雖多，變故萬端，寧能堅守者也？上郡、北地、安定三郡，土廣人稀，饒穀多畜，吾且休兵北道，就粮養士，以觀其弊，乃可圖也。」於是引軍北至栒邑。〔二〕禹所到，擊破赤眉別將諸營保，郡邑皆開門歸附。西河太守宗育遣子奉檄降，禹遣詣京師。〔三〕

〔一〕仰猶恃也，音魚向反。
〔二〕栒邑，縣，屬右扶風，故城在今豳州三水縣東北。栒音荀。
〔三〕京師謂洛陽也。公羊傳曰：「天子所居曰京師。」

帝以關中未定，而禹久不進兵，下勑曰：「司徒，堯也；亡賊，桀也。長安吏人，遑遑無所依歸。宜以時進討，鎭慰西京，繫百姓之心。」禹猶執前意，乃分遣將軍別攻上郡諸縣，更徵兵引穀，歸至大要。〔一〕遣馮愔、宗歆守栒邑。二人爭權相攻，愔遂殺歆，因反擊禹，禹遣使以聞(帝)。帝問使人：「愔所親愛爲誰」，對曰：「護軍黄防。」帝度愔、防不能久和，埶必相忤，因報禹曰：「縛馮愔者，必黄防也。」乃遣尚書宗廣持節降之。後月餘，防果執愔，將其衆歸罪。更始諸將王匡、胡殷(成丹)等皆詣廣降，與共東歸。至安邑，道欲亡，廣悉斬之。愔至洛陽，赦不誅。

〔一〕大要，縣名，屬北地郡。

二年春，遣使者更封禹爲梁侯，食四縣。時赤眉西走扶風，禹乃南至長安，軍昆明池，大饗士卒。率諸將齋戒，擇吉日，修禮謁祠高廟，收十一帝神主，遣使奉詣洛陽，因循行園陵，爲置吏士奉守焉。

禹引兵與延岑戰於藍田，不克，復就穀雲陽。漢中王劉嘉詣禹降。嘉相李寶倨慢無禮，禹斬之。寶弟收寶部曲擊禹，殺將軍耿訢。自馮愔反後，禹威稍損，又乏食，歸附者離散。而赤眉復還入長安，禹與戰，敗走，至高陵，軍士飢餓(者)，皆食棗菜。帝乃徵禹還，勑曰：「赤眉無穀，自當來東，吾折捶笞之，非諸將憂也。無得復妄進兵。」禹慙於受任而功不遂，數以飢卒徼戰，輒不利。三年春，與車騎將軍鄧弘擊赤眉，遂爲所敗，衆皆死散。事在馮異傳。獨與二十四騎還詣宜陽，謝上大司徒、梁侯印綬。有詔歸侯印綬。數月，拜右將軍。延岑自敗於東陽，遂與秦豐合。四年春，復寇順陽閒。遣禹護復漢將軍鄧曄、輔漢將軍于匡，擊破岑於鄧；追至武當，復破之。岑奔漢中，餘黨悉降。

十三年，天下平定，諸功臣皆增戶邑，定封禹爲高密侯，食高密、昌安、夷安、淳于四縣。〔一〕帝以禹功高，封弟寬爲明親侯。其後左右將軍官罷，〔二〕以特進奉朝請。禹內文明，篤行淳備，事母至孝。天下既定，常欲遠名埶。有子十三人，各使守一藝。修整閨門，教養子孫，皆可以爲後世法。資用國邑，不修產利。帝益重之。中元元年，復行司徒事。從東巡狩，封岱宗。

〔一〕高密，國名，今密州縣也。昌安、夷安並屬高密國。昌安故城在今密州安丘縣外城也。夷安故城在今密州高密縣外城也。淳于，縣名，屬北海郡，故城在今密州安丘縣東北也。

〔二〕續漢志曰「前後左右將軍皆主征伐，事訖皆罷」也。

顯宗即位，以禹先帝元功，拜爲太傅，進見東向，甚見尊寵。〔一〕居歲餘，寢疾。帝數自臨問，以子男二人爲郎。永平元年，年五十七薨，謚曰元侯。

〔一〕臣當北面，尊如賓，故令東向。

帝分禹封爲三國：長子震爲高密侯，襲爲昌安侯，珍爲夷安侯。

禹少子鴻，好籌策。永平中，以爲小侯。引入與議邊事，帝以爲能，拜將兵長史，率五營士屯鴈門。肅宗時，爲度遼將軍。永元中，與大將軍竇憲俱出擊匈奴，有功，徵行車騎將軍。

出塞追畔胡逢侯，坐逗留，下獄死。

高密侯震卒，子乾嗣。乾尙顯宗女沁水公主。永元十四年，陰皇后巫蠱事發，乾從兄奉以后舅被誅，乾從坐，國除。元興元年，和帝復封乾本國，拜侍中。乾卒，子成嗣。成卒，子褒嗣。褒尙安帝妹舞陰長公主，桓帝時爲少府。褒卒，長子某嗣。少子昌襲母爵爲舞陰侯，拜黄門侍郎。

昌安侯襲嗣子藩，亦尙顯宗女平皐長公主，〔一〕和帝時爲侍中。

〔一〕平皐，縣名，屬河內郡，故城在今懷州武德縣西。

夷安侯珍子康，少有操行。兄良襲封，無後，永初六年，紹封康爲夷安侯。時諸紹封者皆食故國半租，康以皇太后戚屬，獨三分食二，以侍祠侯〔一〕爲越騎校尉。康以太后久臨朝政，宗門盛滿，數上書長樂宮諫爭，宜崇公室，自損私權，言甚切至。太后不從。康心懷畏懼，永寧元年，遂謝病不朝。太后使內侍者問之。時宮人出入，多能有所毀譽，其中耆宿皆稱中大人。所使者乃康家先婢，亦自通中大人。康聞，詬之〔二〕曰：「汝我家出，亦敢爾邪！」婢怨恚，還說康詐疾而言不遜。太后大怒，遂免康官，遣歸國，絕屬籍。及從兄騭誅，〔三〕安帝徵康爲侍中。順帝立，爲太僕，有方正稱，名重朝廷。以病免，加位特進。陽嘉三年卒，謚曰義侯。

〔一〕漢官儀曰：「諸侯功德優盛，朝廷所敬者，位特進，在三公下；其次朝侯，在九卿下；其次侍祠侯；其次下士小國侯，以肺腑親公主子孫，奉墳墓於京師，亦隨時朝見，是爲隈諸侯也。」康，太后從兄，以親侍祀得紹封也。

〔二〕詬，罵也，音許遘反。

〔三〕騭音質。

論曰：夫變通之世，君臣相擇，〔一〕斯最作事謀始之幾也。〔二〕鄧公嬴糧徒步，觸紛亂而赴光武，〔三〕可謂識所從會矣。於是中分麾下之軍，以臨山西之隙，至使關河響動，懷赴如歸。功雖不遂，而道亦弘矣！及其威損栒邑，兵散宜陽，褫龍章於終朝，就侯服以卒歲，〔四〕榮悴交而下無二色，進退用而上無猜情，使君臣之美，後世莫闕其閒，不亦君子之致爲乎！

〔一〕家語孔子曰：「君擇臣而任之，臣亦擇君而事之。」

〔二〕幾者，事之微也。易訟卦曰「君子以作事謀始」也。

〔三〕方言曰：「嬴，檐。」

〔四〕褫音直紙反，又敕紙反。龍章，衮龍之服也。謂禹爲赤眉所敗，上司徒印綬也。易訟卦曰：「或錫之鞶帶，終朝三褫之。」

訓字平叔，禹第六子也。少有大志，不好文學，禹常非之。顯宗即位，初以爲郎中。訓

樂施下士，士大夫多歸之。〔一〕

〔一〕東觀記曰：「訓謙恕下士，無貴賤見之如舊，朋友子往來門內，視之如子，有過加鞭扑之教。太醫皮巡從獵上林還，暮宿殿門下，寒疝病發。時訓直事，聞巡聲，起往問之，巡曰：『冀得火以熨背。』訓身至太官門爲求火，不得，乃以口噓其背，復呼同廬郎共更噓，至朝遂愈也。」

永平中，理虖沱、石臼河，從都慮至羊腸倉，〔一〕欲令通漕。〔二〕太原吏人苦役，連年無成，轉運所經三百八十九隘，〔三〕前後沒溺死者不可勝筭。建初三年，拜訓謁者，使監領其事。訓考量隱括，〔四〕知大功難立，具以上言。肅宗從之，遂罷其役，更用驢輦，歲省費億萬計，全活徒士數千人。

〔一〕酈元水經注云，汾陽故城，積粟所在，謂之羊腸倉，在晉陽西北，石隥縈委，若羊腸焉，故以爲名。今嵐州界羊腸阪是也。石臼河解見〔明〕〔章〕紀。

〔二〕水運曰漕。

〔三〕隘音乙賣反。

〔四〕隱審量括之也。孫卿子曰：「拘木必待隱括蒸揉然後直」也。拘音鉤，謂曲者也。

會上谷太守任興欲誅赤沙烏桓，〔烏桓〕怨恨謀反，詔訓將黎陽營兵屯狐奴，以防其變。〔一〕訓撫接邊民，爲幽部所歸。六年，遷護烏桓校尉，黎陽故人多攜將老幼，樂隨訓徙邊。〔二〕鮮卑聞其威恩，皆不敢南近塞下。〔三〕八年，舞陰公主子梁扈有罪，訓坐私與扈通

書，徵免歸閭里。〔四〕

〔一〕漢官儀曰：「中興以幽、冀、并州兵克定天下，故於黎陽立營，以謁者監之。」狐奴，縣，屬漁陽郡也。

〔二〕東觀記曰：「訓故吏最貧羸者舉國，念訓常所服藥北州少乏，又知訓好青泥封書，從黎陽步推鹿車於洛陽市藥，還過趙國易陽，並載青泥一（樸）〔璞〕，至上谷遺訓。其得人心如是。」

〔三〕東觀記曰：「吏士常大病瘧，轉易至數十人，訓身爲煮湯藥，咸得平愈。其無妻者，爲適配偶。」

〔四〕東觀記曰：「燕人思慕，爲之作歌也。」

元和三年，盧水胡反畔，以訓爲謁者，乘傳到武威，拜張掖太守。

章和二年，護羌校尉張紆誘誅燒當種羌迷吾等，由是諸羌大怒，謀欲報怨，朝廷憂之。公卿舉訓代紆爲校尉。諸羌激忿，遂相與解仇結婚，交質盟詛，〔一〕衆四萬餘人，期冰合度河攻訓。先是小月氏胡分居塞內，勝兵者二三千騎，皆勇健富彊，每與羌戰，常以少制多。雖首施兩端，〔二〕漢亦時收其用。時迷吾子迷唐，別與武威種羌合兵萬騎，來至塞下，未敢攻訓，先欲脅月氏胡。訓擁衞稽故，令不得戰。〔三〕議者咸以羌胡相攻，縣官之利，以夷伐夷，不宜禁護。訓曰：「不然。今張紆失信，衆羌大動，經常屯兵，不下二萬，轉運之費，空竭府帑，〔四〕涼州吏人，命縣絲髮。原諸胡所以難得意者，皆恩信不厚耳。今因其迫急，以德懷之，庶能有用。」遂令開城及所居園門，悉驅羣胡妻子內之，嚴兵守衞。羌掠無所得，〔五〕又不敢逼諸胡，因卽解去。由是湟中諸胡〔六〕皆言「漢家常欲鬬我曹，今鄧使君待我以恩信，開門內我妻子，乃得父母」。咸歡喜叩頭曰：「唯使君所命。」訓遂撫養其中少年勇者數百人，以爲義從。

〔一〕鄭玄注周禮云：「大事曰盟，小事曰詛。」

〔二〕首施猶首鼠也。

〔三〕稽故謂稽留事故也。東觀記「稽故」字作「諸故」也。

〔四〕說文曰：「帑，金帛所藏。」音乇莽反。

〔五〕掠，劫奪也。

〔六〕湟中，月氏胡所居，今鄯州湟水縣也。

羌胡俗恥病死，每病臨困，輒以刃自刺。訓聞有困疾者，輒拘持縛束，不與兵刃，使醫藥療之，愈者非一，小大莫不感悅。於是賞賂諸羌種，使相招誘。迷唐伯父號吾乃將其母及種人八百戶，自塞外來降。訓因發湟中秦、胡、羌兵四千人，出塞掩擊迷唐於寫谷，〔一〕斬首虜六百餘人，得馬牛羊萬餘頭。迷唐乃去大、小榆，〔二〕居頗巖谷，衆悉破散。其春，復欲歸故地就田業，訓乃發湟中六千人，令長史任尚將之，縫革爲船，置於箄上以度河，〔三〕掩擊迷唐廬落大豪，多所斬獲。復追逐奔北，會尚等夜爲羌所攻，於是義從羌胡并力破之，斬首前後一千八百餘級，獲生口二千人，馬牛羊三萬餘頭，一種殆盡。〔四〕迷唐遂收其餘部，遠徙廬落，西行千餘里，諸附落小種皆背畔之。燒當豪帥東號稽顙歸死，〔五〕餘皆款塞納質。於是綏接歸附，威信大行。遂罷屯兵，各令歸郡。唯置弛刑徒二千餘人，分以屯田，爲貧人耕種，修理城郭塢壁而已。

〔一〕東觀記（曰）「寫」作「鴈」。

〔二〕兩谷名也，見西羌傳。

〔三〕箄，木筏也，音步佳反。

〔四〕一種謂迷唐也。

〔五〕東號，羌名。

永元二年，大將軍竇憲將兵鎮武威，憲以訓曉羌胡方略，上求俱行。訓初厚於馬氏，不爲諸竇所親，及憲誅，故不離其禍。〔一〕

〔一〕離，遭也。

訓雖寬中容衆，而於閨門甚嚴，兄弟莫不敬憚，諸子進見，未嘗賜席接以溫色。四年冬，病卒官，時年五十三。吏人羌胡愛惜，旦夕臨者日數千人。戎俗父母死，恥悲泣，皆騎馬歌呼。至聞訓卒，莫不吼號，或以刀自割，又刺殺其犬馬牛羊，曰「鄧使君已死，我曹亦俱死耳」。前烏桓吏士皆奔走道路，〔一〕至空城郭。吏執不聽，以狀白校尉徐傿。傿歎息曰：「此義也。」〔二〕乃釋之。遂家家爲訓立祠，每有疾病，輒此請禱求福。

〔一〕訓前任烏桓校尉時吏士也。

〔二〕傿音於建反。

元興元年，和帝以訓皇后之父，使謁者持節至訓墓，賜策追封，謚曰平壽敬侯。〔一〕中宮自臨，百官大會。

〔一〕平壽，縣，屬北海郡，故城在今青州北海縣。

訓五子：騭、京、悝、弘、閶。〔一〕

〔一〕悝音口回反。

騭字昭伯，〔一〕少辟大將軍竇憲府。及女弟爲貴人，騭兄弟皆除郎中。及貴人立，是爲和熹皇后。騭三遷虎賁中郎將，京、悝、弘、閶皆黃門侍郎。京卒於官。延平元年，拜騭車騎將軍、儀同三司。〔儀同三司〕始自騭也。悝虎賁中郎將，弘、閶皆侍中。

〔一〕東觀記「騭」作「陟」。

殤帝崩，太后與騭等定策立安帝，悝遷城門校尉，弘虎賁中郎將。自和帝崩後，騭兄弟常居禁中。騭謙遜不欲久在內，連求還第，歲餘，太后乃許之。

永初元年，封騭上蔡侯，悝葉侯，弘西平侯，〔一〕閶西華侯，〔二〕食邑各萬戶。騭以定策功，增邑三千戶。騭等辭讓不獲，遂逃避使者，閒關詣闕，〔三〕上疏自陳曰：「臣兄弟汙濊，無分可採，〔四〕過以外戚，遭值明時，〔五〕託日月之末光，被雲雨之渥澤，〔六〕並統列位，光昭當世。不能宣贊風美，補助清化，誠慙誠懼，無以處心。陛下躬天然之姿，體仁聖之德，遭國不造，仍離大憂，〔七〕開日月之明，運獨斷之慮，援立皇統，奉承大宗。聖策定於神心，休烈垂於不朽，本非臣等所能萬一，而猥推嘉美，並享大封，〔八〕伏聞詔書，驚惶慙怖。追觀前世傾覆之誡，〔九〕退自惟念，不寒而慄。〔一〇〕臣等雖無逮及遠見之慮，猶有庶幾戒懼之情。常母子兄弟，內相敕厲，冀以端慤畏慎，一心奉戴，上全天恩，下完性命。刻骨定分，有死無二。終不敢橫受爵土，以增罪累。惶窘征營，昧死陳乞。」太后不聽。騭頻上疏，至於五六，乃許之。

〔一〕西平，縣，屬汝南郡，故城在今豫州郾城縣南。
〔二〕西華，縣，屬汝南郡也。
〔三〕閒關猶崎嶇也。
〔四〕言無分寸可收採也。
〔五〕過，誤也。

〔六〕易曰：「夫聖人者，與天地合其德，日月齊其明。」又云「雲行雨施，天下平」也。

〔七〕造，成也。仍，頻也。大憂，和帝、殤帝崩。

〔八〕猥，曲也。

〔九〕前代外戚上官安、霍禹之屬，皆被誅戮也。

〔一〇〕惟，思也。不寒而慄，言恐懼也。前書曰「義縱爲定襄太守，郡中不寒而慄」也。

其夏，涼部畔羌搖蕩西州，朝廷憂之。於是詔騭將左右羽林、北軍五校士及諸部兵擊之，車駕幸平樂觀餞送。騭西屯漢陽，使征西校尉任尚、從事中郎司馬鈞與羌戰，大敗。時以轉輸疲弊，百姓苦役。冬，徵騭班師。〔一〕朝廷以太后故，遣五官中郎將迎拜騭爲大將軍。軍到河南，使大鴻臚親迎，中常侍齎牛酒郊勞，王、主以下候望於道。既至，大會羣臣，賜束帛乘馬，〔二〕寵靈顯赫，光震都鄙。

〔一〕班，還也。

〔二〕駟馬曰乘。

時遭元二之災，〔一〕人士荒飢，死者相望，盜賊羣起，四夷侵畔。騭等崇節儉，罷力役，推進天下賢士何熙、祋諷、〔二〕羊浸、李郃、陶敦等列於朝廷，辟楊震、朱寵、陳禪置之幕府，故天下復安。

〔一〕臣賢案：元二即元元也，古書字當再讀者，即於上字之下爲小「二」字，言此字當兩度言之。後人不曉，遂讀爲元二，或同之陽九，或附之百六，良由不悟，致斯乖舛。今岐州石鼓銘，凡重言者皆爲「二」字，明驗也。

〔三〕祋，姓也，音丁外反，又音丁活反。

四年，母新野君寢病，騭兄弟並上書求還侍養。太后以閶最少，孝行尤著，特聽之，賜安車駟馬。及新野君薨，騭等復乞身行服，章連上，太后許之。騭等既還里第，並居冢次。閶至孝骨立，有聞當時。及服闋，詔喻騭還輔朝政，更授前封。騭等叩頭固讓，乃止，於是並奉朝請，位次在三公下，特進、侯上。〔一〕其有大議，乃詣朝堂，與公卿參謀。

〔一〕在特進及列侯之上。

元初二年，弘卒。太后服齊衰，帝絲麻，並宿幸其第。弘少治歐陽尚書，授帝禁中，〔一〕諸儒多歸附之。初疾病，遺言悉以常服，不得用錦衣玉匣。有司奏贈弘驃騎將軍，位特進，封西平侯。太后追思弘意，不加贈位衣服，但賜錢千萬，布萬匹，騭等復辭不受。詔大鴻臚持節，卽弘殯封子廣德爲西平侯。將葬，有司復奏發五營輕車騎士，禮儀如霍光故事，〔二〕太后皆不聽，但白蓋雙騎，門生輓送。〔三〕後以帝師之重，分西平之都鄉封廣德弟甫德爲都鄉侯。四年，又封京子黃門侍郎珍爲陽安侯，邑三千五百戶。

〔一〕歐陽生字和伯，千乘人，事伏生，武帝時人。

〔二〕霍光薨，宣帝遣太中大夫、侍御史持節護喪事，中二千石修莫府冢，上賜玉衣、梓宮、便房、黃腸題湊、轀輬車、黃屋左纛，輕車材官五校士以送葬也。

〔三〕白蓋車也。

五年，悝、閶相繼並卒，皆遺言薄葬，不受爵贈，太后並從之。乃封悝子廣宗爲葉侯，閶子忠爲西華侯。

自祖父禹教訓子孫，皆遵法度，深戒竇氏，〔一〕檢勑宗族，闔門靜居。〔二〕騭子侍中鳳，嘗與尚書郎張龕書，屬郎中馬融宜在臺閣。又中郎將任尚嘗遺鳳馬，後尚坐斷盜軍粮，檻車徵詣廷尉，〔三〕鳳懼事泄，先自首於騭。騭畏太后，遂髡妻及鳳以謝，天下稱之。

〔一〕章帝竇皇后，竇勳女，祖穆及叔父俱尚主。穆交通輕薄，屬託郡縣，干亂政化，後並坐怨望謀不軌被誅，故鄧氏深引爲誡也。

〔二〕闔，閉也。

〔三〕檻車謂以板四周爲檻，無所見。

建光元年，太后崩，未及大斂，帝復申前命，封騭爲上蔡侯，位特進。帝少號聰敏，及長多不德，而乳母王聖見太后久不歸政，慮有廢置，常與中黄門李閏候伺左右。及太后崩，宮人先有受罰者，懷怨恚，因誣告悝、弘、閶先從尚書鄧訪取廢帝故事，謀立平原王得。〔一〕帝聞，追怒，令有司奏悝等大逆無道，遂廢西平侯廣德、葉侯廣宗、西華侯忠、陽安侯珍、都鄉侯甫德皆爲庶人。騭以不與謀，但免特進，遣就國。宗族皆免官歸故郡，沒入騭等貲財田宅，徙鄧訪及家屬於遠郡。郡縣逼迫，廣宗及忠皆自殺。又徙封騭爲羅侯，〔二〕騭與子鳳並不食而死。騭從弟河南尹豹、度遼將軍舞陽侯遵、將作大匠暢皆自殺，唯廣德兄弟以母閻后戚屬得留京師。

〔一〕和帝長子平原王勝無嗣，鄧太后立樂安王寵子得爲平原王。

〔二〕羅，縣，屬長沙(國)〔郡〕。

大司農朱寵痛騭無罪遇禍，乃肉袒輿櫬，〔一〕上疏追訟騭曰：「伏惟和熹皇后聖善之德，爲漢文母。〔二〕兄弟忠孝，同心憂國，宗廟有主，王室是賴。〔三〕功成身退，讓國遜位，歷世外戚，無與爲比。當享積善履謙之祐，〔四〕而橫爲宮人單辭所陷。利口傾險，反亂國家，罪無申證，〔五〕獄不訊鞫，〔六〕遂令騭等罹此酷濫。一門七人，並不以命，〔七〕屍骸流離，怨魂不反，逆天感人，率土喪氣。宜收還冢次，寵樹遺孤，奉承血祀，以謝亡靈。」〔八〕寵知其言切，自致廷尉，詔免官歸田里。衆庶多爲騭稱枉，帝意頗悟，乃譴讓州郡，〔九〕還葬洛陽北芒舊塋，公卿皆會喪，莫不悲傷之。詔遣使者祠以中牢，諸從昆弟皆歸京師。及順帝即位，追感太后恩訓，愍騭無辜，乃詔宗正復故大將軍鄧騭宗親內外，朝見皆如故事。除騭兄弟子及門從十二人悉爲郎中，擢朱寵爲太尉，錄尚書事。

〔一〕櫬，親身棺也。
〔二〕詩凱風曰：「母氏聖善。」文母，文王之母大任也。言太后有聖智之善，比於文母也。
〔三〕殤帝崩，太后與騭定立安帝，故曰是賴。
〔四〕易曰：「積善之家，必有餘慶。」又曰：「鬼神害盈而福謙。」
〔五〕申，明白也。
〔六〕訊，問也。鞫，窮也。
〔七〕七人謂騭從弟豹、遵、暢，騭子鳳，鳳從弟廣宗、忠也。
〔八〕血祀謂祭廟殺牲取血以告神也。
〔九〕以逼迫廣宗等故也。

寵字仲威，京兆人，初辟騭府，稍遷潁川太守，治理有聲。及拜太尉，封安鄉侯，甚加優禮。

廣德早卒。甫德更召徵爲開封令。學傳父業。喪母，遂不仕。閭妻耿氏有節操，痛鄧氏誅廢，子忠早卒，乃養河南尹豹子嗣爲閭後。耿氏教之書學，遂以通博稱。永壽中，與伏無忌、延篤著書東觀，官至屯騎校尉。

禹曾孫香（子）〔之〕女爲桓帝后，帝又紹封度遼將軍遵子萬世爲南鄉侯，拜河南尹。及后廢，萬世下獄死，其餘宗親皆復歸故郡。

鄧氏自中興後，累世寵貴，凡侯者二十九人，公二人，大將軍以下十三人，中二千石十四人，列校二十二人，州牧、郡守四十八人，其餘侍中、將、大夫、郎、謁者不可勝數，東京莫與爲比。

論曰：漢世外戚，自東、西京十有餘族，〔一〕非徒豪横盈極，自取災故，必於貽釁後主，以至顚敗者，其數有可言焉。〔二〕何則？恩非己結，而權已先之；〔三〕情疏禮重，而枉性圖之；〔四〕來寵方授，地既害之；〔五〕隙開埶謝，讒亦勝之。〔六〕悲哉！騭、悝兄弟，委遠時柄，忠勞王室，而終莫之免，斯樂生所以泣而辭燕也！〔七〕

〔一〕高帝呂后、昭帝上官后、宣帝霍后、成帝趙后、平帝王后、章帝竇后、和帝鄧后、安帝閻后、桓帝竇后、順帝梁后、靈帝何后等家，或以貴盛驕奢，或以攝位權重，皆以盈極被誅也。

〔二〕後主謂嗣君也。言外戚握權者，當先帝時或容免禍，必貽罪釁於嗣君，以至傾覆。數猶理也，其致敗之理可得言焉。

〔三〕言外戚之家，承隆寵於先帝，不結恩於後主，故權勢先在其身也。

〔四〕圖，謀也。其人既居權要，禮數不可不重，故後主枉其本性與之圖謀政事，非心所好也。

〔五〕後來寵者，方欲授之要職，而先代權臣見居其地，必須除舊方得授新，是地既害之也。

〔六〕君臣有隙，上下離心，則權寵之人形勢漸謝，於是讒人構會，尋亦勝也。

〔七〕樂毅忠於燕昭王，其子惠王立而疑樂毅，樂毅懼而奔趙。趙王謂樂毅曰：「燕力竭於齊，其主信讒，國人不附，其可圖乎？」毅伏而垂涕曰：「臣事昭王，猶事大王也。臣若獲戾於它國，沒身不忍謀趙徒隸，況其後嗣乎！」事見古史考。

寇恂字子翼，上谷昌平人也，世爲著姓。恂初爲郡功曹，太守耿況甚重之。

王莽敗，更始立，使使者徇郡國，曰「先降者復爵位」。恂從耿況迎使者於界上，況上印綬，使者納之，一宿無還意。恂勒兵入見使者，就請之。使者不與，曰：「天王使者，功曹欲脅之邪？」恂曰：「非敢脅使君，〔一〕竊傷計之不詳也。今天下初定，國信未宣，使君建節銜命，以臨四方，郡國莫不延頸傾耳，望風歸命。今始至上谷而先墮大信，〔二〕沮向化之心，生離畔之隙，將復何以號令它郡乎？且耿府君在上谷，久爲吏人所親，今易之，得賢則造次未安，不賢則秖更生亂。爲使君計，莫若復之以安百姓。」使者不應，恂叱左右以使者命召況。況至，恂進取印綬帶況。使者不得已，乃承制詔之，況受而歸。

〔一〕君者，尊之稱也。

〔二〕墮，毁也。

及王郎起，遣將徇上谷，急況發兵。恂與門下掾閔業共說況曰：「邯鄲拔起，難可信向。〔一〕昔王莽時，所難獨有劉伯升耳。今聞大司馬劉公，伯升母弟，尊賢下士，士多歸之，可攀附也。」況曰：「邯鄲方盛，力不能獨拒，如何？」恂對曰：「今上谷完實，控弦萬騎，舉大郡之資，可以詳擇去就。恂請東約漁陽，齊心合衆，邯鄲不足圖也。」況然之，乃遣恂到漁陽，結謀彭寵。恂還，至昌平，襲擊邯鄲使者，殺之，奪其軍，遂與況子弇等俱南及光武於廣阿。拜恂爲偏將軍，號承義侯，從破羣賊。數與鄧禹謀議，禹奇之，因奉牛酒共交歡。

〔一〕拔，卒也。

光武南定河內，而更始大司馬朱鮪等盛兵據洛陽。又并州未安，光武難其守，〔一〕問於鄧禹曰：「諸將誰可使守河內者？」禹曰：「昔高祖任蕭何於關中，無復西顧之憂，所以得專精山東，終成大業。今河內帶河爲固，戶口殷實，北通上黨，南迫洛陽。寇恂文武備足，有牧人御衆之才，非此子莫可使也。」乃拜恂河內太守，行大將軍事。光武謂恂曰：「河內完富，吾將因是而起。昔高祖留蕭何鎮關中，吾今委公以河內，堅守轉運，給足軍糧，率厲士馬，防遏它兵，勿令北度而已。」光武於是復北征燕、代。恂移書屬縣，講兵肄射，〔二〕伐淇園之竹，爲矢百餘萬，〔三〕養馬二千匹，收租四百萬斛，轉以給軍。

〔一〕非其人不可，故難之。

〔二〕肆，習也。

〔三〕前書音義曰「淇園，衛之苑，多竹篠」也。

朱鮪聞光武北而河內孤，使討難將軍蘇茂、副將賈彊將兵三萬餘人，度鞏河攻溫。〔一〕檄書至，恂卽勒軍馳出，並移告屬縣，發兵會於溫下。軍吏皆諫曰：「今洛陽兵度河，前後不絕，宜待衆軍畢集，乃可出也。」恂曰：「溫，郡之藩蔽，失溫則郡不可守。」遂馳赴之。旦日合戰，而偏將軍馮異遣救及諸縣兵適至，士馬四集，幡旗蔽野。恂乃令士卒乘城鼓譟，大呼言曰：「劉公兵到！」蘇茂軍聞之，陳動，恂因奔擊，大破之，追至洛陽，遂斬賈彊。茂兵自投河死者數千，生獲萬餘人。恂與馮異過河而還。自是洛陽震恐，城門晝閉。時光武傳聞朱鮪破河內，有頃恂檄至，大喜曰：「吾知寇子翼可任也！」諸將軍賀，因上尊號，於是卽位。

〔一〕鞏、溫並今洛州縣也。臨黃河，故曰鞏河也。

時軍食急乏，恂以輦車驪駕轉輸，前後不絕，〔一〕尚書升斗以稟百官。帝數策書勞問恂，同門生茂陵董崇說恂曰：「上新卽位，四方未定，而君侯以此時據大郡，內得人心，外破蘇茂，威震鄰敵，功名發聞，此讒人側目怨禍之時也。昔蕭何守關中，悟鮑生之言而高祖悅。〔二〕今君所將，皆宗族昆弟也，無乃當以前人爲鏡戒。」恂然其言，稱疾不視事。帝將攻洛陽，先至河內，恂求從軍。帝曰：「河內未可離也。」數固請，不聽，乃遣兄子寇張、姉子谷崇將突騎願爲軍鋒。帝善之,皆以爲偏將軍。

〔一〕前書音義曰:「驪駕,併駕也。輦車,人挽行也。」

〔二〕漢王與項羽相距京、索,蕭何留守關中,上數使使勞苦何。鮑生謂何曰:「今君王暴衣露蓋,數勞苦君者,有疑君心。爲君計者,遣君子孫昆弟能勝兵者悉詣軍。」何從其計,高祖大悅。

建武二年,恂坐繫考上書者免。是時潁川人嚴終、趙敦聚衆萬餘,與密人賈期連兵爲寇。恂免數月,復拜潁川太守,與破姦將軍侯進俱擊之。數月,斬期首,郡中悉平定。封恂雍奴侯,邑萬戶。

執金吾賈復在汝南,部將殺人於潁川,〔一〕恂捕得繫獄。時尚草創,軍營犯法,率多相容,恂乃戮之於市。復以爲恥,歎。還過潁川,謂左右曰:「吾與寇恂並列將帥,而今爲其所陷,大丈夫豈有懷侵怨而不決之者乎?今見恂,必手劍之!」恂知其謀,不欲與相見。谷崇曰:「崇,將也,得帶劒侍側。卒有變,足以相當。」恂曰:「不然。昔藺相如不畏秦王而屈於廉頗者,爲國也。〔二〕區區之趙,尚有此義,吾安可以忘之乎?」乃勑屬縣盛供具,儲酒醪,〔三〕執金吾軍入界,一人皆兼二人之饌。〔四〕恂乃出迎於道,稱疾而還。賈復勒兵欲追之,而吏士皆醉,遂過去。恂遣谷崇以狀聞,帝乃徵恂。恂至引見,時復先在坐,欲起相避。帝曰:「天下未定,兩虎安得私鬭?今日朕分之。」〔五〕於是並坐極歡,遂共車同出,結友而去。

〔一〕部將謂軍部之下小將也。

〔二〕史記曰，秦王與趙王飲於澠池，秦王請趙王鼓瑟，秦御史書曰「某年某月趙王爲秦王鼓瑟」。藺相如前請秦王擊缶，秦王怒，不許。相如曰：「五步之內，相如請得以頸血濺大王矣！」秦王不懌，爲擊缶。相如顧趙御史書曰「某年某月秦王爲趙王擊缶」。秦羣臣曰：「請以趙十五城爲秦王壽。」相如曰：「請以秦咸陽爲趙王壽。」竟酒不能相加。既罷歸國，趙拜相如爲上卿，位在廉頗之上。頗曰：「我有攻城野戰之功，相如徒以口舌爲勞，而位居我上，我見必厚辱之。」相如出，望見廉頗，輒引車避之。舍人諫。相如曰：「夫以秦王，相如能廷叱之，何畏廉將軍哉！吾念強秦不敢加兵於趙者，蓋以吾兩人也。今兩虎鬬，必不俱全，吾所以先公家之急而後私讎也。」

〔三〕說文曰：「醪，兼汁滓酒。」

〔四〕饌，具〔食〕也。

〔五〕分猶解也。

恂歸潁川。〔一〕三年，遣使者卽拜爲汝南太守，〔二〕又使驃騎將軍杜茂將兵助恂討盜賊。盜賊清靜，郡中無事。恂素好學，乃修鄉校，教生徒，聘能爲左氏春秋者，親受學焉。七年，代朱浮爲執金吾。明年，從車駕擊隗囂，而潁川盜賊羣起，帝乃引軍還，謂恂曰：「潁川迫近京師，當以時定。惟念獨卿能平之耳，從九卿復出，以憂國可（知）也。」恂對曰：「潁川剽輕，聞陛下遠踰阻險，有事隴、蜀，故狂狡乘閒相詿誤耳。〔三〕如聞乘輿南向，賊必惶怖歸死。臣願執銳前驅。」即日車駕南征，恂從至潁川，盜賊悉降，而竟不拜郡。百姓遮道曰：「願從陛下復借寇君一年。」〔四〕乃留恂長社，鎭撫吏人，受納餘降。

〔一〕東觀記曰：「郡中政理，盜賊不入。」

〔二〕即，就也。

〔三〕狡，猾也。說文曰：「詿亦誤也。」音挂。

〔四〕恂前爲潁川太守，故曰復借也。

初，隗囂將安定高峻，擁兵萬人，據高平第一，〔一〕帝使待詔馬援招降峻，由是河西道開。中郎將來歙承制拜峻通路將軍，封關內侯，後屬大司馬吳漢，共圍囂於冀。及漢軍退，峻亡歸故營，復助囂拒隴阺。及囂死，峻據高平，畏誅堅守。建威大將軍耿弇率太中大夫竇士、武威太守梁統等圍之，一歲不拔。十年，帝入關，將自征之，恂時從駕，諫曰：「長安道里居中，應接近使，〔二〕安定、隴西必懷震懼，此從容一處可以制四方也。今士馬疲倦，方履險阻，非萬乘之固，前年潁川，可爲至戒。」帝不從。進軍及汧，〔三〕峻猶不下，帝議遣使降之，乃謂恂曰：「卿前止吾此舉，今爲吾行也。若峻不即降，引耿弇等五營擊之。」恂奉璽書至第一，峻遣軍師皇甫文出謁，辭禮不屈。恂怒，將誅文。諸將諫曰：「高峻精兵萬人，率多彊弩，西遮隴道，連年不下。今欲降之而反戮其使，無乃不可乎？」恂不應，遂斬之。遣其副歸告峻曰：「軍師無禮，已戮之矣。欲降，急降；不欲，固守。」峻惶恐，卽日開城門降。諸將皆賀，因曰：「敢問殺其使而降其城，何也？」恂曰：「皇甫文，峻之腹心，其所取計者也。今來，辭意不屈，必無降心。全之則文得其計，殺之則峻亡其膽，是以降耳。」諸將皆曰：「非所及也。」遂傳峻還洛陽。

〔一〕高平，縣，屬安定郡。續漢志曰高平有第一城也。

〔二〕從洛陽至高平，長安爲中。

〔三〕汧，縣，屬扶風，故城在今隴州汧源縣南也。

恂經明行修，名重朝廷，所得秩奉，厚施朋友、故人及從吏士。常曰：「吾因士大夫以致此，其可獨享之乎！」時人歸其長者，以爲有宰相器。

十二年卒，謚曰威侯。子損嗣。恂同產弟及兄子、姊子以軍功封列侯者凡八人，終其身，不傳於後。

初所與謀閔業者，恂數爲帝言其忠，賜爵關內侯，官至遼西太守。

十三年，復封損庶兄壽爲洨侯。〔一〕後徙封損扶柳侯。〔二〕損卒，子釐嗣，徙封商鄉侯。釐卒，子襲嗣。

〔一〕洨，縣，屬沛郡。洨音故交反。

〔三〕扶柳，縣，屬信都郡，故城在今冀州信都縣西也。

恂女孫爲大將軍鄧騭夫人，由是寇氏得志於永初閒。〔一〕

〔一〕安帝永初元年，鄧太后臨朝，故得志也。

恂曾孫榮。

論曰：傳稱「喜怒以類者鮮矣」。〔一〕夫喜而不比，怒而思難者，其唯君子乎！子曰：「伯夷、叔齊，不念舊惡，怨是用希。」於寇公而見之矣。〔二〕

〔一〕左傳曰，晉范武子會將老，召其子文子曰：「吾聞之，喜怒以類者鮮矣，而易者實多也。」

〔二〕論語孔子之言。

榮少知名，桓帝時爲侍中。性矜絜自貴，於人少所與，〔一〕以此見害於權寵。而從兄子尙帝妹益陽長公主，帝又聘其從孫女於後宮，左右益惡之。延熹中，遂陷以罪辟，與宗族免歸故郡。吏承望風旨，持之浸急，榮恐不免，奔闕自訟。未至，刺史張敬追劾榮以擅去邊，有詔捕之。榮逃竄數年，會赦令，不得除，積窮困，乃自亡命中上書曰：〔二〕

〔一〕與，黨與也。

〔三〕自，從也。

臣聞天地之於萬物也好生，帝王之於萬人也慈愛。陛下統天理物，爲萬國覆，作人父母，先慈愛，後威武，先寬容，後刑辟，自生齒以上，咸蒙德澤。〔一〕而臣兄弟獨以無辜爲專權之臣所見批抵，〔二〕青蠅之人所共搆會。〔三〕以臣婚姻王室，謂臣將撫其背，奪其位，退其身，受其埶。於是遂作飛章以被於臣，欲使墜萬仞之阬，踐必死之地，令陛下忽慈母之仁，發投杼之怒。〔四〕尚書背繩墨，案空劾，〔五〕不復質确其過，寘於嚴棘之下，〔六〕便奏正臣罪。司隸校尉馮羨佞邪承旨，廢於王命，驅逐臣等，不得旋踵。臣奔走還郡，沒齒無怨。臣誠恐卒爲豺狼橫見噬食，故冒死欲詣闕，披肝膽，布腹心。

〔一〕大戴禮曰「男子八月生齒，女子七月生齒」也。

〔二〕說文曰：「抵，側擊也。」批音片兮反。抵音之氏反。

〔三〕青蠅，詩小雅曰：「營營青蠅，止于樊，愷悌君子，無信讒言。」青蠅能汚白使黑，汚黑使白，喻佞人變亂善惡。

〔四〕史記曰，昔曾參之處費，魯人（又）有與曾參同姓名，殺人。人告其母曰「曾參殺人」，其母織自若也。又一人告之曰「曾參殺人」，其母尚織自若也。又一人告之曰「曾參殺人」，其母乃投杼下機，踰牆而走。夫以曾參之賢，其母猶生疑於三告。

〔五〕繩墨謂法律也。

〔六〕質，正也。确，實也。說文云，确音胡角反，此苦角反。嚴棘謂獄也，易坎上六曰「係用徽纆，寘于叢棘」也。

刺史張敬好爲詔訣，張設機網，復令陛下興雷電之怒。司隸校尉應奉、河南尹何豹、洛陽令袁騰並驅爭先，若赴仇敵，罰及死沒，髡剔墳墓，但未掘壙出尸，剖棺露胔耳。〔一〕昔文王葬枯骨，〔二〕公劉敦行葦，世稱其仁。〔三〕今殘酷容媚之吏，無折中處平之心，不顧無辜之害，而興虛誣之誹，欲使嚴朝必加濫罰。是以不敢觸突天威，而自竄山林，以俟陛下發神聖之聽，啓獨覩之明，拒讒慝之謗，絕邪巧之言，救可濟之人，援沒溺之命。不意滯怒不爲春夏息，〔四〕淹恚不爲順時怠，遂馳使郵驛，布告遠近，嚴文剋剝，痛於霜雪，張羅海內，設罝萬里，逐臣者窮人迹，追臣者極車軌，雖楚購伍員，〔五〕漢求季布，無以過也。〔六〕

〔一〕胔謂骨之尙有肉者也。月令曰：「掩骼埋胔。」音才賜反，又在（侈）〔移〕反。

〔二〕解見順紀也。

〔三〕大雅行葦之詩曰：「敦彼行葦，牛羊勿踐履。」言公劉之時，仁及草木，敦然道傍之葦，牧牛羊者無使踐履折傷之，況於人乎？故榮以自喻焉。

〔四〕春夏長養萬物，故不宜怒矣。

〔五〕史記曰，楚人伍奢爲平王太子建太傅，費無忌譖殺奢。奢子員字子胥，奔吳，楚購之，得伍員者賜粟五萬石，爵執圭。

〔六〕季布爲項羽將，數窘漢王。項羽滅，高祖購求布千金，敢舍匿，罪三族。

臣遇罰以來，三赦再贖，無驗之罪，足以蠲除。〔一〕而陛下疾臣愈深，有司咎臣甫力，〔二〕止則見埽滅，行則爲亡虜，苟生則爲窮人，極死則爲冤鬼，天廣而無以自覆，地厚而無以自載，蹈陸土而有沈淪之憂，遠巖牆而有鎭壓之患。精誠足以感於陛下，而哲王未肯悟。如臣犯元惡大憝，〔三〕足以陳於原野，備刀鋸，〔四〕陛下當班布臣之所坐，以解衆論之疑。臣思入國門，坐於肺石之上，使三槐九棘平臣之罪。〔五〕而閶闔九重，〔六〕陷穽步設，〔七〕舉趾觸罘罝，〔八〕動行絓羅網，無緣至萬乘之前，永無見信之期矣。

〔一〕無驗謂無罪狀可案驗也。

〔二〕甫，始也。力，甚也。

〔三〕憝，惡也。主言元惡之人，大爲人之所惡也。

〔四〕鋸，刖刑也。國語曰，刑有五，大者陳諸原野矣。

〔五〕周禮秋官云：「左九棘，孤卿大夫位焉；右九棘，公侯伯子男位焉；面三槐，三公位焉。左嘉石，平罷人；右肺石，達窮人。」

〔六〕閶闔，天門也。

〔七〕穽，阬穽也。

〔八〕說文曰：「罘，兔網也。」罝亦兔網也，音浮嗟。

國君不可讎匹夫，讎之則一國盡懼。〔一〕臣奔走以來，三離寒暑，〔二〕陰陽易位，當煖反寒，春常淒風，〔三〕夏降霜雹，〔四〕又連年大風，折拔樹木。風爲號令，〔五〕春夏布德，〔六〕議獄緩死之時。〔七〕願陛下思帝堯五教在寬之德，企成湯避遠讒夫之誡，〔八〕以寧風旱，以弭災兵。臣聞勇者不逃死，智者不重困，〔九〕固不爲明朝惜垂盡之命，願赴湘、沅之波，從屈原之悲，〔一〇〕沈江湖之流，弔子胥之哀。〔一一〕臣功臣苗緒，生長王國，懼獨含恨以葬江魚之腹，無以自別於世，〔一二〕不勝狐死首丘之情，營魂識路之懷。〔一三〕犯冒王怒，觸突帝禁，伏於兩觀，陳訴毒痛，〔一四〕然後登金鑊，入沸湯，糜爛於熾爨之下，九死而未悔。〔一五〕

〔一〕左傳曰，晉侯之豎頭須曰「國君而讎匹夫，懼者甚衆」也。

〔二〕離，歷。

〔三〕淒風，寒風也。左傳曰：「春無淒風。」

〔四〕月令：「仲夏行冬令，則雹凍傷穀。」

〔五〕前書翼奉曰：「凡風者，天之號令，所以譴告人也。」

〔六〕月令，春，天子布德行惠，發倉廩，振窮乏；夏，行封，慶賜，無不欣悅也。

〔七〕易中孚象曰「君子以議獄緩死」也。

〔八〕劉向說苑曰：「湯大旱七年，使人持鼎祀山川，祝曰：『政不節邪？包苴行邪？讒夫昌邪？宮室營邪？女謁盛邪？

使人疾邪？何不雨之極也！」〔八〕

〔九〕重猶惜也。

〔10〕史記曰，屈原事楚懷王，王受讒，流屈原於江南。屈原憂愁悲思，遂投湘、沅而死。

〔11〕史記曰，伍子胥爲吳行人，被宰嚭所譖，吳王賜屬鏤之劍以死。王取其尸，盛以鴟夷，浮之於江中矣。

〔12〕屈原曰「寧赴湘流，葬江魚之腹」也。

〔13〕禮檀弓曰：「古人有言，狐死正首丘，仁也。」楚詞曰：「願徑逝而未得，魂識路之營營。」老子曰「載營魄」，猶營魂也。

〔14〕兩觀，闕也。孔子攝司寇，誅少正卯於兩觀之下。

〔15〕楚詞曰「雖九死猶未悔」也。

悲夫，久生亦復何聊！蓋忠臣殺身以解君怒，孝子殞命以寧親怨，故大舜不避塗廩浚井之難，〔一〕申生不辭姬氏讒邪之謗。〔二〕臣敢忘斯議，不自斃以解明朝之忿哉！乞以身塞重責。願陛下匄兄弟死命，〔三〕使臣一門頗有遺類，以崇陛下寬饒之惠。先死陳情，臨章涕泣，泣血（連）〔漣〕如。〔四〕

〔一〕廩，倉也。浚，深也。史記曰，舜父瞽叟常欲殺舜，使舜塗廩，從下焚廩，舜乃以兩笠自扞而下。後又使穿井，舜爲匿空旁出。舜既入深，父乃與象共下土實之，舜從旁空出去。

〔二〕申生，晉獻公太子。獻公用驪姬之讒而殺申生，事見左氏傳也。

〔三〕匄，乞也，音蓋。

〔四〕易曰：「乘馬班如，泣（涕連）〔血漣〕如。」言居不獲安，行無所適，窮困闉厄，無所委仰者。

帝省章愈怒，遂誅榮。寇氏由是衰廢。

贊曰：元侯淵謨，乃作司徒。明啓帝略，肇定秦都。勳成智隱，靜其如愚。〔一〕子翼守溫，蕭公是埒。〔二〕係兵轉食，以集鴻烈。誅文屈賈，有剛有折。〔三〕

〔一〕論語孔子曰「吾與回言終日，不違如愚」也。

〔二〕埒，等也。

〔三〕誅皇甫文，屈於賈復。

校勘記

六〇〇頁一〇行 從光武追賊至（滿）〔蒲〕陽 據集解引沈欽韓說改。按：蒲陽，山名。

六〇一頁四行 鄧壽爲建威將軍 按：袁紀作「建武將軍」。

六〇二頁一〇行 酇縣（今）屬南陽郡故城在〔今〕襄州穀城縣東北 據校補改。

六〇三頁六行 財富充實 通鑑「富」作「穀」。按：下云「財穀雖多」，作「穀」是。

六〇三頁一五行 禹遣使以聞（帝） 據刊誤删。

六〇四頁二行　乃遣尚書宗廣　按：集解引惠棟說，謂袁宏紀作「宋廣」。

六〇四頁三行　更始諸將王匡胡殷（成丹）等皆詣廣降　按：沈家本後漢書瑣言謂按聖公傳，更始復疑王匡、陳牧、成丹與張卬等同謀，乃並召入，牧、丹先至，即斬之。是爾時已無成丹，「成丹」二字衍。今據刪。

六〇四頁七行　收十一帝神主　按：集解引汪文臺說，謂御覽五百三十一引謝承書，云「因收十二帝神主」。

六〇四頁一一行　軍士飢餓（者）皆食棗菜　據刊誤刪。

六〇六頁六行　昌安侯襲嗣子藩　按：后紀「藩」作「蕃」。

六〇七頁二行　是爲隈諸侯也　按：刊誤謂「隈」當依獨斷作「偎」。集解引周壽昌說，謂百官志注引胡廣漢制度作「猥」。隈、偎、猥通用古今字，作「猥」以較合。廣雅「猥，衆也」。

六〇八頁五行　從都慮至羊腸倉　按：集解引惠棟說，謂水經注「慮」作「盧」。

六〇八頁一〇行　石臼河解見（明）〔章〕紀　據校補引張熷說改。

六〇八頁一四行　會上谷太守任興欲誅赤沙烏桓〔烏桓〕怨恨謀反　按：集解引沈欽韓說，謂烏桓傳言烏桓死者神靈歸赤山，祭肜傳作「赤山烏桓」，此「赤沙」疑「赤山」之誤。王先謙謂如沈說，「烏桓」下似當重「烏桓」二字。沈家本亦謂當重「烏桓」二字。今據補。

六〇九頁四行　並載青泥一(襆)〔墣〕　據集解引惠棟說改。按：聚珍版東觀記作「穙」，亦誤。

六〇九頁五行　轉易至數十人　按：東觀記作「數千人」。

六〇九頁八行　章和二年護羌校尉張紆誘誅燒當種羌迷吾等　按：「二年」疑「元年」之誤。沈家本謂按西羌傳，事在章和元年，章帝紀亦在元年書護羌校尉劉盱，劉盱蓋卽張紆之譌。

六一〇頁二行　迷唐伯父號吾　按西羌傳，迷唐爲迷吾之子，號吾爲迷吾之弟，則號吾乃迷唐之叔父也。

六一一頁五行　東觀記(曰)　按：「曰」字衍，今删。

六一二頁二行　輒此請禱求福　按：王先謙謂「此」字疑衍，或「此」上奪「於」字。今按：御覽二七八引無「此」字。

六一二頁八行　訓五子騭京悝弘閶　按：袁紀「閶」作「閭」。

六一三頁二行　拜騭車騎將軍儀同三司〔儀同三司〕始自騭也　王先謙謂東觀記複出「儀同三司」四字爲是。今據補。

六一四頁八行　冬徵騭班師　按：「冬」上當脫「二年」二字。集解引惠棟說，謂洪适云帝紀班師在二年十一月，傳有脫字。又引沈欽韓說，謂黃伯思東觀餘論云近歲關右人發地得古甕，中有東漢時竹簡永初二年討羌符，與范書紀二年班師合，明「冬」上脫文。

六二四頁一三行　人士荒飢　按：集解引惠棟說，謂「士」當作「民」。

六二四頁一六行　元二卽元元也　按：集解引杭世駿說及惠棟補注，皆謂「元二」謂建初元年二年，注非。

六二五頁八行　帝絲麻　按：馬敍倫讀兩漢書記謂「絲」字疑當作「緦」。

六二五頁一三行　又封京子黃門侍郎珍爲陽安侯　按：集解引沈欽韓說，謂京子於夷安侯珍爲從祖，不應同名。袁宏紀云封京子寶爲陽安侯。

六二六頁一四行　尙書鄧訪　按：集解引惠棟說，謂袁宏紀「訪」作「防」。

六二六頁一四行　謀立平原王得　殿本考證萬承蒼云「得」當作「翼」，安帝紀及章八王傳可據。得又無子，以翼爲嗣，安帝緣此貶翼爲都鄉侯，注失考正。今按：據章八王傳，得薨在元初六年，而鄧弘先卒於元初二年，悝、閶卒於元初五年，今誣告弘等，必弘未卒前事，時爲平原王者得也。安帝貶翼，追怨其父而遷怒其子耳，安得以此爲據，萬說未允。

六二六頁一五行　遂廢西平侯廣德葉侯廣宗　原作「西平侯廣宗葉侯廣德」，誤，逕據汲本、殿本改正。按：影印紹興本此卷仍有闕佚，取它本補配，故多譌脫，舉此一例，餘皆不作校記。

六二七頁六行　屬長沙(國)〔郡〕　據校補引張熷說改。

六二八頁一五行　禹曾孫香(子)〔之〕女爲桓帝后　據校補引張熷說改。

六三〇頁二行　事見古史考　汲本無此五字，殿本作「事見史記」。按：校補謂閩本亦有此五字，殿本依監本轉刊，作「事見史記」，兩說互岐，殆皆非原注所有。

六三三頁九行　諸將軍賀　集解引何焯說，謂「軍」疑當作「畢」。今按，史記淮陰侯列傳「諸將效首虜畢賀」，漢書作「皆賀」，諸將畢賀者，諸將皆賀也，何說是。

六三三頁一三行　此讒人側目怨禍之時也　按：集解王先謙謂東觀記「時」作「府」，當是。

六三四頁一〇行　饌具〔食〕也　據說文補。

六三四頁一五行　從九卿復出以憂國可（知）也　校補謂「知」字衍。通鑑引傳文無「知」字，袁紀作「從九卿復爲二千石以憂國可也」，亦無「知」字。今據刪。

六三五頁八行　後屬大司馬吳漢共圍嚻於冀　按：沈家本謂是時圍隗嚻於西城，非冀也。「冀」字誤。

六三六頁九行　時人歸其長者　按：「歸」疑「稱」字之譌。

六三六頁一〇行　子損嗣　按：集解引惠棟說，謂水經注「損」作「楫」。

六三八頁四行　所見批抵　按：汲本、殿本「抵」作「抵」。注同。

六三八頁七行　廢於王命　集解引沈欽韓說，謂「於」當爲「干」。王先謙謂沈說是，蓋「干」訛爲「于」，因改爲「於」也。

六三八頁一二行　魯人（又）有與曾參同姓名　據殿本刪。

六三八頁一三行　又一人告之〔曰曾參殺人〕其母乃投杼下機　據汲本、殿本補。

六二九頁九行 又在（侈）〔移〕反 據汲本改。

六三〇頁二行 極死則爲寃鬼 按：集解引惠棟說，謂袁紀「極死」作「殛死」。

六三一頁二行 臣敢忘斯議 刊誤謂「議」當作「義」。按：議義通，非必誤字。

六三一頁一三行 泣血（連）〔漣〕如 據汲本、殿本改。

六三二頁二行 泣（涕連）〔血漣〕如 據易屯卦改。

後漢書卷十七

馮岑賈列傳第七

馮異字公孫，潁川父城人也。〔一〕好讀書，通左氏春秋、孫子兵法。〔二〕

〔一〕父城，縣名，故城在今許州葉縣東北。汝州郟城縣亦有父城。

〔二〕孫子名武，善用兵，吳王闔廬之將也，作兵法十三篇。見史記。

漢兵起，異以郡掾監五縣，與父城長苗萌共城守，爲王莽拒漢。光武略地潁川，攻父城不下，屯兵巾車鄉。〔一〕異閒出行屬縣，〔二〕爲漢兵所執。時異從兄孝及同郡丁綝、呂晏，〔三〕並從光武，因共薦異，得召見。異曰：「異一夫之用，不足爲彊弱。有老母在城中，願歸據五城，以効功報德。」光武曰「善」。異歸，謂苗萌曰：「今諸將皆壯士屈起，多暴橫，獨有劉將軍所到不虜掠。觀其言語舉止，非庸人也，可以歸身。」苗萌曰：「死生同命，敬從子計。」光武南還宛，更始諸將攻父城者前後十餘輩，異堅守不下；及光武爲司隸校尉，道經父城，異等卽開門奉牛酒迎。光武署異爲主簿，苗萌爲從事。異因薦邑子銚期、〔四〕叔壽、段建、左隆等，〔五〕光武皆以爲掾史，從至洛陽。

〔一〕巾車，鄉名也，在父城界。

〔二〕閒出猶微行。行音下孟反。

〔三〕東觀記曰：「緋字幼春，定陵人也。伉健有武略。」緋音丑心反。

〔四〕音姚。

〔五〕東觀記及續漢書，「段」並作「殷」字。

更始數欲遣光武徇河北，諸將皆以爲不可。是時左丞相曹竟子詡爲尚書，〔一〕父子用事，異勸光武厚結納之。及度河北，詡有力焉。

〔一〕竟字子期，山陽人也，後死於赤眉之難。見前書。詡音虚羽反。

自伯升之敗，光武不敢顯其悲戚，每獨居，輒不御酒肉，枕席有涕泣處。異獨叩頭寬譬哀情。光武止之曰：「卿勿妄言。」異復因閒進說曰：「天下同苦王氏，思漢久矣。今更始諸將從横暴虐，〔一〕所至虜掠，百姓失望，無所依戴。今公專命方面，施行恩德。夫有桀紂之亂，乃見湯武之功；人久飢渴，易爲充飽。〔二〕宜急分遣官屬，徇行郡縣，理冤結，布惠澤。」光武納之。至邯鄲，遣異與銚期乘傳撫循屬縣，錄囚徒，存鰥寡，亡命自詣者除其罪，陰條二千石長吏同心及不附者上之。

〔一〕從音子用反。橫音胡孟反。

〔二〕猶言凋殘之後，易流德澤。

及王郎起，光武自薊東南馳，晨夜草舍，〔一〕至饒陽無蔞亭。〔二〕時天寒烈，衆皆飢疲，異上豆粥。明旦，光武謂諸將曰：「昨得公孫豆粥，飢寒俱解。」及至南宮，〔三〕遇大風雨，光武引車入道傍空舍，異抱薪，鄧禹爇火，〔四〕光武對竈燎衣。〔五〕異復進麥飯菟肩。因復度虖沱河至信都，〔六〕使異別收河閒兵。還，拜偏將軍。從破王郎，封應侯。〔七〕

〔一〕舍，止息也。

〔二〕無蔞，亭名，在今饒陽縣東北。蔞音力于反。

〔三〕南宮，縣名，屬信都國，今冀州縣也。

〔四〕爇音而悅反。

〔五〕燎，炙也。

〔六〕光武紀云，度虖沱河，至下博城西，見白衣老父，曰「信都去此八十里耳」，是自北而南。此傳先言至南宮，後言度虖沱河，南宮在虖沱河南百有餘里，又似自南而北。紀傳兩文全相乖背，迹其地理，紀是傳非。諸家之書並然，亦未詳其故。

〔七〕應，國名，周武王子所封也。杜預注春秋曰：「應國在襄城成父縣西南。」

異爲人謙退不伐，行與諸將相逢，輒引車避道。〔一〕進止皆有表識，〔二〕軍中號爲整齊。

每所止舍，諸將並坐論功，異常獨屏樹下，軍中號曰「大樹將軍」。及破邯鄲，乃更部分諸將，各有配隸。〔三〕軍士皆言願屬大樹將軍，光武以此多之。〔四〕別擊破鐵脛於北平，〔五〕又降匈奴于林闟頓王，〔六〕因從平河北。

〔一〕東觀記、續漢書云「異敕吏士，非交戰受敵，常行諸營之後，相逢引車避之，由是無爭道變鬬者」也。

〔二〕言其進退有常處也。

〔三〕隸，屬也。袁山松書曰：「先時諸將同營，吏卒多犯法。」

〔四〕多，重也。

〔五〕北平，縣名，屬中山國，故城在今易州永樂縣也。

〔六〕匈奴王號。山陽公載記（日）「頓」字作「碓」。前書音義闟音蹋，頓音碓。

時更始遣舞陰王李軼、廩丘王田立、大司馬朱鮪、白虎公陳僑〔一〕將兵號三十萬，與河南太守武勃共守洛陽。光武將北徇燕、趙，以魏郡、河內獨不逢兵，而城邑完，倉廩實，乃拜寇恂爲河內太守，異爲孟津將軍，〔二〕統二郡軍河上，與恂合埶，以拒朱鮪等。

〔一〕東觀記「僑」字作「蟜」。

〔二〕孟，地名，古今以爲津。

異乃遺李軼書曰：「愚聞明鏡所以照形，往事所以知今。〔一〕昔微子去殷而入周，項伯畔楚而歸漢，〔二〕周勃迎代王而黜少帝，霍光尊孝宣而廢昌邑。〔三〕彼皆畏天知命，覩存亡之符，見廢興之事，故能成功於一時，垂業於萬世也。苟令長安尚可扶助，延期歲月，疏不閒親，遠不踰近，季文豈能居一隅哉？〔四〕今長安壞亂，赤眉臨郊，王侯搆難，大臣乖離，綱紀已絕，〔五〕四方分崩，異姓並起，是故蕭王跋涉霜雪，經營河北。方今英俊雲集，百姓風靡，雖邠岐慕周，不足以喻。〔六〕季文誠能覺悟成敗，亟定大計，論功古人，〔七〕轉禍爲福，在此時矣。如猛將長驅，嚴兵圍城，雖有悔恨，亦無及已。」初，軼與光武首結謀約，加相親愛，及更始立，反共陷伯升。雖知長安已危，欲降又不自安。乃報異書曰：「軼本與蕭王首謀造漢，結死生之約，同榮枯之計。今軼守洛陽，將軍鎭孟津，俱據機軸，〔八〕千載一會，思成斷金。〔九〕唯深達蕭王，願進愚策，以佐國安人。」軼自通書之後，不復與異爭鋒，故異因此得北攻天井關，拔上黨兩城，〔一〇〕又南下河南成皋已東十三縣，及諸屯聚，皆平之，降者十餘萬。武勃將萬餘人攻諸畔者，異引軍度河，與勃戰於士鄉下，〔一一〕大破斬勃，獲首五千餘級，軼又閉門不救。異見其信效，具以奏聞。光武故宣露軼書，〔一二〕令朱鮪知之。鮪怒，遂使人刺殺軼。由是城中乖離，多有降者。鮪乃遣討難將軍蘇茂將數萬人攻溫，鮪自將數萬人攻平陰以綴異。〔一三〕異遣校尉護軍（將軍）將兵，與寇恂合擊茂，破之。異因度河擊鮪，鮪走；異追至洛陽，環城一帀而歸。

〔一〕孔子家語曰，孔子觀周明堂四門之墉，有堯、舜、桀、紂之象，謂從者曰：「明鏡所以察形，古事所以知今。」

〔二〕史記曰，微子名啓，紂之庶兄。周武王伐紂，微子乃持祭器，肉袒面縛，造于軍門。武王乃釋其縛，復其位。項伯名纏，項籍之季父，素善張良，高祖因良與伯結婚。項籍謀害漢王，伯以身翊蔽之。籍誅，乃歸漢。

〔三〕少帝，孝惠後宮之子，名弘。惠帝崩，周勃以弘非惠帝之子，乃黜之，迎立代王。昭帝崩，無嗣，霍光乃迎立武帝孫昌邑王賀。賀無道，光廢之而立宣帝。

〔四〕長安謂更始。季文，李軼字。言軼與更始疏遠，獨居一隅，理難支久，欲其早圖去就。

〔五〕時更始大臣張卬、申屠建、隗囂等以赤眉入關，謀劫更始歸南陽，是大臣乖離也。

〔六〕史記曰，古公亶父脩后稷之業，積德行義，國人皆戴之。戎翟攻之，不忍戰其人，乃與其私屬去邠，止於岐下。邠人舉國扶老攜弱，盡復歸古公於岐山之下。

〔七〕亟，急也。古人卽謂微子、項伯等。

〔八〕機，弩牙也；軸，車軸也：皆在物之要，故取諭焉。

〔九〕易曰：「二人同心，其(義)〔利〕斷金。」

〔一〇〕天井關在太行山(下)〔上〕，解見章紀。

〔一一〕續漢書曰，士鄉，亭名，屬河南郡。

〔一二〕東觀記曰：「上報異曰：『軼多詐不信，人不能得其要領，今移其書。』」

〔一三〕平陰，縣名，屬河南郡。綴謂連綴也。

移檄上狀，諸將皆入賀，并勸光武卽帝位。光武乃召異詣鄗，問四方動靜。異曰：「三王反畔，更始敗亡，〔一〕天下無主，宗廟之憂，在於大王。宜從衆議，上爲社稷，下爲百姓。」光武曰：「我昨夜夢乘赤龍上天，覺悟，心中動悸。」異因下席再拜賀曰：「此天命發於精神。〔二〕心中動悸，大王重慎之性也。」異遂與諸將定議上尊號。

〔一〕三王謂張卬爲淮陽王，廖湛爲穰王，胡殷爲隨王。更始欲殺卬等，遂勒兵掠東西市，人戰於宮中，更始大敗。

〔二〕周易乾卦九五曰：「飛龍在天，大人造也。」莊子曰：「其夢也神交。」故言天命發於精神。

建武二年春，定封異陽夏侯。〔一〕引擊陽翟賊嚴終、趙根，破之。詔異歸家上冢，使太中大夫齎牛酒，〔二〕令二百里內太守、都尉已下及宗族會焉。

〔一〕夏音賈。

〔二〕續漢志曰：「太中大夫秩千石，掌顧問論議，屬光祿。」

時赤眉、延岑暴亂三輔，郡縣大姓各擁兵衆，大司徒鄧禹不能定，乃遣異代禹討之。車駕送至河南，賜以乘輿七尺具劍。〔一〕勑異曰：「三輔遭王莽、更始之亂，重以赤眉、延岑之酷，元元塗炭，無所依訴。今之征伐，非必略地屠城，要在平定安集之耳。諸將非不健鬬，然好虜掠。卿本能御吏士，念自修勑，無爲郡縣所苦。」異頓首受命，引而西，所至皆布威信。弘農羣盜稱將軍者十餘輩，皆率衆降異。〔二〕

〔一〕具謂以寶玉裝飾之。東觀記作「玉具劍」。

〔二〕東觀記曰：「黽池霍郎、陝王長、湖濁惠、華陰陽沈等稱將軍者皆降。」

異與赤眉遇於華陰，相拒六十餘日，戰數十合，降其將劉始、王宣等〔一〕五千餘人。三年春，遣使者卽拜異爲征西大將軍。會鄧禹率車騎將軍鄧弘等引歸，與異相遇，禹、弘要異共攻赤眉。異曰：「異與賊相拒且數十日，雖屢獲雄將，餘衆尚多，可稍以恩信傾誘，難卒用兵破也。上今使諸將屯黽池要其東，而異擊其西，一舉取之，此萬成計也。」禹、弘不從。弘遂大戰移日，赤眉陽敗，棄輜重走。車皆載土，以豆覆其上，兵士飢，爭取之。赤眉引還擊弘，弘軍潰亂。異與禹合兵救之，赤眉小卻。異以士卒飢倦，可且休，禹不聽，復戰，大爲所敗，死傷者三千餘人。禹得脫歸宜陽。異棄馬步走上回谿阪，〔二〕與麾下數人歸營。復堅壁，收其散卒，招集諸營保數萬人，與賊約期會戰。使壯士變服與赤眉同，伏於道側。旦日，赤眉使萬人攻異前部，異裁出兵以救之。〔三〕賊見埶弱，遂悉衆攻異，異乃縱兵大戰。日昃，賊氣衰，伏兵卒起，衣服相亂，赤眉不復識別，衆遂驚潰。追擊，大破於崤底，降男女八萬人。餘衆尚十餘萬，東走宜陽降。璽書勞異曰：「赤眉破平，士吏勞苦，始雖垂翅回谿，終能奮翼黽池，〔四〕可謂失之東隅，收之桑榆。〔五〕方論功賞，以荅大勳。」

〔一〕東觀記「宣」作「重」。

〔二〕回谿，今俗所謂回阬，在今洛州永寧縣東北。其谿長四里，闊二丈，深二丈五尺也。

〔三〕裁小出兵，所以示弱也。

〔四〕以鳥爲喻。

〔五〕淮南子曰：「至於衡陽，是謂隅中。」又前書谷子雲曰：「太白出西方六十日，法當參天；今已過期，尚在桑榆閒。」桑榆謂晚也。

時赤眉雖降，衆寇猶盛：延岑據藍田，王歆據下邽，〔一〕芳丹據新豐，〔二〕蔣震據霸陵，〔三〕張邯據長安，公孫守據長陵，楊周據谷口，〔四〕呂鮪據陳倉，角閎據汧，駱（蓋）延據盩厔，任良據鄠，汝章據槐里，各稱將軍，擁兵多者萬餘，少者數千人，轉相攻擊。異且戰且行，屯軍上林苑中。延岑既破赤眉，自稱武安王，拜置牧守，欲據關中，引張邯、任良共攻異。異擊破之，斬首千餘級，諸營保守附岑者皆來降歸異。岑走攻析，〔五〕異遣復漢將軍鄧曄、輔漢將軍于匡要擊岑，大破之，降其將蘇臣等八千餘人。岑遂自武關走南陽。時百姓飢餓，人相食，黃金一斤易豆五升。道路斷隔，委輸不至，軍士悉以果實爲糧。詔拜南陽趙匡爲右扶風，將兵助異，并送縑穀，軍中皆稱萬歲。異兵食漸盛，乃稍誅擊豪傑不從令者，襃賞降附有功勞者，悉遣其渠帥詣京師，散其衆歸本業。威行關中。唯呂鮪、張邯、蔣震遣使降蜀，其餘悉平。

〔一〕秦武公伐邽戎致之也。隴西有上邽，故此有下也。

〔二〕續漢書「芳」作「茅」。

〔三〕霸陵，文帝陵，因以爲縣名，故秦（芒）〔芷〕陽縣。

〔四〕谷口，縣名，屬左馮翊，故城在今醴泉縣東北。

〔五〕析，縣名，楚之白羽邑也，卽今鄧州內鄉縣。

明年，公孫述遣將程焉，將數萬人就呂鮪出屯陳倉。異與趙匡迎擊，大破之，焉退走漢川。異追戰於箕谷，復破之，還擊破呂鮪，營保降者甚衆。其後蜀復數遣將閒出，異輒摧挫之。〔一〕懷來百姓，申理枉結，出入三歲，上林成都。〔二〕

〔一〕賈逵注國語曰：「折其鋒曰挫。」

〔二〕成都，言歸附之多也。史記曰：「一年成邑，三年成都。」

異自以久在外，不自安，上書思慕闕廷，願親帷幄，帝不許。後人有章言異專制關中，斬長安令，威權至重，百姓歸心，號爲「咸陽王」。帝使以章示異。〔一〕異惶懼，上書謝曰：「臣本諸生，遭遇受命之會，充備行伍，過蒙恩私，位大將，爵通侯，〔二〕受任方面，以立微功，〔三〕皆自國家謀慮，愚臣無所能及。臣伏自思惟：以詔勅戰攻，每輒如意；時以私心斷決，未嘗不有悔。國家獨見之明，久而益遠，乃知『性與天道，不可得而聞也』。〔四〕當兵革始起，擾攘之時，豪傑競逐，〔五〕迷惑千數。臣以遭遇，託身聖明，在傾危溷殽之中，尚不敢過差，而況天下平定，上尊下卑，而臣爵位所蒙，巍巍不測乎？誠冀以謹勑，遂自終始。見所示臣章，戰慄怖懼。伏念明主知臣愚性，固敢因緣自陳。」詔報曰：「將軍之於國家，義爲君臣，恩猶父子。何嫌何疑，而有懼意？」

〔一〕東觀記曰：「使者宋嵩西上，因以章示異。」

〔二〕通侯即徹侯，避武帝諱改焉。

〔三〕謂西方一面專以委之。

〔四〕論語子貢曰：「夫子之文章，可得而聞也。夫子之言性與天道，不可得而聞。」

〔五〕逐，爭也。

六年春，異朝京師。引見，帝謂公卿曰：「是我起兵時主簿也。爲吾披荆棘，定關中。」〔一〕既罷，使中黃門賜以珍寶、衣服、錢帛。詔曰：「倉卒無蔞亭豆粥，虖沱河麥飯，厚意久不報。」異稽首謝曰：「臣聞管仲謂桓公曰：『願君無忘射鉤，臣無忘檻車。』齊國賴之。〔二〕臣今亦願國家無忘河北之難，小臣不敢忘巾車之恩。」〔三〕後數引讌見，定議圖蜀，留十餘日，令異妻子隨異還西。

〔一〕荆棘，榛梗之謂，以喻紛亂。

〔二〕史記曰，管仲將兵遮莒道，射桓公中鉤。後魯桎梏管仲而送於齊，齊以爲相。說苑曰：「管仲桎梏檻車中，非無媿也，自裁也。」新序曰，齊桓公與管仲飲，酒酣，管仲上壽曰：「願君無忘出奔於莒也，臣亦無忘束縛於魯也。」此云射鉤、檻車，義亦通。

〔三〕謂光武獲異於巾車而赦之。

夏，遣諸將上隴，爲隗囂所敗，乃詔異軍栒邑。未及至，隗囂乘勝使其將王元、行巡將二萬餘人下隴，因分遣巡取栒邑。異卽馳兵，欲先據之。諸將皆曰：「虜兵盛而新乘勝，不可與爭。宜止軍便地，徐思方略。」異曰：「虜兵臨境，忸（忕）〔忲〕小利，〔一〕遂欲深入。若得栒邑，三輔動搖，是吾憂也。夫『攻者不足，守者有餘』。〔二〕今先據城，以逸待勞，非所以爭也。」潛往閉城，偃旗鼓。行巡不知，馳赴之。異乘其不意，卒擊鼓建旗而出。巡軍驚亂奔走，追擊數十里，大破之。祭遵亦破王元於汧。於是北地諸豪長耿定等，悉畔隗囂降。異上書言狀，不敢自伐。〔三〕諸將或欲分其功，帝患之。乃下璽書曰：「制詔大司馬、虎牙、建威、漢（中）〔忠〕、捕虜、武威將軍：虜兵猥下，三輔驚恐。〔四〕栒邑危亡，在於旦夕。北地營保，按兵觀望。今偏城獲全，虜兵挫折，使耿定之屬，復念君臣之義。征西功若丘山，猶自以爲不足。孟之反奔而殿，亦何異哉？〔五〕今遣太中大夫賜征西吏士死傷者醫藥、棺斂，大司馬已下親弔死問疾，以崇謙讓。」於是使異進軍義渠，并領北地太守事。〔六〕

〔一〕忸忲猶慣習也，謂慣習前事而復爲之。爾雅曰：「忸，復也。」郭景純曰：「謂慣忲復爲之也。」忸音尼丑反。忲音逝。

〔二〕孫子兵法之文。

〔三〕孔安國注尚書曰：「自矜曰伐。」

〔四〕大司馬，吳漢也。虎牙，蓋延也。建威，耿弇也。漢忠，王常也。捕虜，馬武也。武威，劉尚也。廣雅曰：「猥，衆也。」

〔五〕孟之反，魯大夫。魯與齊戰，魯師敗，之反殿，是其功也。將入魯門，乃策其馬曰：「吾非敢後，馬不進。」是謙而不自伐也。

〔六〕義渠，縣名，屬北地郡。

青山胡率萬餘人降異。〔一〕異又擊盧芳將賈覽、匈奴薁鞬日逐王，破之。〔二〕上郡、安定皆降，異復領安定太守事。九年春，祭遵卒，詔異守征虜將軍，并將其營。及隗囂死，其將王元、周宗等復立囂子純，猶總兵據冀，公孫述遣將趙匡等救之，帝復令異行天水太守事。攻匡等且一年，皆斬之。〔三〕諸將共攻冀，不能拔，欲且還休兵，異固持不動，常爲衆軍鋒。

〔一〕青山在北地參（巒）〔䜌〕界，青山中水所出也。續漢書曰：「安定屬國人，本屬國降胡也。居參（巒）〔䜌〕青山中，其豪帥號肥頭小卿。」

〔二〕薁音於六反。

〔三〕東觀記曰：「時賜馮異璽書曰：『聞吏士精銳，水火不避，購賞之賜，必不令將軍負丹青，失斷金。』」

明年夏，與諸將攻落門，未拔，〔一〕病發，薨于軍，謚曰節侯。

〔一〕落門，聚名，在冀縣，有落門山。

長子彰嗣。明年，帝思異功，復封彰弟訢爲析鄉侯。十三年，更封彰東緡侯，食三縣。〔一〕永平中，徙封平鄉侯。〔二〕彰卒，子普嗣，有罪，國除。〔三〕

〔一〕東觀記曰，東緡，縣名，屬山陽郡。左傳曰「齊侯伐宋，圍緡」，即此地也。在今兗州金鄉縣。

〔二〕東觀記曰：「永平五年，封平鄉侯，食鬱林潭中。」

〔三〕東觀記曰：「坐鬬殺游徼，會赦，國除。」

永初六年，安帝下詔曰：「夫仁不遺親，義不忘勞，興滅繼絕，善善及子孫，古之典也。〔一〕昔我光武受命中興，恢弘聖緒，橫被四表，昭假上下，〔二〕光耀萬世，祉祚流衍，垂於罔極。予末小子，夙夜永思，追惟勳烈，披圖案籍，建武元功二十八將，佐命虎臣，讖記有徵。蓋蕭、曹紹封，傳繼於今；〔三〕況此未遠，而或至乏祀，朕甚愍之。其條二十八將無嗣絕世，若犯罪奪國，其子孫應當統後者，分別署狀上。將及景風，章敍舊德，顯茲遺功焉。」〔四〕於是紹封普子晨爲平鄉侯。明年，二十八將絕國者，皆紹封焉。

〔一〕論語曰：「興滅國，繼絕世。」公羊傳曰：「善善及子孫，惡惡止其身。」

〔二〕昭，明也。假，至也。上下，天地。假音格。

〔三〕和帝永元三年，詔紹封蕭、曹之後，以彰厥功也。

〔四〕春秋考異郵曰：「夏至四十五日景風至。」宋均注曰「景風至則封有功」也。

岑彭字君然，南陽棘陽人也。〔一〕王莽時，守本縣長。漢兵起，攻拔棘陽，彭將家屬奔前隊大夫甄阜。阜怒彭不能固守，拘彭母妻，令效功自補。彭將賓客戰鬬甚力。及甄阜死，彭被創，亡歸宛，與前隊貳嚴說共城守。〔二〕漢兵攻之數月，城中糧盡，人相食，彭乃與說舉城降。

〔一〕棘音紀力反。

〔二〕前隊大夫貳，甄阜之副也。姓嚴，名說。東觀記云：「與貳師嚴尤共城守。」計嚴尤爲大司馬，又非貳師，與此不同。

諸將欲誅之，大司徒伯升曰：「彭，郡之大吏，執心堅守，是其節也。今舉大事，當表義士，不如封之，以勸其後。」更始乃封彭爲歸德侯，〔一〕令屬伯升。及伯升遇害，彭復爲大司馬朱鮪校尉，從鮪擊王莽楊州牧李聖，殺之，定淮陽城。鮪薦彭爲淮陽都尉。更始遣立威王張卬與將軍徭偉鎭淮陽。〔二〕偉反，擊走卬。彭引兵攻偉，破之。遷潁川太守。

〔一〕歸德，縣名，屬北地郡。

〔二〕風俗通曰：「東越王繇，句踐之後，其後以繇爲姓。」東觀記（曰）「繇」作「淫」。

會春陵劉茂起兵，略下潁川，彭不得之官，乃與麾下數百人從河內太守邑人韓歆。會光武徇河內，歆議欲城守，彭止不聽。既而光武至懷，歆迫急迎降。光武知其謀，大怒，收歆置鼓下，將斬之。〔一〕召見彭，彭因進說曰：「今赤眉入關，更始危殆，權臣放縱，矯稱詔制，道路阻塞，四方蜂起，羣雄競逐，百姓無所歸命。竊聞大王平河北，開王業，此誠皇天祐漢，士人之福也。彭幸蒙司徒公所見全濟，未有報德，旋被禍難，永恨於心。今復遭遇，願出身自效。」光武深接納之。彭因言韓歆南陽大人，〔二〕可以爲用。乃貰歆，〔三〕以爲鄧禹軍師。

〔一〕中〔軍〕將（軍）最尊，自執旗鼓。若置營，則立旗以爲軍門，並設鼓，戮人必於其下。

〔二〕大人謂大家豪右。

〔三〕貰，寬也。

更始大將軍呂植將兵屯淇園，彭說降之，於是拜彭爲刺姦大將軍，使督察衆營，〔一〕授以常所持節，從平河北。光武即位，拜彭廷尉，歸德侯如故，行大將軍事。〔二〕與大司馬吳漢，大司空王梁，建義大將軍朱祐，右將軍萬脩，執金吾賈復，驍騎將軍劉植，揚化將軍堅鐔，積射將軍侯進，偏將軍馮異、祭遵、王霸等，圍洛陽數月。朱鮪等堅守不肯下。帝以彭嘗爲鮪校尉，令往說之。鮪在城上，彭在城下，相勞苦歡語如平生。彭因曰：「彭往者得執鞭侍從，蒙薦舉拔擢，常思有以報恩。今赤眉已得長安，更始爲三王所反，〔三〕皇帝受命，平定燕、趙，盡有幽、冀之地，百姓歸心，賢俊雲集，親率大兵，來攻洛陽。天下之事，逝其去矣。公雖嬰城固守，將何待乎？」〔四〕鮪曰：「大司徒被害時，鮪與其謀，〔五〕又諫更始無遣蕭王北伐，誠自知罪深。」彭還，具言於帝。帝曰：「夫建大事者，不忌小怨。鮪今若降，官爵可保，況誅罰乎？河水在此，吾不食言。」〔六〕彭復往告鮪，鮪從城上下索曰：「必信，可乘此上。」彭趣索欲上。〔七〕鮪見其誠，卽許降。後五日，鮪將輕騎詣彭。顧敕諸部將曰：「堅守待我。我若不還，諸君徑將大兵上轘轅，歸郾王。」〔八〕乃面縛，與彭俱詣河陽。〔九〕帝卽解其縛，召見之，復令彭夜送鮪歸城。明旦，悉其衆出降，拜鮪爲平狄將軍，封扶溝侯。鮪，淮陽人，後爲少府，〔一〇〕傳封累代。

〔一〕續漢書曰：「時更始尚書令謝躬將六將軍屯鄴，兵橫暴，爲百姓所苦。上先遣吳漢往收之，故拜彭爲刺姦將軍。」

〔二〕續漢書曰：「彭鎭河內。馮異先攻洛陽，朱鮪大出軍，欲擊彭。時天霧，鮪以爲彭已去，令其兵皆稯黍，彭乃進擊，大破之。」

〔三〕解見上文。

〔四〕嬰，繞也。謂以城自嬰繞而守之。

〔五〕與音預。

〔六〕指河以爲信，言其明白也。

〔七〕趣，向也。

〔八〕更始傳尹尊爲郾王。

〔九〕東觀記曰：「詣行在所河津亭。」

〔一〇〕前書曰：「少府，秦官，秩二千石。」續漢書曰：「少府，掌中服御諸物，衣服寶貨珍膳之屬。」

建武二年，使彭擊荆州，下犨、葉等十餘城。〔一〕是時南方尤亂。南郡人秦豐據黎丘，自稱楚黎王，略(十)有(十)二縣；〔二〕董訢起堵鄉；許邯起杏；〔三〕又更始諸將各擁兵據南陽諸城。帝遣吳漢伐之，漢軍所過多侵暴。時破虜將軍鄧奉謁歸新野，怒吳漢掠其鄉里，遂(返)〔反〕，擊破漢軍，獲其輜重，屯據淯陽，與諸賊合從。秋，彭破杏，降許邯，遷征南大將軍。復遣朱祐、賈復及建威大將軍耿弇，漢(中)〔忠〕將軍王常，武威將軍郭守，越騎將軍劉宏，偏將軍劉嘉、耿植等，與彭幷力討鄧奉。先擊堵鄉，而奉將萬餘人救董訢。訢、奉皆南陽精兵，彭等攻之，連月不剋。三年夏，帝自將南征，至葉，董訢別將將數千人遮道，車騎不可得前。彭奔擊，大破之。帝至堵陽，鄧奉夜逃歸淯陽，〔四〕董訢降。彭復與耿弇、賈復及積弩將軍傅俊、騎都尉臧宮等從追鄧奉於小長安。〔五〕帝率諸將親戰，大破之。奉迫急，乃降。帝憐奉舊功臣，且釁起吳漢，欲全宥之。彭與耿弇諫曰：「鄧奉背恩反逆，暴師經年，致賈復傷痍，朱祐見獲。陛下既至，不知悔善，而親在行陳，兵敗乃降。若不誅奉，無以懲惡。」於是斬之。奉者，西華侯鄧晨之兄子也。

〔一〕犨，縣名，屬南陽郡，故城在今汝州魯山縣東南。葉，今許州葉縣也。續漢書曰：「彭南擊荊州，至（城）〔成〕安、昆陽、犨、葉、舞陽、堵陽、平氏、棘陽、胡陽，處處皆破其屯聚。」

〔二〕東觀記曰：「豐，邔縣人，少學長安，受律令，歸為縣吏。更始元年起兵，攻得邔、宜城、（若）〔鄀〕、編、臨沮、中廬、襄陽、鄧、新野、穰、湖陽、蔡陽，兵合萬人。」邔音求紀反。

〔三〕南陽復陽縣有杏聚。

〔四〕續漢書曰：「奉令候伏道旁，見車騎一日不絕，歸語奉，奉遂夜遁。」

〔五〕小長安解見光武紀。

車駕引還，令彭率傅俊、臧宮、劉宏等三萬餘人南擊秦豐，拔黃郵，〔一〕豐與其大將蔡宏拒彭等於鄧，數月不得進。帝怪以讓彭，彭懼，於是夜勒兵馬，申令軍中，使明旦西擊山都。〔二〕乃緩所獲虜，令得逃亡，歸以告豐，豐即悉其軍西邀彭。彭乃潛兵度沔水，擊其將張楊於阿頭山，大破之。〔三〕從川谷閒伐木開道，直襲黎丘，擊破諸屯兵。豐聞大驚，馳歸救之。彭與諸將依東山爲營，豐與蔡宏夜攻彭，彭豫爲之備，出兵逆擊之，豐敗走，追斬蔡宏。更封彭爲舞陰侯。

〔一〕黃郵，聚名也，在南陽新（都）〔野〕縣。

〔二〕山都，縣名，屬南陽郡，舊南陽之赤鄉，秦以爲縣，故城在今襄州義清縣東北。

〔三〕沔水源出武都東狼谷中，即漢水之上源也。阿頭山在襄陽也。

秦豐相趙京舉宜城降，拜爲成漢將軍，與彭共圍豐於黎丘。時田戎擁衆夷陵，〔一〕聞秦豐被圍，懼大兵方至，欲降。而妻兄辛臣諫戎曰：「今四方豪傑各據郡國，洛陽地如掌耳，〔二〕不如按甲以觀其變。」戎曰：「以秦王之彊，猶爲征南所圍，豈況吾邪？降計決矣。」四年春，戎乃留辛臣守夷陵，自將兵沿江泝沔止黎丘，刻期日當降，而辛臣於後盜戎珍寶，從閒道先降於彭，而以書招戎。戎疑必賣己，遂不敢降，〔三〕而反與秦豐合。彭出兵攻戎，數月，大破之，其大將伍公詣彭降，戎亡歸夷陵。帝幸黎丘勞軍，封彭吏士有功者百餘人。彭攻秦豐三歲，斬首九萬餘級，豐餘兵裁千人，又城中食且盡。帝以豐轉弱，令朱祐代彭守之，使彭與傅俊南擊田戎，大破之，遂拔夷陵，追至秭歸。〔四〕戎與數十騎亡入蜀，盡獲其妻子士衆數萬人。

〔一〕東觀記曰：「田戎，西平人，與同郡人陳義客夷陵，爲羣盜。更始元年，義、戎將兵略夷陵，陳義自稱黎丘大將軍，戎自稱埽地大將軍。」襄陽耆舊記曰：「戎號周成王，義稱臨江王。」

〔二〕續漢書曰：「辛臣爲戎作地圖，圖彭寵、張步、董憲、公孫述等所得郡國，云洛陽所得如掌耳。」

〔三〕東觀記曰：「戎至期日，灼龜卜降，兆中拆，遂止不降。」

〔四〕秭歸，縣名，今歸州，解見和紀。

彭以將伐蜀漢，而夾川穀少，水險難漕運，留威虜將軍馮駿軍江州，〔一〕都尉田鴻軍夷陵，領軍李玄軍夷道，自引兵還屯津鄉，當荆州要會，〔二〕喻告諸蠻夷，降者奏封其君長。初，彭與交阯牧鄧讓厚善，與讓書陳國家威德，〔三〕又遣偏將軍屈充移檄江南，班行詔命。於是讓與江夏太守侯登、武陵太守王堂、長沙相韓福、桂陽太守張隆、零陵太守田翕、蒼梧太守杜穆、交阯太守錫光等，相率遣使貢獻，悉封爲列侯。或遣子將兵助彭征伐。〔四〕於是江南之珍始流通焉。

〔一〕江州，縣名，今渝州巴縣也。東觀記曰：「長沙中尉馮駿將兵詣彭，璽書拜駿爲威虜將軍。」

〔二〕津鄉，縣名，所謂江津也。東觀記曰：「津鄉當荆、楊之咽喉。」

〔三〕東觀記曰：「讓夫人，光烈皇后姊也。」

〔四〕續漢書曰：「張隆遣子曄將兵詣彭助征伐，上以曄爲率義侯。」不總遣子，故言或。

六年冬，徵彭詣京師，數召讌見，厚加賞賜。復南還津鄉，有詔過家上冢，大長秋以朔望問太夫人起居。〔一〕

〔一〕大長秋，皇后屬官。漢法，列侯之母，方稱太夫人也。

八年，彭引兵從車駕破天水，與吳漢圍隗囂於西城。時公孫述將李育將兵救囂，守上邽，帝留蓋延、耿弇圍之，而車駕東歸。勑彭書曰：「兩城若下，便可將兵南擊蜀虜。人苦不知足，既平隴，復望蜀。每一發兵，頭鬢為白。」彭遂壅谷水灌西城，城未沒丈餘，〔一〕囂將行巡、周宗將蜀救兵到，囂得出還冀。漢軍食盡，燒輜重，引兵下隴，延、弇亦相隨而退。囂出兵尾擊諸營，彭殿為後拒，〔二〕故諸將能全師東歸。彭還津鄉。

〔一〕東觀記曰：「時以縑囊盛土為堤，灌西城，谷水從地中數丈涌出，故城不拔。」續漢書云「以縑盛土為堤」。

〔二〕尾謂尋其後而擊之。凡軍在前曰啓，在後曰殿。東觀記曰「彭東入弘農界，百姓持酒肉迎軍，曰『蒙將軍為後拒，全子弟得生還』」也。

九年，公孫述遣其將任滿、田戎、程汎，將數萬人乘枋箄下江關，〔一〕擊破馮駿及田鴻、李玄等。遂拔夷道、夷陵，據荆門、虎牙。〔二〕橫江水起浮橋、鬭樓，立欑柱絕水道，結營山上，以拒漢兵。彭數攻之，不利，於是裝直進樓船、冒突露橈數千艘。〔三〕

〔一〕枋箄，以木竹為之，浮於水上。爾雅曰：「舫，泭也。」郭景純曰：「水中簰筏也。」華陽國志曰，巴、楚相攻，故置江關，舊在赤甲城，後移在江南岸，對白帝城，故基在今夔州(魚)〔人〕復縣南。「枋」即「舫」字，古通用耳。箄音步佳反。泭音西俱反。

〔二〕解在光武紀。

〔三〕並船名。樓船，船上施樓。橈，小檝也。（爾雅）〔方言〕曰：「檝謂之橈。」露橈謂露檝在外，人在船中。冒突，取其觸冒而唐突也。橈音饒。

十一年春，彭與吳漢及誅虜將軍劉隆、輔威將軍臧宮、驍騎將軍劉歆，發南陽、武陵、南郡兵，又發桂陽、零陵、長沙委輸棹卒，凡六萬餘人，〔一〕騎五千匹，皆會荆門。吳漢以三郡棹卒多費糧穀，欲罷之。彭以蜀兵盛，不可遣，上書言狀。帝報彭曰：「大司馬習用步騎，不曉水戰，荆門之事，一由征南公爲重而已。」彭乃令軍中募攻浮橋，先登者上賞。於是偏將軍魯奇應募而前。時天風狂急，（彭）奇船逆流而上，直衝浮橋，而欑柱鉤不得去，〔二〕奇等乘埶殊死戰，因飛炬焚之，風怒火盛，橋樓崩燒。彭復悉軍順風並進，所向無前。蜀兵大亂，溺死者數千人。斬任滿，生獲程汎，而田戎亡保江州。彭上劉隆爲南郡太守，自率臧宮、劉歆長驅入江關，令軍中無得虜掠。所過，百姓皆奉牛酒迎勞。彭見諸耆老，爲言大漢哀愍巴蜀久見虜役，故興師遠伐，以討有罪，爲人除害。讓不受其牛酒。百姓皆大喜悅，爭開門降。詔彭守益州牧，所下郡，輒行太守事。〔三〕

〔一〕棹卒，持棹行船也。東觀記作「濯」。前書鄧通以濯船爲黄頭郎。濯音直致反。

〔二〕續漢書曰：「時天東風，其欑柱有反把，鉤奇船不得去。」

〔三〕東觀記曰：「彭若出界，即以太守號付後將軍，選官屬守州中長（史）〔吏〕。」

彭到江州，以田戎食多，難卒拔，留馮駿守之，自引兵乘利直指墊江，攻破平曲，〔一〕收其米數十萬石。公孫述使其將延岑、呂鮪、王元及其弟恢悉兵拒廣漢及資中，〔二〕又遣將侯丹率二萬餘人拒黃石。彭乃多張疑兵，使護軍楊翕與臧宮拒延岑等，自分兵浮江下還江州，泝都江而上，〔三〕襲擊侯丹，大破之。因晨夜倍道兼行二千餘里，徑拔武陽。〔四〕使精騎馳廣都，〔五〕去成都數十里，埶若風雨，所至皆奔散。初，述聞漢兵在平曲，故遣大兵逆之。及彭至武陽，繞出延岑軍後，蜀地震駭。述大驚，以杖擊地曰：「是何神也！」

〔一〕墊江，縣名，屬巴郡，今忠州縣也。墊音徒協反。平曲，地闕。

〔二〕資中，縣名，屬犍爲郡，其地在今資州資陽縣。

〔三〕都江，成都江也。

〔四〕武陽，解見光武紀。

〔五〕廣都，縣名，屬蜀郡，故城在今益州成都縣東南。

彭所營地名彭亡，聞而惡之，欲徙，會日暮，蜀刺客詐爲亡奴降，夜刺殺彭。

彭首破荊門，長驅武陽，持軍整齊，秋豪無犯。〔一〕邛穀王任貴聞彭威信，數千里遣使迎降。〔二〕會彭已薨，帝盡以任貴所獻賜彭妻子，謚曰壯侯。蜀人憐之，爲立廟武陽，歲時祠焉。

〔一〕豪，毛也。秋毛喻細也。高祖曰：「吾入關，秋豪無所取。」

〔三〕前書音義曰：「任貴，越巂夷，殺太守枚根，自立爲邛穀王。」

子遵嗣，徙封細陽侯。〔一〕十三年，帝思彭功，復封遵弟淮爲穀陽侯。〔二〕遵永平中爲屯騎校尉。遵卒，子伉嗣。〔三〕伉卒，子杞嗣，〔四〕元初三年，坐事失國。建光元年，安帝復封杞細陽侯，順帝時爲光祿勳。

〔一〕細陽，縣名，屬汝南郡，故城在今潁川汝陰縣西。

〔二〕穀陽，縣名，屬沛郡。

〔三〕伉音口葬反。

〔四〕東觀記〔曰〕「杞」作「起」。元初中，坐事免。

杞卒，子熙嗣，尙安帝妹湼陽長公主。少爲侍中、虎賁中郎將，朝廷多稱其能。遷魏郡太守，〔一〕招聘隱逸，與參政事，無爲而化。視事二年，輿人歌之曰：「我有枳棘，岑君伐之。〔二〕我有蟊賊，岑君遏之。〔三〕狗吠不驚，足下生氂。〔四〕含哺鼓腹，焉知凶災？〔五〕我喜我生，獨丁斯時。〔六〕美矣岑君，於戲休茲！」〔七〕

〔一〕魏郡，秦時置，故城在今相州安陽縣東北。

〔二〕枳棘多榛梗，以喻寇盜充斥也。

〔三〕蟊賊，食禾稼蟲名，以喻姦吏侵漁也。

〔四〕氂，長毛也。犬無追吠，故足下生氂。

〔五〕哺，食也。鼓，擊也。

〔六〕丁猶當也。

〔七〕於戲，歎美之詞。見爾雅。於音烏。戲音許宜反。

熙卒，子福嗣，爲黃門侍郎。

賈復字君文，南陽冠軍人也。少好學，習尚書。事舞陰李生，李生奇之，謂門人曰：「賈君之容貌志氣如此，而勤於學，將相之器也。」王莽末，爲縣掾，迎鹽河東，會遇盜賊，等比十餘人皆放散其鹽，復獨完以還縣，縣中稱其信。

時下江、新市兵起，復亦聚衆數百人於羽山，自號將軍。更始立，乃將其衆歸漢中王劉嘉，以爲校尉。復見更始政亂，諸將放縱，乃說嘉曰：「臣聞圖堯舜之事而不能至者，湯武是也；〔一〕圖湯武之事而不能至者，桓文是也；〔二〕圖桓文〔之〕事而不能至者，六國是也；〔三〕定六國之規，欲安守之而不能至者，亡六國是也。今漢室中興，大王以親戚爲藩輔，天下未定而安守所保，所保得無不可保乎？」嘉曰：「卿言大，非吾任也。大司馬劉公在河北，必能相施，第持我書往。」〔四〕復遂辭嘉，受書北度河，及光武於柏人，因鄧禹得召見。

光武奇之，禹亦稱有將帥節，於是署復破虜將軍督盜賊。復馬羸，〔五〕光武解左驂以賜之。〔六〕官屬以復後來而好陵折等輩，調補鄗尉，光武曰：「賈督有折衝千里之威，方任以職，勿得擅除。」〔七〕

〔一〕堯禪舜，舜禪禹，湯乃放桀，武王誅紂，故言不能至者。

〔二〕齊桓公小白，晉文公重耳，春秋之時，周衰，二君霸有海內。

〔三〕六國謂韓、趙、魏、燕、齊、楚，分列中夏，各自跨據，又不逮桓文。

〔四〕施，用也。第，但也。

〔五〕羸，力佳反。

〔六〕驂者，服外之馬也。東觀記、續漢書「左」並作「右」。

〔七〕東觀記曰「時上置兩府官屬，復與段孝共坐。孝謂復曰：『卿將軍督，我大司馬督，不得共坐。』復曰：『俱劉公吏，有何尊卑？』官屬以復不遜，上調官屬補長吏，共白欲以復爲鄗尉，上署報不許」也。

光武至信都，以復爲偏將軍。及拔邯鄲，遷都護將軍。從擊青犢於射犬，大戰至日中，賊陳堅不卻。光武傳召復曰：「吏士皆飢，可且朝飯。」復曰：「先破之，然後食耳。」於是被羽先登，〔一〕所向皆靡，賊乃敗走。諸將咸服其勇。又北與五校戰於眞定，大破之。復傷創甚。光武大驚曰：「我所以不令賈復別將者，爲其輕敵也。果然，失吾名將。聞其婦有孕，生女邪，我子娶之，生男邪，我女嫁之，不令其憂妻子也。」復病尋愈，追及光武於薊，相見甚懽，大饗士卒，令復居前，擊鄴賊，破之。

〔一〕被猶負也，析羽爲旌旗，將軍所執。先登，先赴敵也。

光武卽位，拜爲執金吾，封冠軍侯。先度河攻朱鮪於洛陽，與白虎公陳僑戰，連破降之。建武二年，益封穰、朝陽二縣。更始郾王尹尊及諸大將在南方未降者尚多，帝召諸將議兵事，未有言，沈吟久之，乃以檄叩地曰：「郾最彊，宛爲次，誰當擊之？」復率然對曰：「臣請擊郾。」帝笑曰：「執金吾擊郾，吾復何憂！大司馬當擊宛。」遂遣復與騎都尉陰識、驍騎將軍劉植南度五社津擊郾，連破之。月餘，尹尊降，盡定其地。引東擊更始淮陽太守暴汜，汜降，屬縣悉定。其秋，南擊召陵、新息，平定之。〔一〕明年春，遷左將軍，別擊赤眉於新城、澠池閒，連破之。〔二〕與帝會宜陽，降赤眉。

〔一〕新息，縣名，屬汝南郡，故城在今豫州新息縣西南也。

〔二〕新城，今伊闕縣。

復從征伐，未嘗喪敗，數與諸將潰圍解急，身被十二創。帝以復敢深入，希令遠征，而壯其勇節，常自從之，故復少方面之勳。〔一〕諸將每論功自伐，復未嘗有言。帝輒曰「賈君之功，我自知之。」

〔一〕東觀記曰：「吳漢擊蜀未破，上書請復自助，上不遣。」

十三年，定封膠東侯，食郁秩、壯武、下密、卽墨、梃(胡)、觀陽，凡六縣。〔一〕復知帝欲偃干戈，修文德，不欲功臣擁衆京師，乃與高密侯鄧禹並剽甲兵，敦儒學。〔二〕帝深然之，遂罷左右將軍。復以列侯就第，加位特進。〔三〕復爲人剛毅方直，多大節。既還私第，闔門養威重。朱祐等薦復宜爲宰相，帝方以吏事責三公，故功臣並不用。是時列侯唯高密、固始、膠東三侯與公卿參議國家大事，恩遇甚厚。〔四〕三十一年卒，謚曰剛侯。

〔一〕六縣皆屬膠東國。壯武故城在今萊州卽墨縣西，下密在今青州北海縣東北，卽墨在今萊州膠水縣東南，梃(胡)故城在今萊州昌陽縣西北，觀陽在昌陽縣東。梃音廷。

〔二〕廣雅曰「剽，削也。」謂削除甲兵。東觀記曰：「復闔門養威重，授易經，起大義。」

〔三〕東觀記曰：「上以天下既定，思念欲完功臣爵土，不令以吏職爲過，故皆以列侯就第也。」

〔四〕高密侯鄧禹，固始侯李通。

子忠嗣。忠卒，子敏嗣。建初元年，坐誣告母殺人，國除。肅宗更封復小子邯爲膠東侯，邯弟宗爲卽墨侯，各一縣。邯卒，子育嗣。育卒，子長嗣。

宗字武孺，少有操行，多智略。初拜郎中，稍遷，建初中爲朔方太守。舊內郡徙人在邊者，率多貧弱，爲居人所僕役，不得爲吏。宗擢用其任職者，與邊吏參選，轉相監司，以擿發其姦，或以功次補長吏，故各願盡死。匈奴畏之，不敢入塞。〔一〕徵爲長水校尉。宗兼通儒術，每讌見，常使與少府丁鴻等論議於前。章和二年卒，朝廷愍惜焉。

〔一〕東觀記曰：「匈奴常犯塞，得生口，問：『太守爲誰？』曰：『賈武孺。』曰：『寧賈將軍子邪？』曰：『是。』皆放遣還，是後更不入塞。」

子參嗣。參卒，子建嗣。元初元年，尚和帝女臨潁長公主。主兼食潁陰、許，合三縣，數萬戶。時鄧太后臨朝，光寵最盛，以建爲侍中，順帝時爲光祿勳。

論曰：中興將帥立功名者衆矣，唯岑彭、馮異建方面之號，自函谷以西，方城以南，〔一〕兩將之功，實爲大焉。若馮、賈之不伐，岑公之義信，〔二〕乃足以感三軍而懷敵人，故能剋成遠業，終全其慶也。昔高祖忌柏人之名，違之以全福；征南惡彭亡之地，留之以生災。〔三〕豈幾慮自有明惑，將期數使之然乎？

〔一〕方城，山名，一名黃城山，在今唐州方城縣東北也。

〔二〕信謂朱鮪知其誠而降。義謂荆人奉牛酒，讓不受。

〔三〕柏人，縣名也。高祖嘗欲宿於柏人。曰：「柏人者，迫於人也。」不宿而去。後竟有貫高之事。

贊曰：陽夏師克，實在和德。膠東鹽吏，征南宛賊。奇鋒震敵，遠圖謀國。

校勘記

六三九頁四行　汝州郟城縣亦有父城　按：集解引沈欽韓說，謂汝州郟城縣之父城，乃前志沛郡之城父，非父城也。注誤。

六三九頁一二行　段建　按：原本「段」皆譌「叚」，逕改正，後不悉出。

六四〇頁九行　竟字子期山陽人也後死於赤眉之難見前書　按：沈家本謂按前書無曹竟事，聖公傳亦無左丞相，「前書」二字必有誤。

六四〇頁一三行　徇行郡縣　按：汲本、殿本「徇」作「循」。

六四一頁三行　至饒陽無蔞亭　按：聚珍版東觀記「無」作「蕪」。

六四一頁一五行　杜預注春秋曰應國在襄城成父縣西南　按：校補謂案今杜注作「在襄陽城父縣西南」，見左僖二十四年傳下。考晉志，襄城無成父縣，襄陽亦無城父縣，當作「襄城父城縣西南」。

六四二頁二行　又降匈奴于林闟頓王　按：集解引錢大昕說，謂說文無「闟」字，當是「蹋」字之譌，三國魏志作「蹋頓」。

六四二頁九行　山陽公載記(曰)　據集解引惠棟說刪。

六四三頁一〇行　大破斬勃　按：李慈銘謂「大破」下脫一「之」字。

六四三頁一三行　異遣校尉護軍(將軍)將兵　據刊誤刪。

六四四頁一二行　其(義)〔利〕斷金　據汲本、殿本改。

六四四頁一三行　天井關在太行山(下)〔上〕　校補謂當依章帝紀注作「山上」，今據改。

六四五頁四行　謂張卬爲淮陽王　按：「卬」原譌「卭」，逕改正。

六四五頁七行　引擊陽翟賊　刊誤謂「引」下少一「軍」字。按：張森楷校勘記謂下文「引而西」，賈復傳「引東擊更始淮陽太守」，並無「軍」字，劉說泥。

六四六頁二行　華陰陽沈　「陽」原作「楊」，逕據汲本、殿本改。按：聚珍版東觀記亦作「陽」。

六四六頁一三行　餘衆尚十餘萬東走宜陽降璽書勞異曰　集解引王補說，謂「降」下宜有「帝」字。按：下云「時赤眉雖降」，是「降」字當屬上爲句，王說非。又按：通鑑刪「餘衆尚十餘萬東走宜陽」十字，下接「帝降璽書曰」云云，是亦誤以「降」字屬下讀，並補一「帝」字矣。說詳黃山校補。

六四七頁七行　駱(蓋)延據盩厔　按：集解引惠棟說，謂通鑑無「蓋」字。張森楷校勘記謂蓋延是漢臣，未嘗據盩厔，據盩厔者駱延也。今據刪。又按：「盩」原作「盭」，逕依汲本改正。

六四七頁八行　任良據鄠　按：「鄠」原譌「鄂」，逕改正。

六四七頁八行　汝章據槐里　按：「里」原譌「迴」，逕改正。

六四八頁三行　故秦(芒)〔芷〕陽縣　據王先謙說改。

六四八頁六行　公孫述遣將程焉將數萬人就呂鮪　按：集解引惠棟說，謂依公孫述傳及華陽國志，「焉」當作「烏」。

六四八頁一一行　上書思慕闕廷　按：李慈銘謂「上書」下當脫一「言」字。

六五〇頁六行　忸(伏)〔忕〕小利　據集解本改。按：注作「忕」，從大，不誤。

六五〇頁一〇行　漢(中)〔忠〕　刊誤謂案王常傳，「中」當作「忠」。今據改。注「中」亦逕改爲「忠」。

六五一頁一三行　青山在北地參(巒)〔䜌〕界　據刊誤改，下同。

六五一頁一三行　其豪帥號肥頭小卿　按：汲本、殿本「小」作「少」。

六五二頁三行　長子彰嗣　按：集解引沈欽韓說，謂水經注「彰」作「璋」。

六五二頁三行　復封彰弟訢爲析鄉侯　按：「析」原譌「祈」，逕據汲本、殿本改正。

六五三頁八行　與貳師嚴尤共城守　按：汲本、殿本脫「與」字。

六五三頁八行　又非貳師　按：「貳」原譌「二」，逕改正。

六五三頁一二行　更始遣立威王張卬　按：沈家本謂按聖公傳卬封淮陽王，而此曰「立威」者，殆先封立威王，更封淮陽歟？

六五四頁二行　東觀記(日)　「日」字當衍，今刪。

六四四頁一〇行　中〔軍〕將（軍）最尊　據刊誤改。

六四四頁一三行　於是拜彭爲刺姦大將軍　集解引沈欽韓說，謂案文當爲「大將軍刺姦」，時光武爲大將軍，彭爲其刺姦耳。今按：沈說是。亦如光武以破虜將軍行大司馬事，而署賈復爲破虜將軍督盜賊掾也。

六五六頁八行　建武二年使彭擊荆州　按：校補引錢大昭說，謂光武紀遣彭擊荆州羣賊在建武元年十月。

六五六頁九行　略（十）有〔十〕二縣　校補謂「十有」二字當乙轉。今據改。

六五六頁一〇行　遂（返）〔反〕擊破漢軍　據校補改。

六五六頁一三行　漢（中）〔忠〕將軍王常　刊誤謂「中」當作「忠」。今據改。

六五七頁五行　至（城）〔成〕安　據校補改。

六五七頁七行　（若）〔鄀〕　據郡國志改，各本皆未正。

六五八頁三行　在南陽新（都）〔野〕縣　據集解引惠棟說改。

六五八頁九行　沿江泝沔止黎丘　按：校補引錢大昭說，謂「止」當作「上」。

六五九頁二行　所得郡國　按：汲本「得」作「分」。

六五九頁五行　留威虜將軍馮駿軍江州　按：集解引沈欽韓說，謂疑駿此時未能越巴峽軍江州，「江州」

或「江關」之誤，卽捍關也。王先謙謂下文方言田戎亡保江州，此「江州」是誤文。

六五九頁七行 偏將軍屈充　按：集解引惠棟說，謂袁宏紀「屈充」作「房充」。

六五九頁八行 武陵太守王堂　按：「堂」原譌「常」，逕據汲本、殿本改正。

六五九頁八行 蒼梧太守杜穆　按：集解引惠棟說，謂袁宏紀「杜穆」作「杜稷」。

六五九頁一三行 津鄉縣名　按：集解引惠棟說，謂續志南郡江陵縣有津鄉。津鄉，鄉名，非縣名也。

六六〇頁二行 橫江水起浮橋鬬樓　按：校補引錢大昭說，謂「鬬樓」通鑑作「關樓」。胡注，猶今城上敵樓也。

六六〇頁一四行 在今夔州(魚)〔人〕復縣南　按：「魚」當作「人」，詳公孫述傳校勘記。

六六一頁一行 (爾雅)〔方言〕曰檝謂之橈　集解引沈欽韓說，謂注「爾雅」誤，文見方言。今據改。

六六一頁七行 時天風狂急　集解引錢大昕說，謂「天」當爲「大」字之譌。今按：通鑑作「時東風狂急」。

六六一頁七行 (彭)奇船逆流而上　集解引陳景雲說，謂時奇應募，以偏師獨進，彭見敵勢已摧，乃悉軍並進耳。彭不與奇同行，此文不合有「彭」字。今據刪。按：通鑑「彭」作「魯」。又惠棟云，蜀鑑無「彭」字。

六六一頁一五行 選官屬守州中長(史)〔吏〕　據刊誤改。

六六三頁九行　東觀記(曰)杞作起　「曰」字當衍，今刪。

六六三頁一〇行　遷魏郡太守　按：集解引沈欽韓說，謂藝文類聚引東觀記，北堂書鈔引華嶠書，俱作「東郡」。

六六三頁一三行　於戲休茲　按：王先謙謂類聚十九、御覽四百六十五引「休」作「在」。

六六四頁一一行　圖桓文〔之〕事而不能至者　據汲本、殿本補。

六六四頁一四行　必能相施　按：汲本「必」作「不」。

六六五頁一行　於是署復破虜將軍督盜賊　按：集解引沈欽韓說，謂光武以破虜將軍行大司馬事，故署復爲督盜賊，亦如太守府有門下督盜賊。通鑑直云「以復爲破虜將軍」，誤矣。又按：李慈銘謂此爲光武破虜將軍之督盜賊掾也，「賊」字下疑脫一「掾」字。

六六五頁一二行　調補鄗尉　按：集解引王補說，謂「調」上疑奪「請」字。

六六五頁一六行　分列中夏　按：汲本、殿本「列」作「裂」。

六六七頁一一行　食郁秩壯武下密卽墨梃(胡)觀陽凡六縣　據集解引惠棟說刪，注同。

六六七頁一五行　三十一年卒　按：集解引惠棟說，謂袁宏紀云「三十年」。

後漢書卷十八

吳蓋陳臧列傳第八

吳漢字子顏，南陽宛人也。家貧，給事縣爲亭長。王莽末，以賓客犯法，乃亡命至漁陽。〔一〕資用乏，以販馬自業，往來燕、薊閒，所至皆交結豪傑。更始立，使使者韓鴻徇河北。〔二〕或謂鴻曰：「吳子顏，奇士也，可與計事。」鴻召見漢，甚悅之，遂承制拜爲安樂令。〔三〕

〔一〕命，名也。謂脫其名籍而逃亡。

〔二〕續漢書曰：「（維縣）〔南陽〕人韓鴻爲謁者，使持節降河北，拜除二千石。」

〔三〕安樂，縣名，屬漁陽郡，故城在今幽州潞縣西北。

會王郎起，北州擾惑。漢素聞光武長者，獨欲歸心。乃說太守彭寵曰：「漁陽、上谷突騎，天下所聞也。君何不合二郡精銳，附劉公擊邯鄲，此一時之功也。」〔一〕寵以爲然，而官屬皆欲附王郎，寵不能奪。漢乃辭出，止外亭，念所以譎衆，未知所出。〔二〕望見道中有一人似儒生者，漢使人召之，爲具食，〔三〕問以所聞。生因言劉公所過，爲郡縣所歸；邯鄲舉尊號者，實非劉氏。漢大喜，卽詐爲光武書，移檄漁陽，使生齎以詣寵，令具以所聞說之，漢復隨後入。寵甚然之。於是遣漢將兵與上谷諸將并軍而南，所至擊斬王郎將帥。〔四〕及光武於廣阿，拜漢爲偏將軍。旣拔邯鄲，〔五〕賜號建策侯。

〔一〕一時，言不可再遇也。

〔二〕譎，詐也。未知欲出何計以詐之。

〔三〕續漢書曰：「時道路多飢人，來求食者似（諸）〔儒〕生，漢召〔之〕，故先爲具食。」

〔四〕續漢書曰：「攻薊，誅王郎大將趙閎等。」

〔五〕續漢書曰：「時上使漢等將突騎，揚兵戲馬，立騎馳環邯鄲城，乃圍之。」

漢爲人質厚少文，造次不能以辭自達。鄧禹及諸將多知之，數相薦舉，及得召見，遂見親信，常居門下。

光武將發幽州兵，夜召鄧禹，問可使行者。禹曰：「閒數與吳漢言，其人勇鷙有智謀，〔一〕諸將鮮能及者。」卽拜漢大將軍，持節北發十郡突騎。更始幽州牧苗曾聞之，陰勒兵，勑諸郡不肯應調。〔二〕漢乃將二十騎先馳至無終。〔三〕曾以漢無備，出迎於路，漢卽撝兵騎，收曾斬之，而奪其軍。北州震駭，城邑莫不望風弭從。〔四〕遂悉發其兵，引而南，與光武會清陽。

諸將望見漢還，士馬甚盛，皆曰：「是寧肯分兵與人邪？」及漢至莫府，上兵簿，〔五〕諸將人人多請之。光武曰：「屬者恐不與人，〔六〕今所請又何多也？」諸將皆慙。

〔一〕廣雅曰：「鷙，執也。」凡鳥之勇銳，獸之猛悍者，皆名鷙也。

〔二〕調，發也。

〔三〕無終，本山戎國也。無終山名，因爲國號。漢爲縣名，屬右北平，故城在今幽州漁陽縣也。

〔四〕弭猶服也。

〔五〕莫，大也。兵簿，軍士之名帳。

〔六〕屬猶近也。

初，更始遣尚書令謝躬率六將軍攻王郎，不能下。會光武至，共定邯鄲，而躬裨將虜掠不相承稟，光武深忌之。雖俱在邯鄲，遂分城而處，然每有以慰安之。躬勤於職事，光武常稱曰「謝尚書眞吏也」，故不自疑。躬既而率其兵數萬，還屯於鄴。時光武南擊青犢，謂躬曰：「我追賊於射犬，必破之。尤來在山陽者，埶必當驚走。若以君威力，擊此散虜，必成禽也。」躬曰：「善。」及青犢破，而尤來果北走隆慮山，躬乃留大將軍劉慶、魏郡太守陳康守鄴，自率諸將軍擊之。窮寇死戰，其鋒不可當，躬遂大敗，死者數千人。光武因躬在外，乃使漢與岑彭襲其城。漢先令辯士說陳康曰：「蓋聞上智不處危以僥倖，〔一〕中智能因危以爲功，下愚安於危以自亡。危亡之至，在人所由，不可不察。今京師敗亂，四方雲擾，公所聞也。蕭王兵彊士附，河北歸命，公所見也。謝躬內背蕭王，外失衆心，公所知也。公今據孤危之城，待滅亡之禍，義無所立，節無所成。不若開門內軍，轉禍爲福，免下愚之敗，收中智之功，此計之至者也。」康然之。於是康收劉慶及躬妻子，開門內漢等。及躬從隆慮歸鄴，不知康已反之，乃與數百騎輕入城。漢伏兵收之，手擊殺躬，其衆悉降。〔二〕躬字子張，南陽人。初，其妻知光武不平之，常戒躬曰：「君與劉公積不相能，而信其虛談，不爲之備，終受制矣。」躬不納，故及於難。

〔一〕僥猶求也。

〔二〕續漢書曰：「時岑彭已在城中，將躬詣傳舍，馳白漢。漢至，躬在彭前伏，漢曰：『何故與鬼語！』遂殺之。」

光武北擊羣賊，〔一〕漢常將突騎五千爲軍鋒，數先登陷陳。及河北平，漢與諸將奉圖書，上尊號。光武即位，拜爲大司馬，更封舞陽侯。

〔一〕續漢書曰：「從擊銅馬、重連、高胡，皆破之。」

建武二年春，漢率大司空王梁，建義大將軍朱祐，大將軍杜茂，執金吾賈復，揚化將軍堅鐔，偏將軍王霸，騎都尉劉隆、馬武、陰識，共擊檀鄉賊於鄴東漳水上，大破之，〔一〕降者十餘萬人。帝使使者璽書定封漢爲廣平侯，食廣平、斥漳、曲周、廣年，凡四縣。〔二〕復率諸將擊鄴西山賊黎伯卿等，及河內脩武，悉破諸屯聚。車駕親幸撫勞。復遣漢進兵南陽，擊宛、涅陽、酈、穰、新野諸城，皆下之。引兵南，與秦豐戰黃郵水上，破之。〔三〕又與偏將軍馮異擊昌城五樓賊張文等，又攻銅馬、五幡於新安，皆破之。

〔一〕水經曰，漳水源出上黨長子縣西發鳩山，東北至昌亭，與虖沱河合。

〔二〕四縣皆屬廣平郡。廣平故城在今洛州永年縣西北，廣年在今永年縣東北，斥漳在今洛州洛水縣，曲周故城在今洛州曲周縣西南。廣年，避隋煬帝諱，改爲永年縣。

〔三〕南陽新野縣有黃郵水、黃郵聚也。

明年春，率建威大將軍耿弇、虎牙大將軍蓋延，擊靑犢於軹西，大破降之。又率驃騎大將軍杜茂、彊弩將軍陳俊等，圍蘇茂於廣樂。劉永將周建別招聚收集得十餘萬人，救廣樂。漢將輕騎迎與之戰，不利，墯馬傷膝，還營，建等遂連兵入城。諸將謂漢曰：「大敵在前而公傷臥，衆心懼矣。」漢乃勃然裹創而起，椎牛饗士，令軍中曰：「賊衆雖多，皆劫掠羣盜，『勝不相讓，敗不相救』，〔一〕非有仗節死義者也。今日封侯之秋，諸君勉之！」於是軍士激怒，人倍其氣。旦日，建、茂出兵圍漢。漢選四部精兵黃頭吳河等，〔二〕及烏桓突騎三千餘人，齊鼓而進。〔三〕建軍大潰，反還奔城。漢長驅追擊，爭門並入，大破之，茂、建突走。漢留杜茂、陳俊等守廣樂，自將兵助蓋延圍劉永於睢陽。永既死，二城皆降。

〔一〕此上兩句在左傳，鄭（大夫）公子突之詞也。
〔二〕前書鄧通爲黄頭郎。音義曰：「土勝水，故刺船郎著黄帽，號黄頭也。」
〔三〕續漢書曰：「漢躬被甲拔戟，令諸部將曰：『聞雷鼓聲，皆大呼俱（大）進，後至者斬。』遂鼓而進之。」

明年，又率陳俊及前將軍王梁，擊破五校賊於臨平，追至東郡箕山，大破之。北擊清河長直及平原五里賊，皆平之。〔一〕時鬲縣五姓共逐守長，據城而反。〔二〕諸將爭欲攻之，漢不聽，曰：「使鬲反者，皆守長罪也。敢輕冒進兵者斬。」乃移檄告郡，使收守長，而使人謝城中。五姓大喜，卽相率歸降。諸將乃服，曰：「不戰而下城，非衆所及也。」

〔一〕東觀記及續漢書「長直」並作「長垣」。案：長垣，縣名，在河南，不得言北擊，而范書作長直，當是賊號，或因地以爲名。
〔二〕鬲，縣，屬平原郡，故城在今德州西北。五姓，蓋當土彊宗豪右也。鬲音革。

冬，漢率建威大將軍耿弇、漢（中）〔忠〕將軍王常等，擊富平、獲索二賊於平原。明年春，賊率五萬餘人夜攻漢營，軍中驚亂，漢堅臥不動，有頃乃定。卽夜發精兵出營突擊，大破其衆。因追討餘黨，遂至無鹽，〔一〕進擊勃海，皆平之。又從征董憲，圍朐城。明年春，拔朐，〔二〕斬憲。事（以）〔已〕見劉永傳。東方悉定，振旅還京師。

〔一〕無鹽，縣名，屬東平國，故城在今鄆州東。
〔二〕朐，縣名，解見光武紀。

會隗囂畔，夏，復遣漢西屯長安。八年，從車駕上隴，遂圍隗囂於西城。帝勑漢曰：「諸郡甲卒但坐費糧食，若有逃亡，則沮敗衆心，宜悉罷之。」漢等貪并力攻囂，遂不能遣，糧食日少，吏士疲役，逃亡者多，及公孫述救至，漢遂退敗。

十一年春，率征南大將軍岑彭等伐公孫述。及彭破荆門，長驅入江關，漢留夷陵，裝露橈船，〔一〕將南陽兵及弛刑募士三萬人泝江而上。會岑彭爲刺客所殺，漢并將其軍。十二年春，與公孫述將魏黨、公孫永戰於魚涪津，大破之，〔二〕遂圍武陽。述遣子壻史興將五千人救之。漢迎擊興，盡殄其衆，因入犍爲界。諸縣皆城守。漢乃進軍攻廣都，拔之。遣輕騎燒成都市橋，〔三〕武陽以東諸小城皆降。

〔一〕橈，短檝也，音人遙反。

〔二〕續漢書曰：「犍爲郡南安縣有漁涪津，在縣北，臨大江。」南中志曰：「漁涪津廣數百步。」

〔三〕橋名也，解見公孫述傳。

帝戒漢曰：「成都十餘萬衆，不可輕也。但堅據廣都，待其來攻，勿與爭鋒。若不敢來，公轉營迫之，須其力疲，乃可擊也。」漢乘利，遂自將步騎二萬餘人進逼成都，去城十餘里，阻江北爲營，作浮橋，使副將武威將軍劉尚〔一〕將萬餘人屯於江南，相去二十餘里。帝聞大驚，讓漢曰：「比勑公千條萬端，何意臨事勃亂！既輕敵深入，又與尚別營，事有緩急，不復相及。賊若出兵綴公，以大衆攻尙，尙破，公卽敗矣。幸無它者，急引兵還廣都。」詔書未到，述果使其將謝豐、袁吉將衆十許萬，分爲二十餘營，并出攻漢。使別將〔將〕萬餘人劫劉尙，令不得相救。漢與大戰一日，兵敗，走入壁，豐因圍之。漢乃召諸將厲之曰：「吾共諸君踰越險阻，轉戰千里，所在斬獲，遂深入敵地，至其城下。而今與劉尙二處受圍，執旣不接，其禍難量。欲潛師就尙於江南，并兵禦之。若能同心一力，人自爲戰，大功可立；如其不然，敗必無餘。成敗之機，在此一舉。」諸將皆曰「諾」。於是饗士秣馬，閉營三日不出，乃多樹幡旗，使煙火不絕，夜銜枚引兵與劉尙合軍。豐等不覺，明日，乃分兵拒江北，自將攻江南。漢悉兵迎戰，自旦至晡，遂大破之，斬謝豐、袁吉，獲甲首五千餘級。於是引還廣都，留劉尙拒述，具以狀上，而深自譴責。帝報曰：「公還廣都，甚得其宜，述必不敢略尙而擊公也。〔二〕若先攻尙，公從廣都五十里悉步騎赴之，適當値其危困，破之必矣。」自是漢與述戰於廣都、成都之閒，八戰八剋，遂軍于其郭中。述自將數萬人出城大戰，漢使護軍高午、唐邯將數萬銳卒擊之。述兵敗走，高午奔陳刺述，殺之。事已見述傳。旦日城降，斬述首傳送洛陽。明年正月，漢振旅浮江而下。至宛，詔令過家上冢，賜穀二萬斛。

〔一〕東觀記、續漢書「尙」字並作「禹」。

〔二〕略猶過也。

十五年，復率揚武將軍馬成、捕虜將軍馬武北擊匈奴，徙鴈門、代郡、上谷吏人六萬餘口，置居庸、常〔山〕關以東。

十八年，蜀郡守將史歆反於成都，自稱大司馬，攻太守張穆，穆踰城走廣都，歆遂移檄郡縣，而宕渠楊偉、朐䏰徐容等，〔一〕起兵各數千人以應之。帝以歆昔為岑彭護軍，曉習兵事，故遣漢率劉尚及太中大夫臧宮將萬餘人討之。漢入武都，乃發廣漢、巴、蜀三郡兵圍成都，百餘日城破，誅歆等。漢乃乘桴沿江下巴郡，楊偉、徐容等惶恐解散，漢誅其渠帥二百餘人，徙其黨與數百家於南郡、長沙而還。

〔一〕宕渠、朐䏰，二縣名，皆屬巴郡。朐音劬，䏰音忍。宕渠山名，因以名縣，故城在今渠州流江縣東北，俗名車騎城是也。十三州志朐音春，䏰音閏。其地下溼，多朐䏰蟲，因以名縣。故城在今夔州雲安縣西萬戶故城是也。

漢性彊力，每從征伐，帝未安，恆側足而立。諸將見戰陳不利，或多惶懼，失其常度。漢意氣自若，方整厲器械，激揚士吏。帝時遣人觀大司馬何為，還言方脩戰攻之具，乃歎曰：「吳公差彊人意，隱若一敵國矣！」〔一〕每當出師，朝受詔，夕即引道，初無辦嚴之日。〔二〕故能常任職，以功名終。及在朝廷，斤斤謹質，形於體貌。〔三〕漢嘗出征，妻子在後買田業。漢還，讓之曰：「軍師在外，吏士不足，何多買田宅乎！」遂盡以分與昆弟外家。〔四〕

〔一〕隱，威重之貌。言其威重若敵國。前書周亞夫謂劇孟曰：「大將得之，若一敵國矣。」

〔三〕嚴即裝也，避明帝諱，故改之。

〔三〕爾雅曰：「明明、斤斤，察也。」李巡曰：「斤斤，精詳之察也。」孫炎曰：「重慎之察也。」斤音靳。

〔四〕東觀記曰「漢但修里宅，不起第。夫人先死，薄葬小墳，不作祠堂」也。

二十年，漢病篤。車駕親臨，問所欲言。對曰：「臣愚無所知識，唯願陛下慎無赦而已。」及薨，有詔悼愍，賜謚曰忠侯。〔一〕發北軍五校、輕車、介士送葬，如大將軍霍光故事。〔二〕

〔一〕東觀記曰：「有司奏議以武爲謚，詔特賜謚曰忠侯。」

〔二〕漢置南北軍五校，解見順帝紀。輕車，兵車也。介士，甲士也。霍光傳云以北軍五校尉、輕車、介士載光尸以轀輬車，黃屋左纛，軍陳至茂陵。不以南軍者，重之也。

子哀侯成嗣，爲奴所殺。二十八年，分漢封爲三國：成子旦爲灈陽侯，〔一〕以奉漢嗣；旦弟盱〔二〕爲筑陽侯；成弟國爲新蔡侯。〔三〕旦卒，無子，國除。建初八年，徙封盱爲平春侯，〔四〕以奉漢後。盱卒，子勝嗣。初，漢兄尉爲將軍，從征戰死，封尉子彤爲安陽侯。〔五〕帝以漢功大，復封弟翕爲襃親侯。吳氏侯者凡五國。

〔一〕灈陽，縣名，屬汝南郡，在灈水之陽，因以爲名，其地今豫州吳房縣也。音劬。

〔二〕盱音火俱反。

〔三〕筑陽，縣名，屬南陽郡，古穀國也，在筑水之陽，故城在今襄州穀城縣西。新蔡，縣名，屬汝南郡，蔡平侯自蔡徙此，故加「新」字，今豫州縣也。筑音逐。

〔四〕平春，縣名，屬江夏郡。

〔五〕安陽，縣名，屬汝南郡，古江國也，故城在今豫州新息縣西南。

初，漁陽都尉嚴宣，與漢俱會光武於廣阿，光武以爲偏將軍，封建信侯。〔一〕

〔一〕建信，縣名，屬千乘國。

論曰：吳漢自建武世，常居上公之位，終始倚愛之親，〔一〕諒由質簡而彊力也。子曰「剛毅木訥近仁」，〔二〕斯豈漢之方乎！〔三〕昔陳平智有餘以見疑，周勃資朴忠而見信。〔四〕夫仁義不足以相懷，則智者以有餘爲疑，而朴者以不足取信矣。〔五〕

〔一〕「差彊人意」，是倚之也；遂見親信，是愛之也。

〔二〕論語文。剛毅謂彊而能斷。木，樸慤貌。訥，忍於言也。四者皆仁之質，若加文，則成仁矣，故言近仁。

〔三〕方，比也。

〔四〕高祖謂呂后曰：「陳平智有餘，然難獨任。」是見疑也。又曰：「周勃重厚少文，安劉氏者必勃。」是見信也。

〔五〕懷，依也。言若仁義之心足相依信，則情無疑阻。若彼此之誠未協，仁義不足相依，則智者翻以有餘見疑，朴者以愚直取信。

蓋延字巨卿，漁陽要陽人也。〔一〕身長八尺，彎弓三百斤。邊俗尚勇力，而延以氣聞。歷郡列掾、州從事，所在職辦。〔二〕彭寵爲太守，召延署營尉，行護軍。

〔一〕要陽，縣名，光武時省。

〔二〕古者三公下至郡縣皆有掾屬。續漢志曰：「建武十八年，立刺史十二人，人主一州，皆有從事史、假佐，每郡皆置諸曹掾。」郡中列掾非一，延並爲之，故言歷也。漁陽屬幽州。東觀記云延爲幽州從事。

及王郎起，延與吳漢同謀歸光武。〔一〕延至廣阿，拜偏將軍，號建功侯，從平河北。光武即位，以延爲虎牙將軍。

〔一〕續漢書曰：「幷與狐奴令王梁同勸寵。」

建武二年，更封安平侯。遣南擊敖倉，轉攻酸棗、封丘，皆拔。〔一〕其夏，督駙馬都尉馬武、騎都尉劉隆、護軍都尉馬成、偏將軍王霸等南伐劉永，先攻拔襄邑，〔二〕進取麻鄉，〔三〕遂圍永於睢陽。數月，盡收野麥，夜梯其城入。永驚懼，引兵走出東門，〔四〕延追擊，大破之。永棄軍走譙，延進攻，拔薛，斬其魯郡太守，〔五〕而彭城、扶陽、杼秋、蕭皆降。〔六〕又破永沛郡太守，斬之。〔七〕永將蘇茂、佼彊、周建等三萬餘人〔八〕救永，共攻延，延與戰於沛西，大破之。永軍亂，遁沒溺死者太半。永棄城走湖陵，蘇茂奔廣樂。延遂定沛、楚、臨淮，修高祖廟，置嗇夫、祝宰、樂人。〔九〕

〔一〕酸棗、封丘，二縣名，屬陳留郡。酸棗故城在今滑州縣也。封丘故城在今汴州縣也。
〔二〕續漢書曰：「時劉永别將許德據襄邑，延攻而拔之。」
〔三〕麻鄉，縣名，故城在今宋州碭山縣東北。
〔四〕東觀記云「走出魚門」，然則東門名魚門也。
〔五〕薛，縣名，屬魯國，故城在今徐州滕縣東南。東觀記曰「魯郡太守梁丘壽」也。
〔六〕扶陽，縣名，屬沛郡。杼秋，縣名，屬梁國，故城在今徐州蕭縣西北。杼音食汝反。
〔七〕東觀記曰：「沛郡太守陳脩。」
〔八〕佼彊，姓名也，周大夫原伯佼之後也。
〔九〕楚即今彭城縣也。臨淮，郡名，今泗州下邳縣。高祖廟在今徐州沛縣東故泗水亭中，即高祖爲亭長之所也。嗇夫，主知廟事。東觀記曰：「時蓋延因齋戒祠高祖廟。」

三年，睢陽復反城迎劉永，〔一〕延復率諸將圍之百日，收其野穀。永乏食，突走，延追擊，盡得輜重。永爲其將所殺，永弟防舉城降。

〔一〕反音翻。

四年春，延又擊蘇茂、周建於蘄，〔一〕進與董憲戰留下，皆破之。〔二〕因率平〔敵〕〔狄〕將軍龐萌攻西防，拔之。〔三〕復追敗周建、蘇茂於彭城，茂、建亡奔董憲，〔董憲〕將賁休舉蘭陵城降。〔四〕憲聞之，自郯圍休。時延及龐萌在楚，請往救之。帝勅曰：「可直往擣郯，則蘭陵必自解。」〔五〕延等以賁休城危，遂先赴之。憲逆戰而陽敗，延等(遂)逐退，因拔圍入城。明日，憲大出兵合圍，延等懼，遽出突走，因往攻郯。帝讓之曰：「聞欲先赴郯者，以其不意故耳。今既奔走，賊計已立，圍豈可解乎！」延等至郯，果不能克，而董憲遂拔蘭陵，殺賁休。延等往來要擊憲別將於彭城、郯、邳之閒，戰或日數合，頗有剋獲。帝以延輕敵深入，數以書誡之。〔六〕及龐萌反，攻殺楚郡太守，引軍襲敗延，延走，北度泗水，破舟檝，壞津梁，僅而得免。〔七〕帝自將而東，徵延與大司馬吳漢、漢忠將軍王常、前將軍王梁、捕虜將軍馬武、討虜將軍王霸等會任城，討龐萌於桃鄉，又並從征董憲於昌慮，皆破平之。六年春，遣屯長安。

〔一〕蘄，縣名，屬沛郡，有大澤鄉。蘄音機。

〔二〕留，縣名，屬楚國，故城在今徐州沛縣東南。

〔三〕西防，縣名，春秋時宋之西防城，故城在今宋州單父縣北。

〔四〕前書有賁赫，音肥。今有此姓，(賁)音奔。

〔五〕擣，擊也。東觀記作「擊」字。

〔六〕東觀記載延上疏辭曰：「臣幸得受干戈，誅逆虜，奉職未稱，久留天誅，常恐汙辱名號，不及等倫。天下平定已後，曾無尺寸可數，不得預竹帛之編。明詔深閔，儆戒備具，每事奉循詔命，必不敢爲國之憂也。」

〔七〕東觀記、續漢書皆云萌攻延，延與戰，破之。詔書勞延曰：「龐萌一夜反畔，相去不遠，營壁不堅，殆令人齒欲相擊，而將軍有不可動之節，吾甚美之。」此傳言「僅而得免」，與彼不同。

九年，隗囂死，延西擊街泉、略陽、清水諸屯聚，皆定。〔一〕

〔一〕街泉、略陽、清水三縣，皆屬天水郡。

十一年，與中郎將來歙攻河池，未剋，以病引還，拜爲左馮翊，將軍如故。〔二〕十三年，增封定食萬戶。十五年，薨於位。

〔二〕續漢書曰：「視事四年，人敬其威信。」

子扶嗣。扶卒，子側嗣。永平十三年，坐與舅王平謀反，伏誅，國除。永初七年，鄧太后紹封延曾孫恢爲蘆亭侯。〔一〕恢卒，子遂嗣。

〔一〕東觀記作「盧亭」。

陳俊字子昭，南陽西鄂人也。〔一〕少爲郡吏。更始立，以宗室劉嘉爲太常將軍，俊爲長史。光武徇河北，嘉遺書薦俊，光武以爲安集掾。〔二〕

〔一〕江夏郡有鄂，故此加「西」也，故城在今鄧州向城縣南也。

〔二〕東觀記曰：「俊初調補曲陽長，上曰：『欲與君爲左右，小縣何足貪乎？』俊即拜，解印綬，上以爲安集掾。」

從擊銅馬於清陽，進至(滿)〔蒲〕陽，拜彊弩將軍。〔一〕與五校戰於安次，俊下馬，手接短兵，所向必破，追奔二十餘里，斬其渠帥而還。光武望而歎曰：「戰將盡如是，豈有憂哉！」五校引退入漁陽，所過虜掠。俊言於光武曰：「宜令輕騎出賊前，使百姓各自堅壁，以絕其食，可不戰而殄也。」光武然之，遣俊將輕騎馳出賊前。視人保壁堅完者，勑令固守；放散在野者，因掠取之。賊至無所得，遂散敗。及軍還，光武謂俊曰：「困此虜者，將軍策也。」及即位，封俊爲列侯。

〔一〕華嶠書曰：「拜爲彊弩偏將軍，賜絳衣九百領，以衣中堅同心士。」

建武二年春，攻匡賊，下四縣，〔一〕更封新處侯。〔二〕引擊頓丘，降三城。〔三〕其秋，大司馬吳漢承制拜俊爲彊弩大將軍，別擊金門、白馬賊於河內，皆破之。〔四〕四年，轉徇汝陽及項，又拔南武陽。〔五〕是時太山豪傑多擁衆與張步連兵，吳漢言於帝曰：「非陳俊莫能定此郡。」於是拜俊太山太守，行大將軍事。張步聞之，遣其將擊俊，戰於嬴下，〔六〕俊大破之，追至濟南，收得印綬九十餘，〔七〕稍攻下諸縣，遂定太山。五年，與建威大將軍耿弇共破張步。事在弇傳。

〔一〕匡賊即匡城縣賊也。東觀記作「匡城賊」。匡城，古匡邑也，故城在今滑州匡城縣南。

〔二〕新處，縣名，屬中山國。

〔三〕頓丘，縣名，屬東郡，故城在今魏州頓丘縣北陰安城是也。

〔四〕金門、白馬並山名，在今洛州福昌縣西南，有金門白馬水。蓋賊起於二山，因以〔爲〕名。

〔五〕南武陽，縣名，屬太山郡，故城在今沂州費縣西。

〔六〕（續漢書曰）嬴，縣名，屬太山郡。嬴音盈。

〔七〕步時擬私封爵人之印綬。

時琅邪未平，乃徙俊爲琅邪太守，領將軍如故。齊地素聞俊名，入界，盜賊皆解散。俊將兵擊董憲於贛楡，〔一〕進破朐賊孫陽，平之。八年，張步畔，還琅邪，俊追討，斬之。帝美其功，詔俊得專征青、徐。〔二〕俊撫貧弱，表有義，檢制軍吏，不得與郡縣相干，百姓歌之。數上書自請，願奮擊隴、蜀。詔報曰：「東州新平，大將軍之功也。負海猾夏，盜賊之處，國家以爲重憂，且勉鎮撫之。」

〔一〕贛楡，縣名，屬東海郡。贛音貢。

〔二〕華嶠書曰：「賜俊璽書曰：『將軍元勳大著，威震青、徐，兩州有警，得專征之。』」

十三年，增邑，定封祝阿侯。〔一〕明年，徵奉朝請。二十三年卒。

〔一〕祝阿，縣名，屬平原郡。

子浮嗣，徙封蘄春侯。〔二〕浮卒，子專諸嗣。專諸卒，子篤嗣。

〔二〕蘄春，今蘄州縣也。東觀記曰：「詔書以祝阿益濟南國，故徙浮封蘄春侯。」蘄音祈。

臧宮字君翁，潁川郟人也。〔一〕少爲縣亭長、游徼，〔二〕後率賓客入下江兵中爲校尉，因從光武征戰，諸將多稱其勇。光武察宮勤力少言，甚親納之。及至河北，以爲偏將軍，從破羣賊，數陷陳卻敵。

〔一〕郟，縣名，今汝州郟城縣也。

〔二〕續漢書曰「每十里一亭，亭有長，以禁盜賊。每鄉有游徼，掌循禁姦盜」也。

光武卽位，以爲侍中、騎都尉。建武二年，封成安侯。〔一〕明年，將突騎與征虜將軍祭遵擊更始將左防、韋顏〔二〕於（沮）〔涅〕陽、酈，悉降之。五年，將兵徇江夏，擊代鄉、鍾武、竹里，皆下之。〔三〕帝使太中大夫〔四〕持節拜宮爲輔威將軍。七年，更封期思侯。〔五〕擊梁郡、濟陰，皆平之。

〔一〕成安，縣名，屬潁川郡。

〔二〕華嶠書「韋」字作「韓」。

〔三〕鍾武，縣名，屬江夏郡，故城在今申州鍾山縣西南。

〔四〕華嶠書曰「使張明」也。

〔五〕期思，縣名，屬汝南郡，故城在今光州固始縣西北。

十一年，將兵至中盧，屯駱越。〔一〕是時公孫述將田戎、任滿與征南大將軍岑彭相拒於荆門，彭等戰數不利，越人謀畔從蜀。宮兵少，力不能制。會屬縣送委輸車數百乘至，宮夜使鋸斷城門限，令車聲回轉出入至旦。越人候伺者聞車聲不絕，而門限斷，相告以漢兵大至。其渠帥乃奉牛酒以勞軍營。宮陳兵大會，擊牛釃酒，饗賜慰納之，〔二〕越人由是遂安。

〔一〕中盧，縣名，屬南郡，故城在今襄州襄陽縣南。蓋駱越人徙於此，因以爲名。

〔二〕釃音所宜反。說文曰：「下酒也。」詩注曰「以筐曰釃」也。

宮與岑彭等破荆門，別至垂鵲山，通道出秭歸，至江州。岑彭下巴郡，使宮將降卒五萬，從涪水上平曲。公孫述將延岑盛兵於(沅)〔沈〕水，〔一〕時宮衆多食少，轉輸不至，而降者皆欲散畔，郡邑復更保聚，觀望成敗。宮欲引還，恐爲所反。〔二〕會帝遣謁者將兵詣岑彭，有馬七百匹，宮矯制取以自益，晨夜進兵，多張旗幟，登山鼓噪，右步左騎，挾船而引，呼聲動山谷。岑不意漢軍卒至，登山望之，大震恐。宮因從擊，大破之。斬首溺死者萬餘人，水爲之濁流。延岑奔成都，其衆悉降，盡獲其兵馬珍寶。〔三〕自是乘勝追北，降者以十萬數。〔四〕

〔一〕(沅)〔沈〕水出廣漢，解見光武紀。

〔二〕反音翻。

〔三〕華嶠書曰：「上璽書勞宮，賜吏士縡縑六千匹。」

〔四〕人好陽而惡陰，北方幽陰之地，故軍敗者皆謂之北。史記樂書曰：「北者，敗也。」而近代晉北爲背，失其指矣。

軍至平陽鄉，蜀將王元舉衆降。進拔緜竹，破涪城，斬公孫述弟恢，復攻拔繁、郫。〔一〕前後收得節五，印綬千八百。是時大司馬吳漢亦乘勝進營逼成都。宮連屠大城，兵馬旌旗甚盛，乃乘兵入小雒郭門，歷成都城下，〔二〕至吳漢營，飲酒高會。漢見之甚歡，謂宮曰：「將軍向者經虜城下，震揚威靈，風行電照。然窮寇難量，還營願從它道矣。」宮不從，復路而歸，賊亦不敢近之。進軍咸門，〔三〕與吳漢並滅公孫述。

〔一〕繁，縣名，屬蜀郡。繁，江名，因以爲縣名，故城在今益州新繁縣北。郫，縣名，屬蜀郡，故城在今益州郫縣北。郫音皮。

〔二〕張載注蜀都賦云：「漢武帝元鼎三年，立成都郭十八門。」小雒郭門蓋其數焉。

〔三〕成都北面東頭門。

帝以蜀地新定，拜宮爲廣漢太守。十三年，增邑，更封酇侯。十五年，徵還京師，以列侯奉朝請，定封朗陵侯。〔一〕十八年，拜太中大夫。

〔一〕朗陵，縣名，屬汝南郡，故城在今豫州朗山縣西南。

十九年，妖巫維汜弟子單臣、傅鎭等，復妖言相聚，入原武城，〔一〕劫吏人，自稱將軍。於是遣宮將北軍及黎陽營數千人圍之。賊穀食多，數攻不下，士卒死傷。帝召公卿諸侯王問方略，皆曰「宜重其購賞」。時顯宗爲東海王，獨對曰：「妖巫相劫，埶無久立，其中必有悔欲亡者。但外圍急，不得走耳。宜小挺緩，〔二〕令得逃亡，逃亡則一亭長足以禽矣。」帝然之，即勑宮徹圍緩賊，賊衆分散，遂斬臣、鎭等。宮還，遷城門校尉，復轉左中郎將。擊武谿賊，至江陵，降之。〔三〕

〔一〕「維」或作「緱」。

〔二〕挺，解也。

〔三〕武谿，水名，在今辰州盧谿縣。

宮以謹信質樸，故常見任用。後匈奴飢疫，自相分爭，帝以問宮，宮曰：「願得五千騎以立功。」帝笑曰：「常勝之家，難與慮敵，吾方自思之。」二十七年，宮乃與楊虛侯馬武上書曰：「匈奴貪利，無有禮信，窮則稽首，安則侵盜，緣邊被其毒痛，中國憂其抵突。〔一〕虜今人畜疫死，旱蝗赤地，〔二〕疫困之力，不當中國一郡。萬里死命，縣在陛下。福不再來，時或易失，〔三〕豈宜固守文德而墮武事乎？今命將臨塞，厚縣購賞，喻告高句驪、烏桓、鮮卑攻其左，發河西四郡、〔四〕天水、隴西羌胡擊其右。如此，北虜之滅，不過數年。臣恐陛下仁恩不忍，謀臣狐疑，令萬世刻石之功不立於聖世。」詔報曰：「黃石公記曰，『柔能制剛，弱能制彊』。〔五〕柔者德也，剛者賊也，弱者仁之助也，彊者怨之歸也。故曰有德之君，以所樂樂人；

無德之君，以所樂樂身。樂人者其樂長，樂身者不久而亡。舍近謀遠者，勞而無功；舍遠謀近者，逸而有終。逸政多忠臣，勞政多亂人。故曰務廣地者荒，務廣德者彊。有其有者安，貪人有者殘。殘滅之政，雖成必敗。今國無善政，災變不息，〔六〕百姓驚惶，人不自保，而復欲遠事邊外乎？孔子曰：『吾恐季孫之憂，不在顓臾。』〔七〕且北狄尚彊，而屯田警備傳聞之事，恆多失實。〔八〕誠能舉天下之半以滅大寇，豈非至願；苟非其時，不如息人。」自是諸將莫敢復言兵事者。

〔一〕抵，觸也。

〔二〕赤地，言在地之物皆盡。說苑曰：「晉平公時，赤地千里。」

〔三〕左傳曰：「大福不再。」蒯通曰：「時者難遇而易失也。」

〔四〕謂張掖、酒泉、武威、金城也。

〔五〕即張良於下邳圯所見老父出一編書者。

〔六〕左傳曰：「國無善政，則自取讁於日月之災。」

〔七〕顓臾，魯附庸之國。魯卿季氏貪其土地，欲伐而兼之。時孔子弟子冉有仕於季氏，孔子責之。冉有曰：「今夫顓臾固而近季氏之邑，今不取，恐爲子孫之憂。」孔子曰：「吾恐季孫之憂，不在顓臾，而在蕭牆之內也。」

〔八〕公羊傳曰：「見者異辭，聞者異辭，傳聞者異辭。」

宮永平元年卒，謚曰愍侯。子信嗣。信卒，子震嗣。震卒，子松嗣。元初四年，與母別居，國除。永寧元年，鄧太后紹封松弟由爲朗陵侯。

論曰：中興之業，誠艱難也。然敵無秦、項之彊，人資附漢之思，雖懷璽紆紱，跨陵州縣，〔一〕殊名詭號，千隊爲羣，尚未足以爲比功上烈也。至於山西既定，威臨天下，〔二〕戎羯喪其精膽，羣帥賈其餘壯，〔三〕斯誠雄心尚武之幾，先志翫兵之日。〔四〕臧宮、馬武之徒，撫鳴劍而抵掌，志馳於伊吾之北矣。〔五〕光武審黃石，存包桑，〔六〕閉玉門以謝西域之質，卑詞幣以禮匈奴之使，〔七〕其意防蓋已弘深。豈其顛沛平城之圍，忍傷黥王之陳乎？〔八〕

〔一〕璽，解見光武紀。白虎通曰：「天子朱紱，諸侯赤紱，上廣一尺，下廣二尺，法天一地二也，長三尺，法天地人也。」董巴輿服志曰：「古者上下皆有紱，所以殊貴賤也。自五霸迭興，以紱非兵服，於是去紱也。」

〔二〕謂誅隗囂、公孫述。

〔三〕羯本匈奴別部，分散居於上黨、武鄉、羯室，因號羯胡。此總謂戎夷耳，不指於羯也。左傳曰：「欲勇者，賈余餘勇。」

〔四〕幾，會也。翫，習也。先志者，乘勝之志也。

〔五〕屈原曰：「撫長劍兮玉珥。」曹植結交篇曰：「利劍鳴手中。」說文曰：「抵，側擊也。」

〔六〕周易否卦九五曰：「其亡其亡，繫于包桑。」言聖人居天位，不可以安，常自危懼，乃是繫於包桑也。包，本也，繫於桑本，言其固也。

〔七〕西域傳曰，建武二十一年，西域十八國俱遣子弟入侍，天子以中國初定，皆還其侍子。匈奴傳曰，建武二十八年，匈奴遣使詣闕貢馬及裘，乞和親。帝報曰：「單于國內虛耗，貢物裁以通禮，何必馬裘？今贈繒五百匹，斬馬劍一。」是卑辭幣禮也。

〔八〕平城，縣名，今雲州定襄縣。高祖七年，擊韓王信，至平城，被匈奴圍，七日乃解。十二年，高祖親擊淮南王黥布，在陳為流矢所中。顚沛，狼狽也。顚音丁千反。

贊曰：吳公鷙強，實為龍驤。〔一〕電埽羣孽，風行巴、梁。虎牙猛力，功立睢陽。宮、俊休休，是亦鷹揚。〔二〕

〔一〕戰國策曰：「廉頗為人，勇鷙而愛士。」白起視瞻不轉者，執志彊也。」驤，舉也。若龍之舉，言其威盛。鄒陽曰：「神龍驤首奮翼，則浮雲出流。」

〔二〕詩曰：「良士休休。」又曰：「惟師尚父，時惟鷹揚。」

校勘記

六七五頁八行　（雒縣）〔南陽〕人韓鴻　據集解引洪頤煊說改。按：汲本、殿本「雒縣」作「雒陽」。

六七六頁七行　來求食者似（諸）〔儒〕生　據汲本、殿本改。

六七六頁七行　漢召〔之〕　據刊誤補。

六七六頁九行　立騎馳環邯鄲城　按：汲本、殿本「立」作「士」。

六七六頁一〇行　及得召見　按：汲本、殿本「及」作「乃」。

六七八頁九行　馳白漢　按：汲本、殿本「馳」作「出」。

六七九頁五行　斥漳在今洺州洺水縣　按：集解王先謙謂「洺水」當作「滟水」。校補謂洺水，隋縣名，屬冀州武安郡，唐併入曲周，疑章懷作注時，此縣尚未併省也。

六七九頁六行　廣年避隋煬帝諱改爲永年縣　按：「廣年」原譌「廣平」，逕據汲本、殿本改正。

六七九頁一三行　非有仗節死義者也　按：「仗」原譌「伏」，逕改正。

六八〇頁一行　鄭(大夫)公子突　據集解引周壽昌說刪，與左傳合。

六八〇頁三行　皆大呼俱(大)進　據刊誤刪。按：集解引惠棟說，謂東觀記所載與此同，無「大」字，刊誤是。

六八〇頁一二行　漢(中)〔忠〕將軍王常　刊誤謂「中」當作「忠」，今據改。

六八〇頁一二行　擊富平獲索二賊於平原　按：校補引錢大昭說，謂本紀列五年二月，蓋據破降二賊時言之。

六八〇頁一四行　斬憲事(以)〔已〕見劉永傳　據殿本改。按：以已通。

六八一頁一行　諸郡甲卒但坐費糧食　按：汲本、殿本「但」作「俱」。

六八一頁一四行　帝聞大驚讓漢曰　按：御覽三〇九引，「驚」下有「使」字。

六八二頁二行　使別將〔將〕萬餘人劫劉尙　王先謙謂「將」字下少一「將」字，則句不圓通。通鑑「別將」下重「將」字。今據補。

六八二頁七行　乃分兵拒江北　按：「江」原譌「水」，逕改正。

六八二頁九行　公還廣都　按：「還」原譌「遠」，逕改正。

六八三頁一行　漢使護軍高午唐邯　按：校補引錢大昭說，謂「護軍高午」續天文志作「護軍將軍」。

六八三頁二行　常〔山〕關以東　據刊誤補。

六八五頁五行　終始倚愛之親　按：李慈銘謂終始倚愛之親不成語，當以「之」字斷句，「親」字蓋涉注文「遂見親信」句而衍。

六八五頁六行　周勃資朴忠而見信　按：汲本、殿本「資」作「質」。

六八七頁三行　厤鄉縣名　按：集解引惠棟說，謂兩漢無「厤鄉縣」，或是鄉名。又引沈欽韓說，謂今徐州府碭山縣西北有厤城集。

六八七頁四行　然則東門名魚門也　按：集解引惠棟說，謂續志梁國睢陽有魚門。

六八七頁五行　梁丘壽　按：「丘」原譌「國」，逕改正。

六八七頁六行　屬沛郡　按：「沛」原譌「大」，逕改正。

六八七頁八行　周大夫原伯佼之後也　按：沈家本謂此注疑本風俗通姓氏篇，今左傳作「原伯絞」。

六六七頁一四行　平（敵）〔狄〕將軍龐萌　據集解本改。按：校補謂「狄」各本皆作「敵」，據萌傳正。

六六七頁一五行　茂建亡奔董憲〔董憲〕將賁休舉蘭陵城降　李慈銘謂「董憲」下當疊「董憲」二字。今據補。

六六八頁一行　延等（遂）逐退　刊誤謂案文多一「遂」字，緣下有「逐」字誤之。今據刪。

六六八頁二一行　今有此姓（賁）音奔　據刊誤刪。

六六九頁八行　東觀記作廬亭　按：汲本、殿本「廬」作「盧」，聚珍版東觀記亦作「盧」。

六六九頁一三行　進至（滿）〔蒲〕陽　集解引惠棟說，謂光武紀作「蒲陽」，案前志中山曲逆縣有蒲陽山。今據改。參閱鄧禹傳校勘記。

六九〇頁二行　使百姓各自堅壁　按：汲本、殿本「堅」下有「守」字。

六九〇頁六行　賜絳衣九百領　按：王先謙謂今本東觀記作「三百領」。

六九一頁一行　蓋賊起於二山因以（爲）名　據汲本、殿本補。按：汲本「山」作「水」。

六九一頁三行　（續漢書曰）贏縣名　「續漢書曰」四字當衍，汲本無，今據刪。

六九二頁七行　（沮）〔涅〕陽　集解引沈欽韓說，謂「沮陽」當爲「涅陽」，與酈皆屬南陽郡。今據改。

六九二頁七行　五年將兵徇江夏　按：汲本、殿本「五年」譌「三年」。

六九二頁七行　鐘武　汲本、殿本「鐘」作「鍾」，注同。按：鍾鐘古通作。

六九三頁八行　公孫述將延岑盛兵於(沅)〔沈〕水　集解引錢大昕說，謂光武紀建武十一年，臧宮與公孫述將延岑戰于沈水，注引水經注「沈水出廣漢縣，下入涪水」，本或作「沅水」及「沉水」者，並非。則此「沅」字乃「沈」字之譌。今據改。注同。

六九四頁四行　乃乘兵入小雒郭門　按：王先謙謂「乘兵」無義，詳文意當是「陳兵」，音近而訛也。

六九五頁九行　楊虛侯馬武　按：「楊」原譌「揚」，逕改正。

六九五頁一一行　疫困之力　按：校補引錢大昭說，謂「之」當作「乏」。

六九六頁一六行　元初四年與母別居國除　按：李慈銘謂「與母別居」上當脫一「坐」字。

六九七頁四行　撫鳴劍而抵掌　按：「抵」原譌「扺」，各本同，逕改正。

六九七頁一三行　說文曰抵側擊也　「抵」原譌「扺」，逕改正。按：抵从手氏聲，與抵字音義皆殊。

後漢書卷十九

耿弇列傳第九

弟國　國子秉　秉弟夔　國弟子恭

耿弇字伯昭，扶風茂陵人也。其先武帝時，以吏二千石自鉅鹿徙焉。〔一〕父況，字俠游，以明經爲郎，與王莽從弟伋共學老子於安丘先生，〔二〕後爲朔調連率。〔三〕弇少好學，習父業。〔四〕常見郡尉試騎士，建旗鼓，肄馳射，由是好將帥之事。〔五〕

〔一〕武帝時，徙吏二千石高貲富人及豪傑并兼之家於諸陵也。

〔二〕嵇康聖賢高士傳曰「安丘望之字仲都，京兆長陵人。少持老子經，恬淨不求進宦，號曰安丘丈人。成帝聞，欲見之，望之辭不肯見，爲巫醫於人閒」也。

〔三〕王莽改上谷郡曰朔調，守曰連率。

〔四〕袁山松書曰：「弇少學詩、禮，明銳有權謀。」

〔五〕漢官儀曰：「歲終郡試之時，講武勒兵，因以校獵，簡其材力也。」

及王莽敗，更始立，諸將略地者，前後多擅威權，輒改易守、令。況自以莽之所置，懷不自安。時弇年二十一，乃辭況奉奏詣更始，因齎貢獻，以求自固之宜。及至宋子，會王郎詐稱成帝子子輿，起兵邯鄲，弇從吏孫倉、衞包於道共謀曰：「劉子輿成帝正統，捨此不歸，遠行安之？」弇按劒曰：「子輿弊賊，卒爲降虜耳。我至長安，與國家陳漁陽、上谷兵馬之用，還出太原、代郡，反覆數十日，歸發突騎以轔烏合之衆，〔一〕如摧枯折腐耳。觀公等不識去就，族滅不久也。」倉、包不從，遂亡降王郎。

〔一〕轔，轢也，音力刃反。

弇道聞光武在盧奴，乃馳北上謁，光武留署門下吏。弇因說護軍朱祐，求歸發兵，以定邯鄲。光武笑曰：「小兒曹乃有大意哉！」因數召見加恩慰。〔一〕弇因從光武北至薊。聞邯鄲兵方到，光武將欲南歸，召官屬計議。弇曰：「今兵從南來，不可南行。漁陽太守彭寵，公之邑人；〔二〕上谷太守，卽弇父也。發此兩郡，控弦萬騎，邯鄲不足慮也。」光武官屬腹心皆不肯，曰：「死尚南首，柰何北行入囊中？」〔三〕光武指弇曰：「是我北道主人也。」會薊中亂，〔四〕光武遂南馳，官屬各分散。弇走昌平就況，〔五〕因說況使寇恂東約彭寵，各發突騎二千匹，步兵千人。弇與景丹、寇恂及漁陽兵合軍而南，所過擊斬王郎大將、九卿、校尉以下四百餘級，得印綬百二十五，節二，斬首三萬級，定涿郡、中山、鉅鹿、淸河、河閒凡二十二縣，遂及光武於廣阿。是時光武方攻王郎，傳言二郡兵爲邯鄲來，衆皆恐。既而悉詣營上謁。光武見弇等，說，曰：「當與漁陽、上谷士大夫共此大功。」乃皆以爲偏將軍，使還領其兵。加況大將軍、興義侯，得自置偏裨。弇等遂從拔邯鄲。

〔一〕續漢書曰「弇還檄與況，陳上功德，自嫌年少，恐不見信，宜自來。況得檄立發，至昌平見上」也。

〔二〕寵，南陽宛人也。

〔三〕漁陽、上谷北接塞垣，至彼路窮，如入囊也。

〔四〕續漢書曰「弇歸，主人食未已，薊中擾亂，上駕出南城門，頗遮絕輜重，城中相掠。弇旣與上相失，以馬與城門亭長，乃得出」也。

〔五〕昌平，縣名，屬上谷郡，今幽州縣，故城在縣東也。

時更始徵代郡太守趙永，而況勸永不應召，令詣于光武。光武遣永復郡。永北還，而代令張曄據城反畔，乃招迎匈奴、烏桓以爲援助。光武以弇弟舒爲復胡將軍，使擊曄，破之。永乃得復郡。時五校賊二十餘萬北寇上谷，況與舒連擊破之，賊皆退走。

更始見光武威聲日盛，君臣疑慮，乃遣使立光武爲蕭王，令罷兵與諸將有功者還長安；遣苗曾爲幽州牧，韋順爲上谷太守，蔡充爲漁陽太守，並北之部。時光武居邯鄲宮，晝臥溫明殿。〔一〕弇入造牀下請閒，因說曰：「今更始失政，君臣淫亂，諸將擅命於畿內，貴戚縱橫於都內。〔二〕天子之命，不出城門，所在牧守，輒自遷易，百姓不知所從，士人莫敢自安。

虜掠財物，劫掠婦女，懷金玉者，至不生歸。元元叩心，更思莽朝。又銅馬、赤眉之屬數十輩，輩數十百萬，聖公不能辦也。〔三〕其敗不久。公首事南陽，破百萬之軍；今定河北，(北)據天府之地。〔四〕以義征伐，發號響應，天下可傳檄而定。天下至重，不可令它姓得之。聞使者從西方來，欲罷兵，不可從也。今吏士死亡者多，弇願歸幽州，益發精兵，以集(其)大計。」光武大說，〔五〕乃拜弇爲大將軍，與吳漢北發幽州十郡兵。弇到上谷，收韋順、蔡充斬之；漢亦誅苗曾。於是悉發幽州兵，引而南，從光武擊破銅馬、高湖、赤眉、青犢，又追尤來、大槍、五幡於元氏，弇常將精騎爲軍鋒，輒破走之。光武乘勝戰(愼)〔順〕水上，虜危急，殊死戰。時軍士疲弊，遂大敗奔還，壁范陽，數日乃振，〔六〕賊亦退去，從追至容城、小廣陽、安次，連戰破之。〔七〕光武還薊，復遣弇與吳漢、景丹、蓋延、朱祐、邳彤、耿純、劉植、岑彭、祭遵、堅鐔、王霸、陳俊、馬武十三將軍，追賊至潞東，及平谷，〔八〕再戰，斬首萬三千餘級，遂窮追於右北平無終、土垠之閒，〔九〕至(浚)〔俊〕靡而還。〔一〇〕賊散入遼西、遼東，或爲烏桓、貊人所鈔擊，略盡。

〔一〕漢趙王如意之殿也，故基在今洺州邯鄲縣內。

〔二〕更始傳曰：「李軼、朱鮪擅命山東，王匡、張卬橫暴三輔。」

〔三〕辦猶成也，音蒲莧反。

〔四〕前書曰：「關中所謂金城天府。」弇以河北富饒，故以喻焉。

〔五〕續漢書曰：「光武初見弇言，起坐曰：『卿失言，我斬卿！』弇曰：『大王哀厚弇如父子，故披赤心爲大王陳事。』上曰：『我戲卿耳。』」

〔六〕壁謂築壘壁也。

〔七〕容城，縣名，屬涿郡，故城在今易州(道)〔遒〕縣也。廣陽國有廣陽縣，故曰小廣陽，及安次，縣名，並在今幽州也。

〔八〕平谷，解見光武紀。

〔九〕無終、土垠並縣名，屬右北平郡。無終故城在今漁陽縣。土垠故城在今平州西南。垠音銀。

〔一〇〕(浚)〔俊〕靡，縣名，屬右北平，故城在今漁陽縣北。靡音麻。

光武即位，拜弇爲建威大將軍。與驃騎大將軍景丹、彊弩將軍陳俊攻厭新賊於敖倉，皆破降之。建武二年，更封好畤侯，食好畤、美陽二縣。三年，延岑自武關出攻南陽，下數城。穰人杜弘率其衆以從岑。弇與岑等戰於穰，大破之，斬首三千餘級，生獲其將士五千餘人，得印綬三百。杜弘降，岑與數騎遁走東陽。

弇從幸舂陵，因見自請北收上谷兵未發者，定彭寵於漁陽，取張豐於涿郡，還收富平、獲索，東攻張步，以平齊地。帝壯其意，乃許之。四年，詔弇進攻漁陽。弇以父據上谷，本與彭寵同功，又兄弟無在京師者，自疑，不敢獨進，上書求詣洛陽。詔報曰：「將軍出身舉宗爲國，所向陷敵，功効尤著，何嫌何疑，而欲求徵？且與王常共屯涿郡，勉思方略。」況聞弇求徵，亦不自安，遣舒弟國入侍。帝善之，進封況爲隃糜侯。〔一〕乃命弇與建義大將軍朱祐、漢忠將軍王常等擊望都、故安西山賊十餘營，皆破之。〔二〕時征虜將軍祭遵屯良鄉，〔三〕驍騎將軍劉喜屯陽鄉，〔四〕以拒彭寵。寵遣弟純將匈奴二千餘騎，寵自引兵數萬，分爲兩道以擊遵、喜。胡騎經軍都，〔五〕舒襲破其衆，斬匈奴兩王，寵乃退走。況復與舒攻寵，取軍都。五年，寵死，天子嘉況功，使光祿大夫持節迎況，〔六〕賜甲第，奉朝請。封〔舒爲〕牟平侯。遣弇與吳漢擊富平、獲索賊於平原，大破之，降者四萬餘人。

〔一〕隃糜，縣名，屬右扶風，故城在今隴州汧陽縣東南。隃音踰。

〔二〕望都，縣名，屬中山國。堯母慶都山在南，故以名焉。故城在今定州唐縣東北。故安，縣名，故城在今易州易縣東南。

〔三〕良鄉，縣名，屬涿郡。

〔四〕陽鄉，縣名，屬涿郡，故城在今幽州故安縣西北。

〔五〕軍都，縣，屬廣陽郡，有軍都山，在西北，今幽州昌平縣。

〔六〕袁山松書曰：「使光祿大夫樊宏詔況曰：『惟況功大，不宜監察從事。邊郡寒苦，不足久居。其詣行在所。』」

因詔弇進討張步。弇悉收集降卒，結部曲，置將吏，率騎都尉劉歆、太山太守陳俊引兵而東，從朝陽橋濟河以度。〔一〕張步聞之，乃使其大將軍費邑軍歷下，〔二〕又分兵屯祝阿，〔三〕

別於太山鍾城列營數十以待弇。弇度河先擊祝阿，自旦攻城，〔日〕未中而拔之，故開圍一角，令其衆得奔歸鍾城。鍾城人聞祝阿已潰，大恐懼，遂空壁亡去。費邑分遣弟敢守巨里。〔四〕弇進兵先脅巨里，使多伐樹木，揚言以塡塞阬塹。數日，有降者言邑聞弇欲攻巨里，謀來救之。弇乃嚴令軍中趣修攻具，宣敕諸部，後三日當悉力攻巨里城。陰緩生口，令得亡歸。歸者以弇期告邑，邑至日果自將精兵三萬餘人來救之。弇喜，謂諸將曰：「吾所以修攻具者，欲誘致邑耳。今來，適其所求也。」卽分三千人守巨里，自行精兵上岡阪，〔五〕乘高合戰，大破之，臨陳斬邑。既而收首級以示巨里城中，城中兇懼，〔六〕費敢悉衆亡歸張步。弇復收其積聚，縱兵擊諸未下者，平四十餘營，遂定濟南。

〔一〕朝陽，縣名，屬濟南郡，在朝水之陽。今朝城在濟水北，有漯河，在今齊州臨濟縣東。

〔二〕歷下城在今齊州歷城縣也。

〔三〕祝阿，今齊州縣也，故城在今山茌縣東北。

〔四〕巨里，聚名也，一名巨合城，在今齊州全節縣東南也。

〔五〕爾雅曰：「山脊曰岡，坡者曰阪。」

〔六〕兇，恐懼聲，音呼勇反。

時張步都劇，使其弟藍將精兵二萬守西安，〔一〕諸郡太守合萬餘人守臨淄，相去四十里。弇進軍畫中，〔二〕居二城之閒。弇視西安城小而堅，且藍兵又精，臨淄名雖大而實易攻，乃勑諸校會，〔三〕後五日攻西安。藍聞之，晨夜儆守。至期夜半，弇勑諸將皆蓐食，〔四〕會明至臨淄城。護軍荀梁等爭之，以爲宜速攻西安。弇曰：「不然。西安聞吾欲攻之，日夜爲備；臨淄出不意而至，必驚擾，吾攻之一日必拔。拔臨淄即西安孤，張藍與步隔絕，必復亡去，所謂擊一而得二者也。若先攻西安，不卒下，頓兵堅城，死傷必多。縱能拔之，藍引軍還奔臨淄，并兵合埶，觀人虛實，吾深入敵地，後無轉輸，旬（月）〔日〕之閒，不戰而困。諸君之言，未見其宜。」遂攻臨淄，半日拔之，入據其城。張藍聞〔之大〕懼，遂將其衆亡歸劇。

〔一〕西安，縣名，屬齊郡，故城在今青州臨淄縣西北。

〔二〕畫中，邑名也。畫音胡麥反。故城在今西安城東南。有澅水，因名焉。

〔三〕會猶集也。

〔四〕前書音義曰：「未起而牀蓐中食也。」

弇乃令軍中無得妄掠劇下，須張步至乃取之，以激怒步。步聞大笑曰：「以尤來、大彤十餘萬衆，吾皆即其營而破之。今大耿兵少於彼，〔一〕又皆疲勞，何足懼乎！」乃與三弟藍、弘、壽及故大彤渠帥重異等兵〔二〕號二十萬，至臨淄大城東，將攻弇。〔三〕弇先出淄水上，與重異遇，突騎欲縱，弇恐挫其鋒，令步不敢進，故示弱以盛其氣，乃引歸小城，陳兵於內。〔四〕步氣盛，直攻弇營，與劉歆等合戰，弇升王宮壞臺望之，〔五〕視歆等鋒交，乃自引精兵以橫突步陳於東城下，大破之。飛矢中弇股，以佩刀截之，左右無知者。至暮罷。弇明旦復勒兵出。是時帝在魯，聞弇爲步所攻，自往救之，未至。陳俊謂弇曰：「劇虜兵盛，可且閉營休士，以須上來。」弇曰：「乘輿且到，臣子當擊牛釃酒以待百官，反欲以賊虜遺君父邪？」乃出兵大戰，自旦及昏，復大破之，殺傷無數，城中溝塹皆滿。弇知步困將退，豫置左右翼爲伏以待之。〔六〕人定時，步果引去，伏兵起縱擊，追至鉅昧水上，〔七〕八九十里僵尸相屬，收得輜重二千餘兩。步還劇，兄弟各分兵散去。

〔一〕弇，況之長子，故呼爲大耿。

〔二〕重，姓；異，名。

〔三〕袁山松書曰「弇上書曰：『臣據臨淄，深塹高壘，張步從劇縣來攻，疲勞飢渴。欲進，誘而攻之；欲去，隨而擊之。臣依營而戰，精銳百倍，以逸待勞，以實擊虛，旬日之閒，步首可獲。』上是其計」也。

〔四〕伏琛齊地記曰：「小城內有漢景王祠。」

〔五〕臨淄本齊國所都，卽齊王宮，中有壞臺也。東觀記作「環臺」。

〔六〕兩旁伏兵，如鳥之翼。

〔七〕鉅昧，水名，一名巨洋水，在今青州壽光縣西。

後數日，車駕至臨淄自勞軍，羣臣大會。帝謂弇曰：「昔韓信破歷下以開基，〔一〕今將軍攻祝阿以發迹，此皆齊之西界，功足相方。而韓信襲擊已降，〔二〕將軍獨拔勍敵，其功乃難於信也。又田橫亨酈生，及田橫降，高帝詔衞尉不聽爲仇。〔三〕張步前亦殺伏隆，若步來歸命，吾當詔大司徒釋其怨，〔四〕又事尤相類也。將軍前在南陽建此大策，〔五〕常以爲落落難合，〔六〕有志者事竟成也！」弇因復追步，步奔平壽，〔七〕乃肉袒負斧鑕於軍門。〔八〕弇傳步詣行在所，而勒兵入據其城。樹十二郡旗鼓，〔九〕令步兵各以郡人詣旗下，衆尚十餘萬，輜重七千餘兩，皆罷遣歸鄉里。弇復引兵至城陽，降五校餘黨，〔一〇〕齊地悉平。振旅還京師。

〔一〕前書曰，齊屯兵於歷下以備漢，信擊破之。

〔二〕前書曰，酈食其說齊王田廣，廣降之，乃與食其縱酒，罷守備。韓信聞齊已降，欲止，蒯通說信令擊之。食其音異基也。

〔三〕前書曰，齊旣破，橫走居海島，高帝召之。橫曰：「臣亨陛下之使酈食其，今聞其弟商爲衞尉，臣恐懼，不敢奉詔。」高帝詔酈商曰：「橫卽至，敢動者族之。」

〔四〕大司徒伏湛，卽隆之父。

〔五〕謂弇從帝幸舂陵時，請收上谷兵定彭寵，取張豐，平張步等。

〔六〕落落猶疏闊也。

〔七〕平壽，縣名，屬北海郡，故城在今青州北海縣。

〔八〕鑕，鍖也。示必死。鍖音竹林反。

〔九〕東觀記曰：「弇凡平城陽、琅邪、高密、膠東、東萊、北海、齊、千乘、濟南、平原、泰山、臨淄等〔郡〕。」

〔一〇〕祝阿餘黨也。

六年，西拒隗囂，屯兵於漆。〔一〕八年，從上隴。明年，與中郎將來歙分部徇安定、北地諸營保，皆下之。

〔一〕漆，縣名，屬右扶風，故城在今（幽）〔豳〕州新平縣也，漆水在西。

弇凡所平郡四十六，屠城三百，未（常）〔嘗〕挫折。

十二年，況疾病，乘輿數自臨幸。復以國弟廣、舉並爲中郎將。弇兄弟六人皆垂青紫，省侍醫藥，當代以爲榮。及況卒，謚烈侯，少子霸襲況爵。

十三年，增弇戶邑，上大將軍印綬，〔一〕罷，以列侯奉朝請。每有四方異議，輒召入問籌策。年五十六，永平元年卒，謚曰愍侯。

〔一〕上音時掌反。

子忠嗣。忠以騎都尉擊匈奴於天山，有功。忠卒，子馮嗣。馮卒，子良嗣，一名無禁。延光中，尚安帝妹濮陽長公主，位至侍中。良卒，子協嗣。

隃麋侯霸卒，子文金嗣。文金卒，子喜嗣。喜卒，子顯嗣，爲羽林左監。顯卒，子援嗣。

尙桓帝妹長社公主，爲河（陽）〔東〕太守。後曹操誅耿氏，唯援孫弘存焉。〔一〕

〔一〕決録注云「援字伯緒，官至河東太守」也。

牟平侯舒卒，子襲嗣。尙顯宗女隆慮公主。襲卒，子寶嗣。寶女弟爲淸河孝王妃。及安帝立，尊孝王，母爲孝德皇后，以妃爲甘園大貴人。帝以寶元舅之重，使監羽林左（車）騎，位至大將軍。而附事內寵，與中常侍樊豐、帝乳母王聖等譖廢皇太子爲濟陰王，及排陷太尉楊震，議者怨之。寶弟子承襲公主爵爲林慮侯，〔一〕位至侍中。安帝崩，閻太后以寶等阿附嬖倖，共爲不道，策免寶及承，皆貶爵爲亭侯，遣就國。寶於道自殺，國除。〔二〕大貴人數爲耿氏請，陽嘉三年，順帝遂（詔）〔紹〕封寶子箕牟平侯，爲侍中。以恆爲陽亭侯，承爲羽林中郎將。其後貴人薨，大將軍梁冀從承求貴人珍玩，不能得，冀怒，風有司奏奪其封。承惶恐，遂亡匿於穰。數年，冀推迹得之，乃幷族其家十餘人。

〔一〕林慮即上隆慮也，至此避殤帝諱改焉。

〔二〕決録注曰：「寶字君達。」

論曰：淮陰廷論項王，審料成埶，則知高祖之廟勝矣。〔一〕〔耿〕弇決策河北，定計南陽，亦見光武之業成矣。然弇自剋拔全齊，而無〔復〕尺寸功。夫豈不懷？〔二〕將時之度數，不足以相容乎？三世爲將，道家所忌，〔三〕而耿氏累葉以功名自終。將其用兵欲以殺止殺乎？何其獨能隆也！

〔一〕淮陰侯韓信也。史記韓信說高祖曰：「項王特匹夫之勇，婦人之仁也。名雖霸，實失天下心。今大王入關，秋豪無所取，秦人無不欲得大王王秦者。今大王舉而東，三秦可傳檄而定。」於是漢王舉兵定三秦。廟勝謂謀兵於廟而勝敵。

〔二〕懷，思也。言豈不思重立大功乎。

〔三〕史記曰，秦使王翦之孫王離擊趙。或曰：「王離秦之名將，舉之必矣。」客曰：「不然。夫將三代必敗，以其殺伐多也，其後受其不祥。」

國字叔慮，〔一〕建武四年初入侍，光武拜爲黃門侍郎，應對左右，帝以爲能，遷射聲校尉。七年，射聲官罷，拜駙馬都尉。父況卒，國於次當嗣，上疏以先侯愛少子霸，固自陳讓，有詔許焉。後歷頓丘、陽翟、上蔡令，所在吏人稱之。徵爲五官中郎將。

〔一〕東觀記「慮」作「憲」。

是時烏桓、鮮卑屢寇外境，國素有籌策，數言邊事，帝器之。及匈奴薁鞬日逐王比自立爲呼韓邪單于，款塞稱藩，願扞禦北虜。事下公卿。議者皆以爲天下初定，中國空虛，夷狄情僞難知，不可許。國獨曰：「臣以爲宜如孝宣故事受之，〔一〕令東扞鮮卑，北拒匈奴，率厲四夷，完復邊郡，使塞下無晏開之警，〔二〕萬世（有）安寧之策也。」帝從其議，遂立比爲南單于。由是烏桓、鮮卑保塞自守，北虜遠遁，中國少事。二十七年，代馮勤爲大司（馬）〔農〕。又上言宜置度遼將軍，左右校尉，屯五原以防逃亡。永平元年卒官。顯宗追思國言，後遂置度遼將軍，左右校尉，如其議焉。

〔一〕宣帝甘露二年，呼韓邪單于款塞請朝。帝發所過郡二千騎迎之，寵以殊禮，位在諸侯王上，贊謁稱臣而不名。

〔二〕晏，晚也。有警急則開門晚也。

國二子：秉，夔。

秉字伯初，有偉體，腰帶八圍。博通書記，能說司馬兵法，尤好將帥之略。以父任爲郎，數上言兵事。常以中國虛費，邊陲不寧，其患專在匈奴。以戰去戰，盛王之道。顯宗既有志北伐，陰然其言。永平中，召詣省闥，問前後所上便宜方略，拜謁者僕射，遂見親幸。每公卿會議，常引秉上殿，訪以邊事，多簡帝心。

十五年，拜駙馬都尉。十六年，以騎都尉秦彭爲副，與奉車都尉竇固等俱伐北匈奴。虜皆奔走，不戰而還。

十七年夏，詔秉與固合兵萬四千騎，復出白山擊車師。車師有後王、前王，前王即後王之子，其廷相去五百餘里。固以後王道遠，山谷深，士卒寒苦，欲攻前王。秉議先赴後王，以爲并力根本，則前王自服。固計未決。秉奮身而起曰：「請行前。」乃上馬，引兵北入，衆軍不得已，遂進。並縱兵抄掠，斬首數千級，收馬牛十餘萬頭。後王安得震怖，從數百騎出迎秉。而固司馬蘇安欲全功歸固，即馳謂安得曰：「漢貴將獨有奉車都尉，天子姊壻，〔一〕爵爲通侯，當先降之。」安得乃還，更令其諸將迎秉。秉大怒，被甲上馬，麾其精騎徑造固壁。言曰：「車師王降，訖今不至，請往梟其首。」固大驚曰：「且止，將敗事！」秉厲聲曰：「受降如受敵。」遂馳赴之。安得惶恐，走出門，脫帽抱馬足降。〔二〕秉將以詣固。其前王亦歸命，遂定車師而還。

〔一〕固尙光武女涅陽公主，明帝姊也。

〔二〕東觀記曰「脫帽趨抱馬蹏」也。

明年秋，肅宗即位，拜秉征西將軍。遣案行涼州邊境，勞賜保塞羌胡，進屯酒泉，救戊己校尉。

建初元年，拜度遼將軍。視事七年，匈奴懷其恩信。徵爲執金吾，甚見親重。帝每巡郡國及幸宮觀，秉常領禁兵宿衞左右。除三子爲郎。章和二年，復拜征西將軍，副車騎將軍竇憲擊北匈奴，大破之。事幷見憲傳。封秉美陽侯，食邑三千戶。

秉性勇壯而簡易於事，軍行常自被甲在前，休止不結營部，然遠斥候，明要誓，有警，軍陳立成，士卒皆樂爲死。永元二年，代桓虞爲光祿勳。明年夏卒，時年五十餘。賜以朱棺、玉衣，將作大匠穿冢，假鼓吹，五營騎士三百餘人送葬。謚曰桓侯。匈奴聞秉卒，舉國號哭，或至剺面流血。〔一〕

〔一〕剺卽「剺」字，古通用也，剺，劃也，音力私反。

長子沖嗣。及竇憲敗，以秉竇氏黨，國除。沖官至漢陽太守。

曾孫紀，少有美名，辟公府，曹操甚敬異之，稍遷少府。紀以操將篡漢，建安二十三年，與大醫令吉平、〔一〕丞相司直韋(況)晃(暉)謀起兵誅操，不克，夷三族。于時衣冠盛門坐紀罹禍滅者衆矣。

〔一〕「平」或作「平」。

夔字定公。少有氣決。永元初，爲車騎將軍竇憲假司馬，北擊匈奴，轉(車)騎都尉。三年，憲復出河西，以夔爲大將軍左校尉。將精騎八百，出居延塞，直奔北單于廷，於金微山斬閼氏、名王已下五千餘級，單于與數騎脫亡，盡獲其匈奴珍寶財畜，去塞五千餘里而還，自漢出師所未嘗至也。乃封夔粟邑侯。〔一〕會北單于弟左鹿蠡王於除鞬自立爲單于，衆八部二萬餘人，來居蒲類海上，遣使款塞。以夔爲中郎將，持節衞護之。及竇憲敗，夔亦免官奪爵土。

〔一〕粟邑，縣名，屬左馮翊，故城在今同州白水縣西北。

後復爲長水校尉，拜五原太守，遷遼東太守。元興元年，貊人寇郡界，夔追擊，斬其渠帥。永初三年，南單于檀反畔，使夔率鮮卑及諸郡兵屯鴈門，與車騎將軍何熙共擊之。熙推夔爲先鋒，而遣其司馬耿溥、劉祉將二千人與夔俱進。到屬國故城，單于遣薁鞬日逐王三千餘人遮漢兵。夔自擊其左，令鮮卑攻其右，虜遂敗走，追斬千餘級，殺其名王六人，獲穹廬車重千餘兩，馬畜生口甚衆。鮮卑馬多羸病，遂畔出塞。夔不能獨進，以不窮追，左轉雲中太守，後遷行度遼將軍事。

夔勇而有氣，數侵陵〔使〕匈奴中郎將鄭戩。〔一〕元初元年，坐徵下獄，以減死論，笞二百。建光中，復拜度遼將軍。時鮮卑攻殺雲中太守成嚴，圍烏桓校尉徐常於馬城。〔二〕夔與幽州刺史龐參救之，追虜出塞而還。後坐法免，卒於家。

〔一〕音翦。

〔二〕馬城，縣名，屬代郡，故城在今雲州定襄縣。秦始皇初築城，輒崩壞，其後有馬周章馳走，因隨馬迹起城，故以名焉。

恭字伯宗，國弟廣之子也。少孤。慷慨多大略，有將帥才。永平十七年冬，騎都尉劉張出擊車師，請恭爲司馬，與奉車都尉竇固及從弟駙馬都尉秉破降之。始置西域都護、戊己校尉，乃以恭爲戊己校尉，屯後王部金蒲城，〔一〕謁者關寵爲戊己校尉，屯前王柳中城，〔二〕屯各置數百人。恭至部，移檄烏孫，示漢威德，大昆彌已下皆歡喜，遣使獻名馬，及奉宣帝時所賜公主博具，〔三〕願遣子入侍。恭乃發使齎金帛，迎其侍子。

〔一〕金蒲城，車師後王庭也，今庭州蒲昌縣城是也。

〔二〕柳中，今西州縣。

〔三〕武帝元封中，遣江都王建女細君爲公主，嫁與烏孫昆莫，賜乘輿服御，官屬侍御數百人，贈送甚盛，蓋後宣帝賜以博具也。

明年三月，北單于遣左鹿蠡王二萬騎擊車師。恭遣司馬將兵三百人救之，道逢匈奴騎多，皆爲所歿。匈奴遂破殺後王安得，而攻金蒲城。恭乘城搏戰，以毒藥傅矢。傳語匈奴曰：「漢家箭神，其中瘡者必有異。」因發彊弩射之。虜中矢者，視創皆沸，遂大驚。會天暴風雨，隨雨擊之，殺傷甚衆。匈奴震怖，相謂曰：「漢兵神，眞可畏也！」遂解去。恭以疏勒城傍有澗水可固，五月，乃引兵據之。七月，匈奴復來攻恭，恭募先登數千人直馳之，胡騎散走，匈奴遂於城下擁絕澗水。恭於城中穿井十五丈不得水，吏士渴乏，笮馬糞汁而飲之。〔一〕恭仰歎曰：「聞昔貳師將軍拔佩刀刺山，飛泉涌出；〔二〕今漢德神明，豈有窮哉。」乃整衣服向井再拜，爲吏士禱。有頃，水泉奔出，衆皆稱萬歲。乃令吏士揚水以示虜。〔三〕虜出不意，以爲神明，遂引去。

〔一〕笮謂壓笮也。

〔二〕貳師，大宛中城名，昔武帝時使李廣利伐大宛，期至貳師城，因以爲號也。

〔三〕東觀記曰：「恭親自挽籠，於是令士且勿飲，先和泥塗城，并揚示之。」

時焉耆、龜茲攻歿都護陳睦，北虜亦圍關寵於柳中。會顯宗崩，救兵不至，車師復畔，與匈奴共攻恭。恭厲士衆擊走之。後王夫人先世漢人，常私以虜情告恭，又給以糧餉。數月，食盡窮困，乃煑鎧弩，食其筋革。恭與士推誠同死生，故皆無二心，而稍稍死亡，餘數十人。單于知恭已困，欲必降之。復遣使招恭曰：「若降者，當封爲白屋王，妻以女子。」恭乃誘其使上城，手擊殺之，炙諸城上。虜官屬望見，號哭而去。單于大怒，更益兵圍恭，不能下。

初，關寵上書求救，時肅宗新即位，乃詔公卿會議。司空第五倫以爲不宜救。司徒鮑昱議曰：「今使人於危難之地，急而棄之，外則縱蠻夷之暴，內則傷死難之臣。誠令權時後無邊事可也，匈奴如復犯塞爲寇，陛下將何以使將？又二部兵人裁各數十，〔一〕匈奴圍之，歷旬不下，是其寡弱盡力之効也。可令敦煌、酒泉太守各將精騎二千，多其幡幟，倍道兼行，以赴其急。匈奴疲極之兵，必不敢當，四十日閒，足還入塞。」帝然之。乃遣征西將軍耿秉屯酒泉，行太守事；遣秦彭與謁者王蒙、皇甫援發張掖、酒泉、敦煌三郡及鄯善兵，合七千餘人，建初元年正月，會柳中擊車師，攻交河城，〔二〕斬首三千八百級，獲生口三千餘人，駝驢馬牛羊三萬七千頭。北虜驚走，車師復降。〔三〕

〔一〕二部謂關寵及恭也。

〔二〕前書曰：「車師前王居交河城，河水分流繞城下，故號交河，去長安八千一百五十里。」故城在今西州交河縣也。

〔三〕東觀記曰，車師太子比持訾降。

會關寵已歿，蒙等聞之，便欲引兵還。先是恭遣軍吏范羌至敦煌迎兵士寒服，羌因隨王蒙軍俱出塞。羌固請迎恭，諸將不敢前，乃分兵二千人與羌，從山北迎恭，遇大雪丈餘，軍僅能至。城中夜聞兵馬聲，以爲虜來，大驚。羌乃遙呼曰：「我范羌也。漢遣軍迎校尉耳。」城中皆稱萬歲。開門，共相持涕泣。明日，遂相隨俱歸。虜兵追之，且戰且行。吏士素飢困，發疏勒時尚有二十六人，隨路死沒，三月至玉門，〔一〕唯餘十三人。衣屨穿決，形容枯槁。中郎將鄭衆爲恭已下洗沐易衣冠。上疏曰：「耿恭以單兵固守孤城，當匈奴之衝，對數萬之衆，連月踰年，心力困盡。鑿山爲井，煮弩爲糧，出於萬死無一生之望。前後殺傷醜虜數千百計，卒全忠勇，不爲大漢恥。恭之節義，古今未有。宜蒙顯爵，以厲將帥。」及恭至雒陽，鮑昱奏恭節過蘇武，宜蒙爵賞。於是拜爲騎都尉，以恭司馬石修爲雒陽市丞，張封爲雍營司馬，軍吏范羌爲共丞，〔二〕餘九人皆補羽林。恭母先卒，及還，追行喪制，有詔使五官中郎將〔三〕齎牛酒釋服。〔四〕

〔一〕玉門，關名，屬敦煌郡，在今沙州。臣賢案：酒泉郡又有玉門縣，據東觀記曰「至敦煌」，明即玉門關也。

〔二〕共，今衞州共城縣。

〔三〕據東觀記，馬嚴。

〔四〕奪情不令追服。

明年，遷長水校尉。其秋，金城、隴西羌反。恭上疏言方略，詔召入問狀。乃遣恭將五校士三千人，副車騎將軍馬防討西羌。恭屯枹罕，數與羌接戰。明年秋，燒當羌降，防還京師，恭留擊諸未服者，首虜千餘人，獲牛羊四萬餘頭，勒姐、〔一〕燒何羌等十三種數萬人，皆詣恭降。初，恭出隴西，上言「故安豐侯竇融昔在西州，甚得羌胡腹心。今大鴻臚固，即其子孫。前擊白山，功冠三軍。宜奉大使，鎭撫涼部。令車騎將軍防屯軍漢陽，以爲威重」。

由是大忤於防。〔三〕及防還，監營謁者李譚承旨奏恭不憂軍事，被詔怨望。坐徵下獄，免官歸本郡，卒於家。

〔一〕俎音紫，又子也反。

〔三〕忿恭薦竇固奪其權。

子溥，爲京兆虎牙都尉。〔一〕元初二年，擊畔羌於丁奚城，軍敗，遂歿。詔拜溥子宏、曄並爲郎。

〔一〕溥音普。漢官儀曰：「京兆虎牙都尉、扶風（郡）〔都尉〕比二千石。以涼州近羌，數犯三輔，將兵護園陵。」

曄字季遇。順帝初，爲烏桓校尉。〔一〕時鮮卑寇緣邊，殺代郡太守。曄率烏桓及諸郡卒出塞討擊，大破之。鮮卑震怖，數萬人詣遼東降。自後頻出輒克獲，威振北方。遷度遼將軍。

〔一〕「遇」或爲「過」。

耿氏自中興已後迄建安之末，大將軍二人，將軍九人，卿十三人，尙公主三人，列侯十九人，中郎將、護羌校尉及刺史、二千石數十百人，遂與漢興衰云。

論曰：余初讀蘇武傳，感其茹毛窮海，不爲大漢羞。〔一〕後覽耿恭疏勒之事，喟然不覺涕之無從。嗟哉，義重於生，以至是乎！〔二〕昔曹子抗質於柯盟，〔三〕相如申威於河表，〔四〕

蓋以決一旦之負，異乎百死之地也。以爲二漢當疏高爵，宥十世。〔五〕而蘇君恩不及嗣，恭亦終塡牢戶。追誦龍蛇之章，以爲歎息。〔六〕

〔一〕蘇武，武帝時使匈奴，匈奴乃幽囚武於大窖中，絕不飮食。天雨雪，武臥齧雪，與旃毛幷咽之，數日不死，匈奴以爲神。乃徙武北海上無人處，二十年乃還也。

〔二〕孟子曰：「生者我所欲，義者亦我所欲，二者不可俱，捨生而取義也。」

〔三〕曹子，魯大夫曹劌也。一曰曹沬。史記曰，齊桓公與魯莊公會於柯而盟，曹沬執匕首劫齊桓公曰：「齊彊魯弱，而大國侵魯亦已甚矣。今城壞壓境，君其圖之。」桓公乃盡還魯之侵地，而與之盟。

〔四〕相如，解見寇恂傳也。

〔五〕左傳曰，晉范宣子之殺叔向之弟羊舌虎而囚叔向。於是祁奚聞之，見宣子曰「謀而鮮過，惠訓不倦者，叔向有焉。猶將十世宥之，以勸能者」也。

〔六〕史記曰，晉文公返國，賞從亡者。介之推不言祿，祿亦不及。縣書宮門曰「龍欲上天，五蛇爲輔。龍已升天，四蛇各入其宇。一蛇獨怨，終不見處」也。

贊曰：好畤經武，能畫能兵。往收燕卒，來集漢營。請閒趙殿，釃酒齊城。況、舒率從，亦旣有成。國圖久策，分此凶狄。〔一〕秉洽胡情，夔單虜迹。慊慊伯宗，枯泉飛液。

〔一〕謂耿國議立日逐王爲南單于，由是鮮卑保塞自守，北虜遠遁也。

七〇三頁三行　字伯昭　按：集解引惠棟說，謂水經注作「昭伯」。

七〇三頁七行　恬淨不求進宦　按：「宦」原譌「官」，逕據汲本、殿本改正。

七〇四頁二行　弇從吏孫倉衞包於道共謀曰　按：集解引惠棟說，謂袁宏紀「衞包」作「衞苞」。又按：「道」原譌「富」，逕改正。

七〇四頁七行　門下吏　按：刊誤謂「吏」當作「史」。

七〇五頁九行　令詣于光武　按：殿本考證謂「于」字似衍文。

七〇六頁二行　(北)據天府之地　據刊誤刪。

七〇六頁四行　以集(其)大計　據刊誤刪。

七〇六頁七行　戰(愼)〔順〕水上　集解引惠棟說，謂「愼」光武紀作「順」。今據改。

七〇六頁一〇行　十三將軍　光武紀作「十二將軍」。按：此十三將軍列舉姓名，當以傳爲是。

七〇六頁一一行　至(浚)〔俊〕靡而還　據集解引錢大昕說改，注同。按：前志、續志並作「俊靡」。

七〇七頁五行　今易州(道)〔遒〕縣　前志、續志並作「遒縣」，「遒」亦作「逎」，此形近而譌，今改。

七〇八頁五行　封〔舒爲〕牟平侯　集解引王鳴盛說，謂「牟平」上脫「舒爲」二字，通鑑因其誤。又錢大昕謂此封況子舒爲牟平侯，況之封隃麋侯如故也，史有脫文耳。今據補。

七〇八頁一五行　從朝陽橋濟河以度　按：當時濟水行經朝陽，此謂耿弇從朝陽架橋渡濟河也。說詳集解。

七〇九頁一行　〔日〕未中而拔之　集解引惠棟說，謂通鑑云「日未中」。今據補。

七一〇頁六行　旬〔月〕〔日〕之閒　王先謙謂東觀記作「旬日之閒」，是也。今據改。

七一〇頁七行　張藍聞〔之大〕懼　據汲本、殿本補。

七一〇頁一三行　何足懼乎　按：汲本作「足可擢乎」，殿本作「何足擢乎」。

七一〇頁一四行　故大彤渠帥重異　按：沈家本謂按光武紀注引東觀記作「樊重」。

七一二頁五行　衆尙十餘萬　按：「尙」原譌「向」，逕改正。

七一三頁二行　臨淄等〔郡〕　王先謙謂注「等」下脫「郡」字，東觀記有。今據補。按：沈欽韓謂臨淄非郡，是時當川未幷入北海，應爲「菑川」。

七一三頁六行　故城在今〔幽〕〔豳〕州新平縣也　據殿本改。

七一三頁七行　未〔常〕〔嘗〕挫折　據汲本、殿本改。

七一四頁一行　爲河〔陽〕〔東〕太守　據校補引錢大昭說改。按：張森楷校勘記亦謂兩漢無「河陽郡」，不得有太守，當從注作「河東」。

七一四頁四行　尊孝王母爲孝德皇后　按：集解引錢大昕說，謂安帝紀建光元年，追尊皇考淸河孝王曰孝德皇，皇妣左氏曰孝德皇后，此傳以孝德皇后爲孝王之母，誤矣。校補謂應讀「尊孝王」爲句，「母爲孝德皇后」別爲句。李慈銘謂案傳文，當是「尊孝王爲孝德皇」，傳寫者誤衍「母」字及「后」字耳。

七一四頁五行　使監羽林左(車)騎　刊誤謂「車」字衍。今據删。

七一四頁八行　(詔)〔紹〕封寶子　據刊誤改。

七一四頁一三行　〔耿〕弇決策河北　刊誤謂「弇」上明少一「耿」字。今據補。按：校補引錢大昭說，謂閩本「弇」上有「耿」字。

七一四頁一四行　而無〔復〕尺寸功　據汲本、殿本補。

七一六頁二行　萬世(有)安寧之策也　刊誤謂按文多「有」字，緣上言「無」，遂妄生此對文，非也。今據删。

七一六頁三行　代馮勤爲大司(馬)〔農〕　集解引惠棟說，謂袁宏紀國官至大司農。又引何焯說，謂帝紀馮勤以十七年自大司農爲司徒。王先謙謂東觀記亦作「大司農」。今據改。

七一七頁三行　秉奮身而起曰請行前　按：李慈銘謂此當讀「請行」爲句，「前」爲句，言秉既曰「請行」，遂走而前上馬也。或曰「前」亦秉之詞，言促其往前行也。

七一七頁四行　收馬牛十餘萬頭　按：御覽二八四引，「牛」下有「羊」字。

七二七頁二行　脫帽趨抱馬蹏　按：「抱」原譌「鳴」，逕改正。

七二八頁一行　封秉美陽侯　按：集解引洪亮吉說，謂秉定封在和帝永元二年，與竇憲冠軍侯同封。此蒙上「章和二年」之文，未另著年月。

七二八頁九行　丞相司直韋（況）晃（曄）　集解引沈欽韓說，謂獻帝紀及魏志止云「韋晃」，「況」「曄」二字衍。今據刪。

七二八頁一三行　轉（車）騎都尉　刊誤謂按官無車騎都尉，明衍「車」字。殿本考證萬承蒼則謂是時竇憲爲車騎將軍，故夔之官轉爲車騎都尉，「車」字非衍。按：沈家本謂將軍官屬無都尉，恐當以劉說爲是。又按：袁宏紀亦止云「騎都尉」。今刪「車」字。

七二八頁一三行　以夔爲大將軍左校尉　按：校補引錢大昭說，謂南匈奴傳作「右校尉」。

七二八頁一四行　盡獲其匈奴珍寶財畜　按：殿本考證謂推尋文義，「其」字當是衍文。

七二九頁二行　數侵陵〔使〕匈奴中郎將鄭戩　李慈銘謂「匈奴」上脫一「使」字。今據補。

七三〇頁四行　屯後王部金蒲城　按：洪亮吉謂「金蒲」當作「金滿」，新唐書地理志等皆譌作「金蒲」，近古城內掘得舊碑，正作「金滿」。又按：李慈銘謂「後王」下衍一「部」字。

七三〇頁一三行　漢家箭神　按：集解引惠棟說，謂東觀記「箭神」作「神箭」。

七三一頁九行　都護陳睦　按：集解引惠棟說，謂袁宏紀「陳睦」作「陳穆」。

七二四頁七行 扶風(郡)〔都尉〕比二千石　據刊誤改。

七二五頁一行 恭亦終塡牢戶　按：沈家本謂恭卒於家，似不得曰「塡牢戶」。

後漢書卷二十

銚期王霸祭遵列傳第十 祭遵從弟肜

銚期字次況，潁川郟人也。長八尺二寸，容貌絕異，矜嚴有威。父猛，爲桂陽太守，卒，期服喪三年，鄉里稱之。光武略地潁川，聞期志義，召署賊曹掾，〔一〕從徇薊。時王郎檄書到薊，薊中起兵應郎。光武趨駕出，百姓聚觀，諠呼滿道，遮路不得行，期騎馬奮戟，瞋目大呼左右曰「趩」，〔二〕衆皆披靡。〔三〕及至城門，門已閉，攻之得出。行至信都，以期爲裨將，與傳寬、呂晏俱屬鄧禹。徇傍縣，又發房子兵。禹以期爲能，獨拜偏將軍，授兵二千人，寬、晏各數百人。還言其狀，光武甚善之。使期別徇眞定宋子，攻拔樂陽、稾、肥纍。〔四〕

〔一〕漢官儀曰：「東西曹掾比四百石，餘掾比三百石。賊曹，主盜賊之事。」

〔二〕周禮：「隸僕掌趩宮中之事。」鄭衆曰：「止行淸道也，若今警蹕。」說文「趩」與「蹕」同。

〔三〕披，普彼反。

〔四〕樂陽，縣名，屬常山郡。〔稾〕，今恆州稾城縣也，故城在縣西。肥纍，故肥子國也，漢以爲縣，故城在今稾城縣西南，並屬眞定國。纍音力追反。

從擊王郎將兒宏、劉奉於鉅鹿下，〔一〕期先登陷陳，手殺五十餘人，被創中額，攝（幘）〔幘〕復戰，〔二〕遂大破之。王郎滅，拜期虎牙大將軍。乃因閒說光武曰：「河北之地，界接邊塞，人習兵戰，號爲精勇。今更始失政，大統危殆，海內無所歸往。明公據河山之固，擁精銳之衆，以順萬人思漢之心，則天下誰敢不從？」光武笑曰：「卿欲遂前蹕邪？」〔三〕時銅馬數十萬衆入清陽、博平，〔四〕期與諸將迎擊之，連戰不利，期乃更背水而戰，所殺傷甚多。會光武救至，遂大破之，追至館陶，皆降之。從擊青犢、赤眉於射犬，賊襲期輜重，期還擊之，手殺傷數十人，身被三創，而戰方力，〔五〕遂破走之。

〔一〕兒音五奚反。

〔二〕攝猶正也。

〔三〕唯天子得稱警蹕。

〔四〕博平，縣名，屬東郡，在今博州縣也。

〔五〕力，苦戰也。

光武卽位，封安成侯，〔一〕食邑五千戶。時檀鄉、五樓賊入繁陽、內黃，〔二〕又魏郡大姓數反覆，而更始將卓京〔三〕謀欲相率反鄴城。帝以期爲魏郡太守，行大將軍事。期發郡兵擊卓京，破之，斬首六百餘級。京亡入山，追斬其將校數十人，獲京妻子。進擊繁陽、內黃，復斬數百級，郡界清平。督盜賊李熊，鄴中之豪，而熊弟陸謀欲反城迎檀鄉。〔四〕或以告期，期不應，告者三四，期乃召問熊。熊叩頭首服，願與老母俱就死。期曰：「爲吏儻不若爲賊樂者，可歸與老母往就陸也。」〔五〕使吏送出城。熊行求得陸，將詣鄴城西門。陸不勝愧感，自殺以謝期。期嗟歎，以禮葬之，而還熊故職。於是郡中服其威信。

〔一〕安成，縣名，屬汝南郡，故城在今豫州汝陽縣東南也。

〔二〕繁陽，縣名，故城在今相州內黃縣東北；內黃故城在西北。

〔三〕「京」或作「原」。

〔四〕反音翻。

〔五〕必以在城中爲吏不如爲賊之樂，卽任將母往就弟。

建武五年，行幸魏郡，以期爲太中大夫。從還洛陽，又拜衞尉。

期重於信義，自爲將，有所降下，未嘗虜掠。及在朝廷，憂國愛主，其有不得於心，必犯顏諫諍。帝嘗輕與期門近出，〔一〕期頓首車前曰：「臣聞古今之戒，變生不意，誠不願陛下微行數出。」帝爲之回輿而還。十年卒，〔二〕帝親臨襚斂，贈以衞尉、安成侯印綬，謚曰忠侯。

〔一〕前書，武帝將出，必與北地良家子期於殿門，故曰「期門」。

〔二〕東觀記曰：「期疾病，使使者存問，加賜醫藥甚厚。其母問期當封何子？期言『受國家恩深，常慙負，如死，不知當何以報國，何宜封子也』！上甚憐之。」

子丹嗣。復封丹弟統爲建平侯。〔一〕後徙封丹葛陵侯。〔二〕丹卒，子舒嗣。舒卒，子羽嗣。羽卒，子蔡嗣。

〔一〕建平，縣名，屬沛郡，故城在今亳州酇縣西北，一名馬頭城。

〔二〕葛陵，縣名，故城在汝南，故鮦陽縣也。

王霸字元伯，潁川潁陽人也。世好文法，〔一〕父爲郡決曹掾，〔二〕霸亦少爲獄吏。常慷慨不樂吏職，其父奇之，遣西學長安。漢兵起，光武過潁陽，霸率賓客上謁，曰：「將軍興義兵，竊不自知量，貪慕威德，願充行伍。」光武曰：「夢想賢士，共成功業，豈有二哉！」遂從擊破王尋、王邑於昆陽，還休鄉里。

〔一〕東觀記曰：「祖父爲詔獄丞。」

〔二〕漢舊儀：「決曹，主罪法事。」

及光武爲司隸校尉，道過潁陽，霸請其父，願從。父曰：「吾老矣，不任軍旅，汝往，勉之！」霸從至洛陽。及光武爲大司馬，以霸爲功曹令史，從度河北。賓客從霸者數十人，稍稍引去。光武謂霸曰：「潁川從我者皆逝，而子獨留。努力！疾風知勁草。」及王郎起，光武在薊，郎移檄購光武。光武令霸至市中募人，將以擊郎。市人皆大笑，舉手邪揄之，〔一〕霸慚懅而還。〔二〕光武即南馳至下曲陽。傳聞王郎兵在後，從者皆恐。及至虖沱河，候吏還白河水流澌，〔三〕無船，不可濟。官屬大懼。光武令霸往視之。霸恐驚衆，欲且前，阻水，還即詭曰：「冰堅可度。」官屬皆喜。光武笑曰：「候吏果妄語也。」遂前。比至河，河冰亦合，乃令霸護度，〔四〕未畢數騎而冰解。光武謂霸曰：「安吾衆得濟免者，卿之力也。」霸謝曰：「此明公至德，神靈之祐，雖武王白魚之應，無以加此。」〔五〕光武謂官屬曰：「王霸權以濟事，殆天瑞也。」以爲軍正，爵關內侯。既至信都，發兵攻拔邯鄲。霸追斬王郎，得其璽綬。封王鄉侯。

〔一〕說文曰：「歋歈，手相笑也。」歋音弋支反。歈音踰，或音由。此云「邪揄」，語輕重不同。

〔二〕懅亦慙也，音遽。

〔三〕澌音斯。

〔四〕監護度也。

〔五〕今文尚書曰：「武王度盟津，白魚躍入王舟。」

從平河北，常與臧宮、傅俊共營，霸獨善撫士卒，死者脫衣以斂之，傷者躬親以養之。

光武即位，以霸曉兵愛士，可獨任，拜爲偏將軍，并將臧宮、傅俊兵，而以宮、俊爲騎都尉。建武二年，更封富波侯。〔一〕

〔一〕富波，縣名，屬汝南郡，在今豫州。

四年秋，帝幸譙，使霸與捕虜將軍馬武東討周建於垂惠。蘇茂將五校兵四千餘人救建，而先遣精騎遮擊馬武軍糧，武往救之。建從城中出兵夾擊武，武恃霸之援，戰不甚力，爲茂、建所敗。武軍奔過霸營，大呼求救。霸曰：「賊兵盛，出必兩敗，努力而已。」乃閉營堅壁。軍吏皆爭之。霸曰：「茂兵精銳，其衆又多，吾吏士心恐，而捕虜與吾相恃，兩軍不一，此敗道也。今閉營固守，示不相援，賊必乘勝輕進；捕虜無救，其戰自倍。如此，茂衆疲勞，吾承其弊，乃可剋也。」茂、建果悉出攻武。合戰良久，霸軍中壯士路潤等數十人斷髮請戰。霸知士心銳，乃開營後，出精騎襲其背。茂、建前後受敵，驚亂敗走，霸、武各歸營。賊復聚衆挑戰，霸堅臥不出，方饗士作倡樂。茂雨射營中，中霸前酒樽，霸安坐不動。軍吏皆曰：「茂前日已破，今易擊也。」霸曰：「不然。蘇茂客兵遠來，糧食不足，故數挑戰，以徼一切之勝。〔一〕今閉營休士，所謂不戰而屈人之兵，善之善者也。」茂、建既不得戰，乃引還營。其夜，建兄子誦反，閉城拒之，茂、建遁去，誦以城降。

〔一〕徼，要也。一切猶權時也。

五年春，帝使太中大夫持節拜霸爲討虜將軍。六年，屯田新安。八年，屯〔田〕函谷關。擊滎陽、中牟盜賊，皆平之。

九年，霸與吳漢及橫野大將軍王常、建義大將軍朱祐、破姦將軍侯進等五萬餘人，擊盧芳將賈覽、閔堪於高柳。匈奴遣騎助芳，漢軍遇雨，戰不利。吳漢還洛陽，令朱祐屯常山，王常屯涿郡，侯進屯漁陽。璽書拜霸上谷太守，領屯兵如故，捕擊胡虜，無拘郡界。〔一〕明年，霸復與吳漢等四將軍六萬人出高柳擊賈覽，詔霸與漁陽太守陳訢將兵爲諸軍鋒。匈奴左南將軍將數千騎救覽，霸等連戰於平城下，破之，追出塞，斬首數百級。霸及諸將還入鴈門，與驃騎大將軍杜茂會攻盧芳將尹由於崞、繁畤，不剋。〔二〕

〔一〕拘猶限也。

〔二〕崞及繁畤皆縣名，屬鴈門郡，並今代州縣也，有崞山焉。崞音郭。

十三年，增邑戶，更封向侯。〔一〕是時，盧芳與匈奴、烏桓連兵，寇盜尤數，緣邊愁苦。詔霸將弛刑徒六千餘人，與杜茂治飛狐道，〔二〕堆石布土，築起亭障，自代至平城三百餘里。凡與匈奴、烏桓大小數十百戰，頗識邊事，數上書言宜與匈奴結和親，又陳委輸可從溫水漕，〔三〕以省陸轉輸之勞，事皆施行。後南單于、烏桓降服，北邊無事。霸在上谷二十餘歲。三十年，定封淮陵侯。〔四〕永平二年，以病免，後數月卒。

〔一〕向，縣名，屬沛郡。左傳曰：「莒人入向。」案：今密州莒縣南又有向城。
〔二〕飛狐道在今蔚州飛狐縣，北通嬀州懷戎縣，即古之飛狐口也。
〔三〕水經注曰，溫餘水出上谷居庸關東，又東過軍都縣南，又東過薊縣北。益通以運漕也。
〔四〕淮陵，縣，屬臨淮郡。

子符嗣，徙封軑侯。〔一〕符卒，子度嗣。度尚顯宗女浚儀長公主，爲黃門郎。度卒，子歆嗣。

〔一〕軑，縣，屬江夏郡。軑音大。

祭遵字弟孫，〔一〕潁川潁陽人也。少好經書。家富給，而遵恭儉，惡衣服。喪母，負土起墳。嘗爲部吏所侵，結客殺之。初，縣中以其柔也，既而皆憚焉。

〔一〕祭音側界反。

及光武破王尋等，還過潁陽，遵以縣吏數進見，光武愛其容儀，署爲門下史。從征河北，爲軍市令。舍中兒犯法，遵格殺之。光武怒，命收遵。時主簿陳副諫曰：「明公常欲衆軍整齊，今遵奉法不避，是教令所行也。」光武乃貰之，〔二〕以爲刺姦將軍。謂諸將曰：「當備祭遵！吾舍中兒犯法尚殺之，必不私諸卿也。」尋拜爲偏將軍，從平河北，以功封列侯。

〔一〕貰猶赦也。

建武二年春，拜征虜將軍，定封潁陽侯。與驃騎大將軍景丹、建義大將軍朱祐、漢忠將軍王常、騎都尉王梁、臧宮等入箕關，〔一〕南擊弘農、厭新、柏華蠻中賊。〔二〕弩中遵口，洞出流血，衆見遵傷，稍引退，遵呼叱止之，士卒戰皆自倍，遂大破之。時新城蠻中山賊張滿，〔三〕屯結險隘爲人害，詔遵攻之。遵絕其糧道，滿數挑戰，遵堅壁不出。而厭新、柏華餘賊復與滿合，遂攻得霍陽聚，〔四〕遵乃分兵擊破降之。明年春，張滿飢困，城拔，生獲之。初，滿祭祀天地，自云當王，既執，歎曰：「讖文誤我！」乃斬之，夷其妻子。遵引兵南擊鄧奉弟終於杜衍，破之。〔五〕

〔一〕箕關，解在鄧禹傳。

〔二〕東觀記曰柏華聚也。

〔三〕新城，縣名，屬河南郡，今伊闕縣也。

〔四〕有霍陽山，故名焉，俗謂之張侯城，在今汝州西南。

〔五〕杜衍，縣名，屬南陽郡，故城在今鄧州南陽縣西南。

時涿郡太守張豐執使者舉兵反，自稱無上大將軍，與彭寵連兵。四年，遵與朱祐及建威大將軍耿弇、驍騎將軍劉喜俱擊之。遵兵先至，急攻豐，豐功曹孟厷執豐降。〔一〕初，豐好方術，有道士言豐當爲天子，以五綵囊裹石繫豐肘，云石中有玉璽。豐信之，遂反。既執當斬，猶曰：「肘石有玉璽。」遵爲椎破之，豐乃知被詐，仰天歎曰：「當死無所恨！」諸將皆引還，遵受詔留屯良鄉拒彭寵。因遣護軍傅玄襲擊寵將李豪於潞，大破之，斬首千餘級。相拒歲餘，數挫其鋒，黨與多降者。及寵死，遵進定其地。

〔一〕說文曰：「厷，臂上也。」厷音公弘反。

六年春，詔遵與建威大將軍耿弇、虎牙大將軍蓋延、漢忠將軍王常、捕虜將軍馬武、驍騎將軍劉歆、武威將軍劉尙等從天水伐公孫述。〔一〕師次長安，時車駕亦至，而隗囂不欲漢兵上隴，辭說解故。〔二〕帝召諸將議。皆曰：「可且延囂日月之期，益封其將帥，以消散之。」遵曰：「囂挾姦久矣。今若按甲引時，則使其詐謀益深，而蜀警增備，固不如遂進。」帝從之，乃遣遵爲前行。隗囂使其將王元拒隴坻，遵進擊，破之，追至新關。及諸將到，與囂戰，並敗，引退下隴。乃詔遵軍汧，耿弇軍漆，征西大將軍馮異軍栒邑，大司馬吳漢等還屯長安。自是後遵數挫隗囂。事已見馮異傳。

〔一〕續漢書曰：「上幸廣陽城門，設祖道，閲過諸將，以遵新破漁陽，令最在前。」

〔二〕解故謂解脫事故，以爲辭說。

八年秋，復從車駕上隴。及囂破，帝東歸過汧，幸遵營，勞饗士卒，作黃門武樂，良夜乃罷。〔一〕時遵有疾，詔賜重茵，覆以御蓋。復令進屯隴下。及公孫述遣兵救囂，吳漢、耿弇等悉奔還，遵獨留不卻。〔二〕九年春，卒於軍。

〔一〕黃門，署名。前書曰：「是時名倡皆集黃門。」武樂，執干戚以舞也。良猶深也，本或作「久」。

〔二〕東觀記曰：「時遵屯汧。詔書曰：『將軍連年距難，衆兵即卻，復獨按部，功勞爛然。兵退無宿戒，糧食不豫具，今乃調度，恐力不堪。國家知將軍不易，亦不遺力。今送縑千匹，以賜吏士。』」

遵爲人廉約小心，克己奉公，賞賜輒盡與士卒，家無私財，身衣韋絝，布被，夫人裳不加緣，〔一〕帝以是重焉。及卒，愍悼之尤甚。遵喪至河南縣，詔遣百官先會喪所，車駕素服臨之，望哭哀慟。還幸城門，過其車騎，涕泣不能已。〔二〕喪禮成，復親祠以太牢，如宣帝臨霍光故事。〔三〕詔大長秋、謁者、河南尹護喪事，大司農給費。博士范升上疏，追稱遵曰：「臣聞先王崇政，尊美屏惡。〔四〕昔高祖大聖，深見遠慮，班爵割地，與下分功，著錄勳臣，頌其德美。生則寵以殊禮，奏事不名，入門不趨。〔五〕死則疇其爵邑，世無絕嗣，〔六〕丹書鐵券，傳於無窮。〔七〕斯誠大漢厚下安人長久之德，所以累世十餘，歷載數百，〔八〕廢而復興，絕而復續者也。陛下以至德受命，先明漢道，褒序輔佐，封賞功臣，同符祖宗。征虜將軍潁陽侯遵，不幸早薨。陛下仁恩，爲之感傷，遠迎河南，惻怛之慟，形於聖躬，喪事用度，仰給縣官，重賜妻子，不可勝數。送死有以加生，厚亡有以過存，矯俗厲化，卓如日月。〔九〕古者臣疾君視，臣卒君弔，〔一〇〕德之厚者也。陵遲已來久矣。及至陛下，復興斯禮，群下感動，莫不自勵。臣竊見遵修行積善，竭忠於國，北平漁陽，西拒隴、蜀，先登坻上，〔一一〕深取略陽。衆兵既退，獨守衝難。〔一二〕制御士心，不越法度。所在吏人，不知有軍。〔一三〕清名聞於海內，廉白著於當世。所得賞賜，輒盡與吏士，身無奇衣，家無私財。同產兄午以遵無子，娶妾送之，遵乃使人逆而不受，自以身任於國，不敢圖生慮繼嗣之計。臨死遺誡牛車載喪，薄葬洛陽。問以家事，終無所言。任重道遠，死而後已。〔一四〕遵爲將軍，取士皆用儒術，對酒設樂，必雅歌投壺。〔一五〕又建爲孔子立後，奏置五經大夫。雖在軍旅，不忘俎豆，可（爲）〔謂〕好禮悅樂，守死善道者也。禮，生有爵，死有謚，爵以殊尊卑，謚以明善惡。臣愚以爲宜因遵薨，論敘衆功，詳案謚法，以禮成之。〔一六〕顯章國家篤古之制，爲後嗣法。」帝乃下升章以示公卿。至葬，車駕復臨，贈以將軍、侯印綬，朱輪容車，介士軍陳送葬，〔一七〕謚曰成侯。既葬，車駕復臨其墳，存見夫人室家。其後會朝，帝每歎曰：「安得憂國奉公之臣如祭征虜者乎！」遵之見思若此。〔一八〕

〔一〕「緣」或作「綵」。

〔二〕東觀記曰：「上還幸城門，閱過喪車，瞻望涕泣。」

〔三〕霍光薨，宣帝及上官太后親臨光喪，使太中大夫任宣、侍御史五人持節護喪事。東觀記曰：「時下宣帝臨霍將軍儀，令公卿讀視，以爲故事。」

〔四〕孔子曰：「尊五美，屏四惡。」

〔五〕前書曰：「蕭何奏事不名，入門不趨。」

〔六〕疇，等也。言功臣死後，子孫襲封，世世與先人等。

〔七〕前書，高祖與功臣剖符作誓，丹書鐵契，金匱石室，藏之宗廟。

〔八〕漢興至此二百餘年，言「數百」者，謂以百數之。

〔九〕卓，高也。

〔一〇〕前書賈山上書曰：「古之賢君於其臣也，尊其爵祿而親之，疾則臨視之無數，死則往弔哭之，臨其小斂大斂，可謂盡禮也，故臣下竭力盡死以報其上。」

〔一一〕卽隴坻上。

〔一二〕衛，兵衛也。謂吳漢、耿弇等悉弃還，唯遵獨留不卻。

〔一三〕言不侵擾。

〔一四〕論語孔子曰：「仁以爲己任，不亦重乎。死而後已，不亦遠乎。」

〔一五〕雅歌謂歌雅詩也。禮記投壺經曰：「壺頸脩七寸，腹脩五寸，口徑二寸半，容斗五升。壺中實小豆焉，爲其矢之躍而出也。矢以柘若棘，長二尺八寸，無去其皮，取其堅而重。投之勝者飲不勝者，以爲優劣也。」

〔一六〕謚法，周書之篇，周公制焉。

〔七〕容車，容飾之車，象生時也。介士，甲士也。東觀記曰：「遣校尉發騎士四百人，被玄甲、兜鍪，兵車軍陳送葬。」

〔八〕東觀記曰「上數嗟歎，衞尉銚期見上感慟，對曰『陛下至仁，哀念祭遵不已，羣臣各懷慚懼』」也。

無子，國除。兄午，官至酒泉太守。從弟彤。

彤字次孫，早孤，以至孝見稱。遇天下亂，野無煙火，而獨在冢側。每賊過，見其尙幼而有志節，皆奇而哀之。

光武初以遵故，拜彤爲黃門侍郎，常在左右。及遵卒無子，帝追傷之，以彤爲偃師長，令近遵墳墓，四時奉祠之。彤有權略，視事五歲，縣無盜賊，課爲第一，遷襄賁令。〔一〕時天下郡國尙未悉平，襄賁盜賊白日公行。彤至，誅破姦猾，殄其支黨，數年，襄賁政清。璽書勉勵，增秩一等，賜縑百匹。

〔一〕襄賁，縣名，屬東海郡，故城在今沂州臨沂縣南。賁音肥。

當是時，匈奴、鮮卑及赤山烏桓連和彊盛，數入塞殺略吏人。朝廷以爲憂，益增緣邊兵，郡有數千人，又遣諸將分屯障塞。帝以彤爲能，建武十七年，拜遼東太守。至則勵兵馬，廣斥候。彤有勇力，能貫三百斤弓。虜每犯塞，常爲士卒〔前〕鋒，數破走之。二十一年秋，鮮卑萬餘騎寇遼東，彤率數千人迎擊之，自被甲陷陳，虜大奔，投水死者過半，遂窮追出塞，虜急，皆棄兵裸身散走，斬首三千餘級，獲馬數千匹。自是後鮮卑震怖，畏彤不敢復闚塞。彤以三虜連和，卒爲邊害，〔一〕二十五年，乃使招呼鮮卑，示以財利。其大都護偏何〔二〕遣使奉獻，願得歸化，彤慰納賞賜，稍復親附。其異種滿離、高句驪之屬，遂駱驛款塞，上貂裘好馬，帝輒倍其賞賜。其後偏何邑落諸豪並歸義，願自效。彤曰：「審欲立功，當歸擊匈奴，斬送頭首乃信耳。」偏何等皆仰天指心曰：「必自効！」即擊匈奴左伊（袟）〔秩〕訾部，斬首二千餘級，持頭詣郡。其後歲歲相攻，輒送首級受賞賜。自是匈奴衰弱，邊無寇警，鮮卑、烏桓並入朝貢。

〔一〕卒，終也。三虜謂匈奴、鮮卑及赤山烏桓。

〔二〕鮮卑名也。

彤爲人質厚重毅，體貌絕衆。撫夷狄以恩信，皆畏而愛之，故得其死力。初，赤山烏桓數犯上谷，爲邊害，詔書設購賞，（功）〔切〕責州郡，不能禁。彤乃率勵偏何，遣往討之。永平元年，偏何擊破赤山，斬其魁帥，持首詣彤，塞外震讋。〔一〕彤之威聲，暢於北方，西自武威，東盡玄菟及樂浪，胡夷皆來內附，野無風塵。乃悉罷緣邊屯兵。

〔一〕讋音之涉反。

十二年，徵爲太僕。彤在遼東幾三十年，衣無兼副。顯宗既嘉其功，又美彤清約，拜日，賜錢百萬，馬三匹，衣被刀劍下至居室什物，大小無不悉備。帝每見彤，常歎息以爲可屬以重任。後從東巡狩，過魯，坐孔子講堂，顧指子路室謂左右曰：「此太僕之室。太僕，吾之禦侮也。」〔一〕

〔一〕尚書大傳曰：「孔子曰：『吾有四友焉。自吾得回也，門人加親，是非胥附邪？自吾得賜也，遠方之士日至，是非奔走邪？自吾得師也，前有光，後有輝，是非先後邪？自吾得由也，惡言不至門，是非禦侮邪？』」

十六年，使彤以太僕將萬餘騎與南單于左賢王信伐北匈奴，期至涿邪山。信初有嫌於彤，行出高闕塞九百餘里，得小山，乃妄言以爲涿邪山。彤到不見虜而還，坐逗留畏懦下獄免。彤性沈毅內重，自恨見詐無功，出獄數日，歐血死。臨終謂其子曰：「吾蒙國厚恩，奉使不稱，微績不立，身死誠慚恨。義不可以無功受賞，死後，若悉簿上所得賜物，〔一〕身自詣兵屯，效死前行，以副吾心。」既卒，其子逢上疏具陳遺言。帝雅重彤，方更任用，聞之大驚，召問逢疾狀，嗟歎者良久焉。烏桓、鮮卑追思彤無已，每朝賀京師，常過冢拜謁，仰天號泣乃去。遼東吏人爲立祠，四時奉祭焉。

〔一〕若，汝也。皆爲文簿而上之。

彤既葬，子參遂詣奉車都尉竇固，從軍擊車師有功，稍遷遼東太守。永元中，鮮卑入郡界，參坐沮敗，下獄死。彤子孫多爲邊吏者，皆有名稱。

論曰：祭肜武節剛方，動用安重，雖條侯、穰苴之倫，不能過也。〔一〕且臨守偏海，政移獷俗，〔二〕徼人請符以立信，胡貊數級於郊下，〔三〕至乃臥鼓邊亭，滅烽幽障者將三十年。古所謂「必世而後仁」，豈不然哉！〔四〕而一眚之故，以致感憤，〔五〕惜哉，畏法之敝也！〔六〕

〔一〕條侯，周亞夫也。為將軍，軍於細柳，文帝幸其營，亞夫持兵揖曰：「介冑之士不拜，請以軍禮見。」文帝曰：「此眞將軍也！」穰苴，齊人田穰苴也。齊景公使為將軍，使莊賈往，穰苴與約曰：「且日日中會於軍門。」穰苴先至，賈後至，於是遂斬莊賈以徇三軍，士皆振慄。

〔二〕獷音古猛反，又音久永反。

〔三〕徼人謂徼外人偏何等也。符，驗也。為偏何請還自効，以驗內屬之信。數級謂偏何斬匈奴，送首級受賞賜。

〔四〕三十年為一世，言承化久也。論語孔子曰：「如有王者，必世而後仁。」

〔五〕眚，過也。左傳曰：「不以一眚掩大德。」眚音所景反。

〔六〕畏法猶嚴法也。

贊曰：期啓燕門，霸冰虖河。祭遵好禮，臨戎雅歌。肜抗遼左，邊廷懷和。

校勘記

七三二頁四行 從徇薊 按：集解引惠棟說，謂東觀記「從平河北」。

七三一頁一一行　披普彼反　按：「普」原譌「芳」，逕改正。

七三二頁一三行　〔稾〕今恆州稾城縣也　據集解引錢大昕說補。按：「稾」當作「稾」，字从禾，然各本正文注文皆作「稾」，今仍之。

七三三頁二行　攝（幘）〔幘〕復戰　刊誤謂幘是馬扇汗，期被創中額，則是「幘」字。王先謙謂東觀記正作「幘」。今據改。按：「幘」原譌「憤」，逕改正。

七三四頁二行　復封丹弟統爲建平侯　按：集解引惠棟說，謂水經注作「平輿」，屬汝南也。

七三五頁九行　封王鄉侯　按：殿本考證謂地理、郡國志無「王鄉」地名，「王」字疑誤。

七三五頁一〇行　說文曰歔歈手相笑也　按：集解引孫星衍說，謂說文作「歔瘉」，並無「歈」字。云「人相笑相歔瘉」，不云「手相笑」。注誤。

七三五頁一五行　死者脫衣以斂之傷者躬親以養之　刊誤謂按文脫衣可言「以斂之」，躬親不宜復有「以」字。按：「以斂之」與「以養之」相對成文，劉說泥。

七三六頁八行　茂衆疲勞　按：御覽二一八四引，「茂」下有「建」字。

七三七頁一行　屯〔田〕函谷關　據汲本、殿本補。

七三八頁三行　溫餘水出上谷居庸關東　按：「溫餘水」當作「㶟餘水」，說詳楊守敬水經注疏。

七三九頁四行　臧宮等入箕關　按：集解引惠棟說，謂東觀記「箕關」作「天中關」。

七三九頁四行　南擊弘農厭新柏華蠻中賊　按：集解引沈欽韓說，謂紀要柏谷在陝州靈寶縣西南朱陽鎮，有柏谷亭。「柏華」蓋「柏谷」之誤。

七三九頁五行　時新城蠻中山賊張滿　按：集解引惠棟說，謂續志新城有鄤聚，今名蠻中。說文作「䜌中」。

七三九頁八行　鄧奉弟終　按：集解引惠棟說，謂「終」一作「衆」，古通。

七四一頁一四行　先明漢道　按：刊誤謂「先」當作「光」。

七四二頁八行　不忘俎豆　按：王先謙謂東觀記作「不忘王室」。

七四二頁八行　可（爲）〔謂〕好禮悅樂　據汲本、殿本改。

七四二頁一一行　謚曰成侯　按：集解引沈欽韓說，謂袁紀作「威侯」。

七四四頁三行　從弟肜　按：汲本、殿本「肜」作「彤」，通鑑或作「彤」，或作「肜」。

七四四頁一三行　常爲士卒〔前〕鋒　御覽三〇二引作「常爲士卒前鋒」，東觀記作「常爲士卒先鋒」，今據御覽補「前」字。

七四五頁五行　卽擊匈奴左伊（袟）〔秩〕訾部　據集解本改，與前書匈奴傳合。

七四五頁一一行　（功）〔切〕責州郡　據刊誤改。

七四六頁六行　期至涿邪山　按：集解引惠棟說，謂袁紀作「涿邪王山」。

後漢書卷二十一

任李萬邳劉耿列傳第十一 任光子隗

任光字伯卿，南陽宛人也。少忠厚，爲鄉里所愛。初爲鄉嗇夫，郡縣吏。〔一〕漢兵至宛，軍人見光冠服鮮明，令解衣，將殺而奪之。會光祿勳劉賜適至，視光容貌長者，乃救全之。光因率黨與從賜，爲安集掾，拜偏將軍，與世祖破王尋、王邑。

〔一〕續漢志曰：「三老、游徼，郡所署也，秩百石，掌一鄉人。其鄉小者，縣署嗇夫一人，主知人善惡，爲役先後，知人貧富，爲賦多少。」

更始至洛陽，以光爲信都太守。及王郎起，郡國皆降之，光獨不肯，遂與都尉李忠、令萬脩、〔二〕功曹阮況、五官掾郭唐等〔三〕同心固守。廷掾持王郎檄〔三〕詣府白光，光斬之於市，以徇百姓，發精兵四千人城守。更始二年春，世祖自薊還，狼狽不知所向，傳聞信都獨爲漢拒邯鄲，卽馳赴之。光等孤城獨守，恐不能全，〔四〕聞世祖至，大喜，吏民皆稱萬歲，卽時開門，與李忠、萬脩率官屬迎謁。世祖入傳舍，謂光曰：「伯卿，今埶力虛弱，欲俱入城頭子路、力子都兵中，何如邪？」光曰：「不可。」世祖曰：「卿兵少，如何？」光曰：「可募發奔命，出攻傍縣，若不降者，恣聽掠之。人貪財物，則兵可招而致也。」世祖從之。拜光爲左大將軍，封武成侯，留南陽宗廣領信都太守事，使光將兵從。光乃多作檄文曰：「大司馬劉公將城頭子路、力子都兵百萬衆從東方來，擊諸反虜。」遣騎馳至鉅鹿界中。吏民得檄，傳相告語。世祖遂與光等投暮入堂陽界，〔五〕使騎各持炬火，彌滿澤中，光炎燭天地，舉城莫不震驚惶怖，其夜卽降。旬日之閒，兵衆大盛，因攻城邑，遂屠邯鄲，迺遣光歸郡。

〔一〕信都令也。

〔二〕續漢志曰：「五官掾，掌署諸曹事。」

〔三〕東觀記扶柳縣廷掾。

〔四〕獨守無援，故恐之。

〔五〕投，至也。堂陽，今冀州縣也。

城頭子路者，東平人，姓爰，名曾，字子路，與肥城劉詡起兵盧城頭，〔一〕故號其兵爲「城頭子路」。曾自稱「都從事」，詡稱「校三老」，寇掠河、濟閒，衆至二十餘萬。更始立，曾遣使降，拜曾東萊郡太守，〔二〕詡濟南太守，皆行大將軍事。是歲，曾爲其將所殺，衆推詡爲主，更始封詡助國侯，令罷兵歸本郡。

〔一〕盧，縣名，屬太山郡，今濟州縣。

〔二〕今萊州。

力子都者，東海人也。起兵鄉里，鈔擊徐、兗界，衆有六七萬。更始立，遣使降，拜子都徐州牧。爲其部曲所殺，餘黨復相聚，與諸賊會於檀鄉，〔一〕因號爲檀鄉。檀鄉渠帥董次仲始起茌平，〔二〕遂渡河入魏郡清河，與五校合，衆十餘萬。建武元年，世祖入洛陽，遣大司馬吳漢等擊檀鄉，明年春，大破降之。

〔一〕今兗州瑕丘縣東北有檀鄉。

〔二〕茌平，縣名，屬東郡，故城在今博州聊城縣東。茌音仕疑反。

是歲，更封光阿陵侯，〔一〕食邑萬户。五年，徵詣京師，奉朝請。其冬卒。子隗嗣。

〔一〕阿陵，縣名，屬涿郡也。

後阮況爲南陽太守，郭唐至河南尹，皆有能名。

隗字仲和，少好黄老，清静寡欲，所得奉秩，常以賑卹宗族，收養孤寡。顯宗聞之，擢奉朝請，遷羽林左監、〔一〕虎賁中郎將，又遷長水校尉。肅宗卽位，雅相敬愛，數稱其行，以爲將作大匠。〔二〕將作大匠自建武以來常謁者兼之，至隗迺置真焉。建初五年，遷太僕，八年，代竇固爲光祿勳，所歷皆有稱。章和元年，拜司空。

〔一〕續漢志曰：「羽林有左、右監一人，各六百石，主左、右羽林騎。」

〔二〕前書曰，將作少府，秦官也，景帝更名將作大匠，秩二千石。

隗義行内修，不求名譽，而以沈正見重於世。和帝即位，大將軍竇憲秉權，專作威福，内外朝臣莫不震懾。時憲擊匈奴，國用勞費，隗奏議徵憲還，前後十上。獨與司徒袁安同心畢力，持重處正，鯁言直議，無所回隱，〔一〕語在袁安傳。

〔一〕持重謂守正也。〔鯁言謂〕執議不移。回，邪也。隱，避也。

永元四年薨，子屯嗣。帝追思隗忠，擢屯爲步兵校尉，徙封西陽侯。〔一〕

〔一〕西陽，縣名，屬山陽郡也。

屯卒，子勝嗣。〔一〕勝卒，子世嗣，徙封北鄉侯。〔二〕

〔一〕東觀漢記（日）「勝」字作「騰」。

〔二〕北鄉，縣名，屬齊郡。

李忠字仲都，東萊黃人也。〔一〕父爲高密都尉。〔二〕忠元始中以父任爲郎，署中數十人，而忠獨以好禮修整稱。王莽時爲新博屬長，〔三〕郡中咸敬信之。

〔一〕黄，今萊州縣也，故城在縣東南。

〔二〕臣賢案：東觀記、續漢書並云「中尉」。又郡國志高密，侯〔國〕。百官志皇子封，每國傅、相各一人，中尉一人，比二千石，職如郡都尉，主盜賊。高密非郡，爲「都」字者誤。

〔三〕王莽改信都國曰新博，都尉曰屬長也。

更始立，使使者行郡國，卽拜忠都尉官。忠遂與任光同奉世祖，以爲右大將軍，封武固侯。時世祖自解所佩綬以帶忠，〔一〕因從攻下屬縣。至苦陘，〔二〕世祖會諸將，問所得財物，唯忠獨無所掠。世祖曰：「我欲特賜李忠，諸卿得無望乎？」卽以所乘大驪馬及繡被衣物賜之。〔三〕

〔一〕東觀記曰：「上初至不脫衣帶，衣服垢薄，使忠解澣長襦，忠更作新袍袴〔解〕〔鮮〕支小單衣襪而上之。」

〔二〕苦陘，縣名，屬中山國，章帝改曰漢昌，自此已後，隨代改之，今定州唐昌縣是也。

〔三〕馬色黑而青曰驪。

進圍鉅鹿，未下，王郎遣將攻信都，信都大姓馬寵等開城內之，收太守宗廣及忠母妻，而令親屬招呼忠。時寵弟從忠爲校尉，忠卽時召見，責數以背恩反城，因格殺之。諸將皆驚曰：「家屬在人手中，殺其弟，何猛也！」忠曰：「若縱賊不誅，則二心也。」世祖聞而美之，謂忠曰：「今吾兵已成矣，將軍可歸救老母妻子，宜自募吏民能得家屬者，賜錢千萬，來從我取。」忠曰：「蒙明公大恩，思得効命，誠不敢內顧宗親。」世祖迺使任光將兵救信都，光兵於道散降王郎，無功而還。會更始遣將攻破信都，忠家屬得全。世祖因使忠還，行太守事，收郡中大姓附邯鄲者，誅殺數百人。及任光歸郡，忠迺還復爲都尉。建武二年，更封中水侯，〔一〕食邑三千戶。其年，徵拜五官中郎將，從平龐萌、董憲等。

〔一〕中水，縣，屬涿郡。前書音義曰：「此縣在兩河之閒，故曰中水。」故城在今瀛州樂壽縣西北。

六年，遷丹陽太守。是時海內新定，南方海濱江淮，多擁兵據土。忠到郡，招懷降附，其不服者悉誅之，旬月皆平。忠以丹陽越俗不好學，嫁娶禮儀，衰於中國，乃爲起學校，習禮容，春秋鄉飲，〔一〕選用明經，郡中向慕之。墾田增多，三歲閒流民占著者五萬餘口。〔二〕十四年，三公奏課爲天下第一，遷豫章太守。病去官，〔三〕徵詣京師。十九年，卒。

〔一〕校亦學也。禮記曰：「鄉飲酒之義，主人拜迎賓於庠門之外，三揖而後至階，三讓而後升，所以致尊讓也。六十者坐，五十者立侍，以聽政役，所以明尊長也。合諸鄉射，教之鄉飲酒之禮，而孝悌之行立。」鄭玄注曰：「春秋以禮會民於州序也。」

〔二〕著音直略反。

〔三〕東觀記曰：「病溼痹，免。」

子威嗣。威卒，子純嗣，永平九年，坐母殺純叔父，國除。〔一〕永初七年，鄧太后復封純琴亭侯。純卒，子廣嗣。

〔一〕東觀記曰：「永平二年，坐純母禮殺威弟季。」

萬脩字君游，扶風茂陵人也。更始時，爲信都令，與太守任光、都尉李忠共城守，迎世祖，拜爲偏將軍，封造義侯。及破邯鄲，拜右將軍，從平河北。建武二年，更封槐里侯。與揚化將軍堅鐔俱擊南陽，未尅而病，卒于軍。子普嗣，徙封泫氏侯。〔一〕普卒，子親嗣，徙封扶柳侯。〔二〕親卒，無子，國除。永初七年，鄧太后紹封脩曾孫豐爲曲平亭侯。豐卒，子熾嗣。永建元年，熾卒，無子，國除。延熹二年，桓帝紹封脩玄孫恭爲門德亭侯。

〔一〕泫氏，縣名，屬上黨郡。西有泫谷水，故以爲名。今澤州高平縣也。泫音〔工玄〕〔胡涓〕反。

〔二〕扶柳，縣名，故城在今冀州信都縣西。

邳彤字偉君，信都人也。父吉，爲遼西太守。彤初爲王莽和成卒正。〔一〕世祖徇河北，至下曲陽，邳舉城降，復以爲太守，留止數日。世祖北至薊，會王郎兵起，使其將徇地，所到縣莫不奉迎，唯和成、信都堅守不下。邳聞世祖從薊還，失軍，欲至信都，乃先使五官掾張萬、督郵尹綏，選精騎二千餘匹，緣路迎世祖軍。邳尋與世祖會信都。世祖雖得二郡之助，而兵衆未合，議者多言可因信都兵自送，西還長安。邳廷對曰：「議者之言皆非也。吏民歌吟思漢久矣，故更始舉尊號而天下響應，三輔清宮除道以迎之。一夫荷戟大呼，則千里之將無不捐城遁逃，虜伏請降。自上古以來，亦未有感物動民其如此者也。又卜者王郎，假名因埶，驅集烏合之衆，遂震燕、趙之地；況明公奮二郡之兵，揚響應之威，以攻則何城不克，以戰則何軍不服！今釋此而歸，豈徒空失河北，必更驚動三輔，墮損威重，非計之得者也。若明公無復征伐之意，則雖信都之兵猶難會也。何者？明公既西，則邯鄲城民不肯捐父母，背城主，而千里送公，其離散亡逃可必也。」世祖善其言而止。即日拜邳爲後大將軍，和成太守如故，使將兵居前。比至堂陽，堂陽已反屬王郎，邳使張萬、尹綏先曉譬吏民，世祖夜至，即開門出迎。引兵擊破白奢賊於中山。自此常從戰攻。

〔一〕東觀記曰：「王莽分鉅鹿爲和成郡，居下曲陽，以邳爲卒正也。」

信都復反爲王郎，郎所置信都王捕繫邳父弟及妻子，使爲手書呼邳曰：「降者封爵，不降族滅。」邳涕泣報曰：「事君者不得顧家。邳親屬所以至今得安於信都者，劉公之恩也。

公方爭國事，肜不得復念私也。」會更始所遣將攻拔信都，郎兵敗走，肜家屬得免。及拔邯鄲，封武義侯。建武元年，更封靈壽侯，〔一〕行大司空事。帝入洛陽，拜肜太常，月餘日轉少府，是年免。復爲左曹侍中，〔二〕常從征伐。六年，就國。

〔一〕靈壽，縣名，故城在今恆州靈壽縣西北。

〔二〕前書曰，侍中有左、右曹。入侍天子，故曰侍中。

肜卒，子湯嗣，九年，徙封樂陵侯。〔一〕十九年，湯卒，子某嗣；〔二〕無子，國除。元初元年，鄧太后紹封肜孫音爲平亭侯。音卒，子柴嗣。

〔一〕樂陵，縣名，屬平原郡，故城在今滄州樂陵縣東也。

〔二〕史闕名也。

初，張萬、尹綏與肜俱迎世祖，皆拜偏將軍，亦從征伐。萬封重平侯，綏封平臺侯。〔一〕

〔一〕重平，縣名，屬勃海郡，故城在今安德縣西北。臣賢案：平臺，縣，屬常山郡，諸本多云「平臺」者，誤也。

論曰：凡言成事者，以功著易顯；謀幾初者，以理隱難昭。〔一〕斯固原情比迹，所宜推察者也。若迺議者欲因二郡之衆，建入關之策，委成業，臨不測，而世主未悟，謀夫景同，邳肜之廷對，其爲幾乎！語曰「一言可以興邦」，〔二〕斯近之矣。

〔一〕幾者，事之先見者也。

〔二〕論語（曰）魯定公謂孔子之言。

劉植字伯先，鉅鹿昌城人也。王郎起，植與弟喜、從兄歆〔一〕率宗族賓客，聚兵數千人據昌城。聞世祖從薊還，迺開門迎世祖，以植爲驍騎將軍，喜、歆偏將軍，皆爲列侯。時眞定王劉揚起兵以附王郎，衆十餘萬，世祖遣植說揚，揚迺降。世祖因留眞定，納郭后，后即揚之甥也，故以此結之。迺與揚及諸將置酒郭氏漆里舍，〔二〕揚擊筑爲歡，因得進兵拔邯鄲，從平河北。

〔一〕東觀記（曰）「喜」作「嘉」，字共仲；歆字細君也。

〔二〕漆（園）〔里〕即郭氏所居之里名也。

建武二年，更封植爲昌城侯。討密縣賊，戰歿。子向嗣。帝使喜代將植營，復爲驍騎將軍，封觀津侯。〔一〕喜卒，復以歆爲驍騎將軍，封浮陽侯。〔二〕喜、歆從征伐，皆傳國于後。向徙封東武陽侯，〔三〕卒，子述嗣，永平十五年，坐與楚王英謀反，國除。

〔一〕觀津，縣名，故城在今德州蓨縣西北。

〔二〕浮陽，縣名，屬勃海郡，在浮水之陽，今滄州清池縣也。

〔三〕東武陽，縣，屬東郡，在武水之陽，故城在今魏州（華陽）〔莘縣〕南。

耿純字伯山，鉅鹿宋子人也。父艾，爲王莽濟平尹。〔一〕純學於長安，因除爲納言士。〔二〕

〔一〕莽改定陶國曰濟平也。

〔二〕王莽法古置納言之官，即尚書也。每官皆置士，故曰納言士也。

王莽敗，更始立，使舞陰王李軼降諸郡國，純父艾降，還爲濟南太守。時李軼兄弟用事，專制方面，賓客游說者甚衆。純連求謁不得通，久之迺得見，因說軼曰：「大王以龍虎之姿，遭風雲之時，〔一〕奮迅拔起，期月之閒兄弟稱王，〔二〕而德信不聞於士民，功勞未施於百姓，寵祿暴興，此智者之所忌也。〔三〕兢兢自危，猶懼不終，而況沛然自足，可以成功者乎？」〔四〕軼奇之，且以其鉅鹿大姓，迺承制拜爲騎都尉，授以節，令安集趙、魏。

〔一〕遭，遇也。易曰：「雲從龍，風從虎。」

〔二〕拔猶卒也。拔音步末反。期音朞。

〔三〕前書陳嬰母謂嬰曰「暴得富貴者不祥也」，故云智者之所忌也。

〔四〕公羊傳曰：「力沛然若有餘。」何休注曰：「沛，有餘(優饒)貌。」

會世祖度河至邯鄲，純卽謁見，世祖深接之。純退，見官屬將兵法度不與它將同，遂求自結納，獻馬及縑帛數百匹。世祖北至中山，留純邯鄲。會王郎反，〔一〕世祖自薊東南馳，純與從昆弟訢、宿、植共率宗族賓客二千餘人，〔二〕老病者皆載木自隨，奉迎於育。〔三〕拜純爲前將軍，封耿鄉侯，〔四〕訢、宿、植皆偏將軍，使與純居前，降宋子，從攻下曲陽及中山。

〔一〕東觀記曰：「王郎舉尊號，欲收純，純持節與從吏夜逃出城，(柱)〔駐〕節道中，詔取行者車馬，得數十，馳歸宋子，與從兄訢、宿、植俱詣上所在盧奴，言王郎(所)反(之)狀。」

〔二〕續漢書曰「皆衣縑襜褕絳衣」也。

〔三〕左傳曰：「又如是而嫁，將就木焉。」木謂棺也，老病者恐死，故載以從軍。育，縣名，故城在冀州。

〔四〕酈元注水經曰，(成)郎水北有耿鄉，光武封耿純爲侯國，俗謂之宜安城。其故城在今恆州槀城縣西南也。

是時郡國多降邯鄲者，純恐宗家懷異心，迺使訢、宿歸燒其廬舍。世祖問純故，對曰：「竊見明公單車臨河北，非有府臧之蓄，重賞甘餌，可以聚人者也，〔一〕徒以恩德懷之，是故士衆樂附。今邯鄲自立，北州疑惑，純雖舉族歸命，老弱在行，猶恐宗人賓客半有不同心者，故燔燒屋室，絕其反顧之望。」世祖歎息。及至鄗，世祖止傳舍，鄗大姓蘇公反城開門內王郎將李惲。純先覺知，將兵逆與惲戰，大破斬之。從平邯鄲，又破銅馬。

〔一〕黃石公記曰：「芳餌之下必有懸魚，重賞之下必有死夫。」易曰：「何以聚人，曰財。」故純引之。

時赤眉、青犢、上江、大肜、鐵脛、五幡十餘萬衆並在射犬，世祖引兵將擊之。純軍在前，去衆營數里，賊忽夜攻純，雨射營中，〔一〕士多死傷。純勒部曲，堅守不動。選敢死二千人，俱持彊弩，各傅三矢，使銜枚閒行，〔二〕繞出賊後，齊聲呼譟，彊弩並發，賊衆驚走，追擊，遂破之。馳騎白世祖。世祖明旦與諸將俱至營，勞純曰：「昨夜困乎？」純曰：「賴明公威德，幸而獲全。」世祖曰：「大兵不可夜動，故不相救耳。軍營進退無常，卿宗族不可悉居軍中。」迺以純族人耿伋爲蒲吾長，〔三〕悉令將親屬居焉。

〔一〕矢下如雨也。

〔二〕傅，著也。

〔三〕蒲吾，縣名，屬常山郡，故城在今恆州靈壽縣南。

世祖即位，封純高陽侯。擊劉永於濟陰，下定陶。初，純從攻王郎，墯馬折肩，時疾發，迺還詣懷宮。〔一〕帝問「卿兄弟誰可使者」，純舉從弟植，於是使植將純營，純猶以前將軍從。

〔一〕懷，河內縣名，有離宮焉。

時眞定王劉揚復造作讖記云：「赤九之後，癭揚爲主。」〔一〕揚病癭，欲以惑衆，與綿曼賊交通。〔二〕建武二年春，遣騎都尉陳副、游擊將軍鄧隆徵揚，揚閉城門，不內副等。乃復遣純持節，行赦令於幽、冀，所過並使勞慰王侯。密勑純曰：「劉揚若見，因而收之。」純從吏士百餘騎與副、隆會元氏，俱至眞定，止傳舍。揚稱病不謁，以純眞定宗室之出，〔三〕遣使與純書，欲相見。純報曰：「奉使見王侯牧守，不得先詣，如欲面會，宜出傳舍。」時揚弟（林）〔臨〕邑侯讓及從兄細〔四〕各擁兵萬餘人，揚自恃衆強而純意安靜，卽從官屬詣之，兄弟並將輕兵在門外。揚入見純，純接以禮敬，因延請其兄弟，皆入，迺閉閤悉誅之，因勒兵而出。眞定震怖，無敢動者。帝憐揚、讓謀未發，並封其子，復故國。

〔一〕漢以火德，故云赤也。光武於高祖九代孫，故云九。
〔二〕綿曼，縣名，屬眞定國，故城在今恆州石邑縣西北，俗音訛，謂之「人文」故城也。
〔三〕男子謂姊妹之子爲出也。
〔四〕東觀記、續漢書「細」並作「紺」。

純還京師，因自請曰：「臣本吏家子孫，幸遭大漢復興，聖帝受命，備位列將，爵爲通侯。天下略定，臣無所用志，願試治一郡，盡力自效。」帝笑曰：「卿既治武，復欲修文邪？」迺拜純爲東郡太守。時東郡未平，純視事數月，盜賊清寧。四年，詔純將兵擊更始東平太守范荆，荆降。進擊太山濟南及平原賊，皆平之。居東郡四歲，時發干長有罪，純案奏，圍守之，奏未下，長自殺。純坐免，以列侯奉朝請。從擊董憲，道過東郡，百姓老小數千隨車駕涕泣，云「願復得耿君」。帝謂公卿曰：「純年少被甲冑爲軍吏耳，治郡迺能見思若是乎？」

六年，定封爲東光侯。〔一〕純辭就國，帝曰：「文帝謂周勃『丞相吾所重，君爲我率諸侯就國』，今亦然也。」純受詔而去。至鄴，賜穀萬斛。到國，弔死問病，民愛敬之。八年，東郡、濟陰盜賊羣起，遣大司空李通、橫野大將軍王常擊之。帝以純威信著於衞地，〔二〕遣使拜太中大夫，使與大兵會東郡。東郡聞純入界，盜賊九千餘人皆詣純降，大兵不戰而還。璽書復以爲東郡太守，吏民悅服。十三年，卒官，謚曰成侯。子阜嗣。

〔一〕東光，今滄州縣也。續漢書曰：「六年，上令諸侯就國，純上書自陳，前在東郡案誅涿郡太守朱英親屬，今國屬涿，誠不自安。制書報曰：『侯前奉公行法，朱英久吏，曉知義理，何時當以公事相是非！然受堯舜之罰者不能愛己也，已更擇國土，令侯無介然之憂。』乃更封純爲東光侯也。」

〔二〕東郡舊衞地也。

植後爲輔威將軍，封武邑侯。〔一〕宿至代郡太守，封遂鄉侯。訢爲赤眉將軍，封著武侯，從鄧禹西征，戰死雲陽。凡宗族封列侯者四人，關內侯者三人，爲二千石者九人。

〔一〕武邑，縣名，屬信都，今冀州縣也。

阜徙封莒鄉侯，永平十四年，坐同族耿歙與楚人顏忠辭語相連，國除。建初二年，肅宗追思純功，紹封阜子盱爲高亭侯。盱卒，無嗣，帝復封盱弟騰。〔一〕卒，子忠嗣。忠卒，孫緒嗣。

〔一〕續漢書云「封騰高亭侯」也。

贊曰：任、邳識幾，嚴城解扉。〔一〕委佗還旅，二守焉依。〔二〕純、植義發，奉兵佐威。

〔一〕解猶開也。

〔二〕委音於危反。佗音移，行貌也。旅，衆也。還旅謂自薊而還也。二守謂任光爲信都太守，邳彤爲和成太守也。左傳曰：「平王東遷，晉、鄭焉依。」言光武失軍而南還，依任、邳以成功。

校勘記

七五二頁一行　力子都　汲本「力」作「刁」。校補謂應作「刁」，刁字本卽刀字，故易與力混。今按：前書莽傳作「力」。

七五二頁二行　拜光爲左大將軍　按：集解引惠棟說，謂水經注云左將軍，無「大」字。

七五二頁四行　拜會東萊郡太守　刊誤謂他處復字郡名皆不言「郡太守」，明此衍「郡」字。今按：何焯校本滅「萊」字，謂上云寇掠河濟閒，則「萊」字當衍，注亦誤。

七五四頁七行　〔鯁言讜〕執議不移　據校補補。

七五四頁一二行　東觀漢記〔曰〕　按：「曰」字明衍，今删。

七五四頁一三行　李忠字仲都　按：集解引惠棟說，謂袁紀「都」作「卿」。

七五五頁二行　高密侯〔國〕　按：刊誤謂「侯」當作「國」。校補謂高密前漢爲王國，後漢爲侯國，注所引乃續志，作「侯」明不誤，特奪「國」字耳。今據補。

七五五頁五行　以爲右大將軍　按：集解引惠棟說，謂東觀記無「大」字。

七五五頁六行　時世祖自解所佩綬以帶忠　按：沈欽韓謂北堂書鈔引東觀記曰「時無綬，上自解所佩綬以賜仲都」，疑此脫「無綬」二字。

七五五頁九行　解瀞長襦　按：「瀞」原譌「瀚」，逕改正。

七五五頁九行　（解）〔鮮〕支　集解引沈欽韓說，謂當作「鮮支」，廣雅「鮮支，絹也」。今據改。

七五七頁九行　泫音（工玄）〔胡涓〕反　據汲本、殿本改。按：原作「工玄反」，疑是「五玄反」之誤。

七五七頁二行　邳彤　按：校補謂蜀志譙周傳作「邳肜」。

七五七頁二行　彤初爲王莽和成卒正　按：集解引惠棟說，謂本紀作「和戎」，胡三省、王應麟本皆作「戎」，惟水經注作「和城」。

七五八頁一行　所到縣莫不奉迎　按：李慈銘謂「所到」下脫一「郡」字。

七五八頁六行　亦未有感物動民其如此者也　按：王先謙謂「其」字當衍。

七六〇頁二行　論語（曰）魯定公謂孔子之言　據汲本、殿本刪。

七六〇頁八行　東觀記(曰)　按：「曰」字衍，今刪。

七六〇頁九行　漆(圜)〔里〕即郭氏所居之里名也　據刊誤改。

七六一頁二行　故城在今魏州(華陽)〔莘縣〕南　集解引沈欽韓說，謂注「華陽」誤，隋志莘縣後周置武陽郡，「莘」與「華」相似，又衍「陽」字。今據改。

七六二頁一行　沛有餘(優饒)貌　據今本公羊傳何注刪。

七六二頁四行　奉迎於育　通鑑胡注謂賢曰「育，縣名」，余考兩漢志無育縣，蓋「貰」字之誤。今按：前志鉅鹿郡有貰縣。

七六二頁六行　(柱)〔駐〕節道中　據汲本、殿本改，與聚珍本東觀記合。

七六二頁七行　言王郎(所)反(之)狀　據王先謙說刪。

七六二頁一〇行　〔成〕郎水北有耿鄉　據集解引沈欽韓說補。

七六二頁一四行　鄗大姓蘇公反城開門內王郎將李惲　按：李慈銘謂城開二字疑誤倒，當作「開城門」。

七六四頁三行　宜出傳舍　按：袁宏紀作「宜自強來」。

七六四頁三行　(林)〔臨〕邑侯讓　王先謙謂「林」當從帝紀作「臨」。今據改。

七六四頁八行　謂之人文故城也　集解引錢大昕說，謂古音文如岷，與曼聲相近。今按：「人」本作「民」，章懷避唐諱改之。古音文如岷，「民文」與「綿曼」聲相近也。

後漢書卷二十二

朱景王杜馬劉傅堅馬列傳第十二

朱祜字仲先，南陽宛人也。〔一〕少孤，歸外家復陽劉氏，〔二〕往來舂陵，世祖與伯升皆親愛之。伯升拜大司徒，以祜爲護軍。〔三〕及世祖爲大司馬，討河北，復以祜爲護軍，常見親幸，舍止於中。祜侍讌，從容曰：「長安政亂，公有日角之相，此天命也。」〔四〕世祖曰：「召刺姦收護軍！」〔五〕祜乃不敢復言。從征河北，常力戰陷陣，〔六〕以爲偏將軍，封安陽侯。世祖即位，拜爲建義大將軍。建武二年，更封堵陽侯。〔七〕冬，與諸將擊鄧奉於淯陽，祜軍敗，爲奉所獲。明年，奉破，乃肉袒因祜降。帝復祜位而厚加慰賜。遣擊新野、隨，皆平之。〔八〕

〔一〕東觀記（曰）「祜」作「福」，避安帝諱。

〔二〕復陽，縣名，屬南陽郡。

〔三〕前書曰，護軍都尉，秦官，平帝元始元年更名護軍也。

〔四〕日角，解在光武紀也。

〔五〕王莽置左右刺姦，使督姦猾。
〔六〕續漢書曰：「祜至南巒，爲賊所傷，上親候視之。」
〔七〕堵陽，縣名，屬南陽郡，故城今唐州方城縣。堵音者。
〔八〕隨，縣名，屬南陽郡也，故城今隨州隨縣。

延岑自敗於穰，遂與秦豐將張成合，祜率征虜將軍祭遵與戰於東陽，大破之，〔一〕臨陣斬成，延岑敗走歸豐。祜收得印綬九十七。〔二〕進擊黃郵，降之，賜祜黃金三十斤。四年，率破姦將軍侯進、輔威將軍耿植代征南大將軍岑彭圍秦豐於黎丘，破其將張康於蔡陽，斬之。帝自至黎丘，使御史中丞李由持璽書招豐，豐出惡言，不肯降。車駕引還，勑祜方略，祜盡力攻之。明年夏，城中窮困，豐乃將其母妻子九人肉袒降。祜檻車傳豐送洛陽，斬之。大司馬吳漢劾奏祜廢詔受降，違將帥之任，帝不加罪。祜還，與騎都尉臧宮會擊延岑餘黨陰、酇、筑陽三縣賊，悉平之。

〔一〕東陽，聚名，在南陽。
〔二〕東觀記曰：「收得所盜茂陵武帝廟衣、印、綬。」

祜爲人質直，尚儒學。將兵率衆，多受降，以克定城邑爲本，不存首級之功。又禁制士卒不得虜掠百姓，軍人樂放縱，多以此怨之。九年，屯南行唐拒匈奴。〔一〕十三年，增邑，定

封鬲侯，〔二〕食邑七千三百戶。〔三〕

〔一〕行唐，今恆州縣也。

〔二〕鬲，縣名，屬平原郡。

〔三〕東觀記曰：「祐自陳功薄而國大，願受南陽五百戶足矣。上不許。」

十五年，朝京師，上大將軍印綬，因留奉朝請。祐奏古者人臣受封，不加王爵，可改諸王爲公。帝卽施行。又奏宜令三公並去「大」名，以法經典。後遂從其議。

祐初學長安，帝往候之，祐不時相勞苦，而先升講舍。後車駕幸其第，帝因笑曰：「主人得無捨我講乎？」以有舊恩，數蒙賞賚。〔一〕二十四年，卒。

〔一〕東觀記曰：「上在長安時，嘗與祐共買蜜合藥。上追念之，賜祐白蜜一石，問：『何如在長安時共買蜜乎？』其親厚如此。」

子商嗣。商卒，子演嗣，永元十四年，坐從兄伯爲外孫陰皇后巫蠱事，免爲庶人。〔一〕永初七年，鄧太后紹封演子沖爲鬲侯。

〔一〕和帝陰后，吳房侯陰綱女也，爲巫蠱事廢。

景丹字孫卿，馮翊櫟陽人也。少學長安。王莽時舉四科，〔一〕丹以言語爲固德侯相，有幹事稱，遷朔調連率副貳。〔二〕

〔一〕東觀記曰：「王莽時舉有德行、能言語、通政事、明文學之士。」

〔二〕朔調，上谷也。副貳，屬令也。

更始立，遣使者徇上谷，丹與連率耿況降，復爲上谷長史。王郎起，丹與況共謀拒之。況使丹與子弇及寇恂等將兵南歸世祖，世祖引見丹等，笑曰：「邯鄲將帥數言我發漁陽、上谷兵，吾聊應言然，〔一〕何意二郡良爲吾來！〔二〕方與士大夫共此功名耳。」拜丹爲偏將軍，號奉義侯。從擊王郎將兒宏等於南䜌，〔三〕郎兵迎戰，漢軍退卻，〔四〕丹等縱突騎擊，大破之，追奔十餘里，死傷者從橫。丹還，世祖謂曰：「吾聞突騎天下精兵，今乃見其戰，樂可言邪？」遂從征河北。

〔一〕王郎將帥數云欲發二郡兵以拒光武，時光武聊應然之，猶今兩軍遙相戲弄也。

〔二〕東觀記曰：「上在廣阿，聞外有大兵（自）來，（上自）登城，勒兵在西門樓。上問：『何等兵？』丹等對言：『上谷、漁陽兵。』上曰：『爲誰來乎？』對曰：『爲劉公。』即請丹入，人人勞勉，恩意甚備。」

〔三〕兒音五兮反。

〔四〕續漢書曰「南䜌賊迎擊上營，得上鼓車輜重數乘」也。

世祖即位，以讖文用平狄將軍孫咸行大司馬，衆咸不悅。詔舉可爲大司馬者，〔一〕羣臣所推唯吳漢及丹。帝曰：「景將軍北州大將，是其人也。然吳將軍有建大策之勳，〔二〕又誅苗幽州、謝尚書，其功大。〔三〕舊制驃騎將軍官與大司馬相兼也。」〔四〕乃以吳漢爲大司馬，而拜丹爲驃騎大將軍。

〔一〕東觀記（曰）載讖文曰「孫咸征狄」也。

〔二〕謂發漁陽兵也。

〔三〕苗曾，謝躬。

〔四〕前書武帝置大司馬，號大將軍、驃騎將軍也。

建武二年，定封丹櫟陽侯。帝謂丹曰：「今關東故王國，雖數縣，不過櫟陽萬戶邑。夫『富貴不歸故鄉，如衣繡夜行』，故以封卿耳。」〔一〕丹頓首謝。秋，與吳漢、建威大將軍耿弇、建義大將軍朱祐、執金吾賈復、偏將軍馮異、強弩將軍陳俊、左曹王常、騎都尉臧宮等從擊破五校於羛陽，〔二〕降其衆五萬人。會陝賊蘇況攻破弘農，生獲郡守。丹時病，〔三〕帝以其舊將，欲令強起領郡事，乃夜召入，謂曰：「賊迫近京師，但得將軍威重，臥以鎮之足矣。」丹不敢辭，乃力疾拜命，將營到郡，〔四〕十餘日薨。

〔一〕前書武帝謂朱買臣之詞。

〔二〕聚名也，解見光武紀。

〔三〕東觀記曰：「丹從上至懷，病瘧，見上在前，瘧發寒慄。上笑曰：『聞壯士不病瘧，今漢大將軍反病瘧邪？』使小黃門扶起，賜醫藥。還歸洛陽，病遂加。」

〔四〕續漢書曰「將營兵西到弘農」也。

子尚嗣，徙封余吾侯。〔一〕尚卒，子苞嗣。苞卒，子臨嗣，無子，國絕。永初七年，鄧太后紹封苞弟遽爲監亭侯。

〔一〕余吾，縣名，屬上黨，故城在今潞州屯留縣西北。

王梁字君嚴，漁陽（安）〔要〕陽人也。爲郡吏，太守彭寵以梁守狐奴令，與蓋延、吳漢俱將兵南及世祖於廣阿，拜偏將軍。既拔邯鄲，賜爵關內侯。從平河北，拜野王令，與河內太守寇恂南拒洛陽，北守天井關，朱鮪等不敢出兵，世祖以爲梁功。及即位，議選大司空，而赤伏符曰「王梁主衞作玄武」，〔一〕帝以野王衞之所徙，〔二〕玄武水神之名，司空水土之官也，於是擢拜梁爲大司空，封武強侯。

〔一〕玄武，北方之神，龜蛇合體。

〔二〕史記曰，衞元君自濮陽徙於野王。

建武二年，與大司馬吳漢等俱擊檀鄉，有詔軍事一屬大司馬，而梁輒發野王兵，帝以其不奉詔勑，令止在所縣，而梁復以便宜進軍。帝以梁前後違命，大怒，遣尚書宗廣持節軍中斬梁。廣不忍，乃檻車送京師。既至，赦之。月餘，以爲中郎將，行執金吾事。北守箕關，擊赤眉別校，降之。三年春，轉擊五校，追至信都、趙國，破之，悉平諸屯聚。冬，遣使者持節拜梁前將軍。四年春，擊肥城、文陽，拔之。〔一〕進與驃騎大將軍杜茂擊佼彊、蘇茂於楚、沛閒，拔大梁、齧桑，〔二〕而捕虜將軍馬武、偏將軍王霸亦分道並進，歲餘悉平之。五年，從救桃城，破龐萌等，梁戰尤力，拜山陽太守，鎮撫新附，將兵如故。

〔一〕肥城，縣名，屬太山郡，故城在今濟州平陰縣東南。文音汶，故城在今兖州泗水縣西。

〔二〕前書音義曰齧桑，縣名。或曰城名。史記張儀與齊、楚會戰齧桑。

數月徵入，代歐陽歙爲河南尹。梁穿渠引穀水注洛陽城下，東寫鞏川，及渠成而水不流。七年，有司劾奏之，梁慙懼，上書乞骸骨。乃下詔曰：「梁前將兵征伐，衆人稱賢，故擢典京師。建議開渠，爲人興利，旅力既愆，迄無成功，〔一〕百姓怨讟，談者讙譁。〔二〕雖蒙寬宥，猶執謙退，『君子成人之美』，〔三〕其以梁爲濟南太守。」十三年，增邑，定封（封）阜成侯。〔四〕十四年，卒官。

〔一〕旅，衆也。愆，過也。言衆力已過，而功不成。

〔二〕譖，謗。

〔三〕論語載孔子之言也。

〔四〕阜成屬渤海，今冀州縣。

子禹嗣。禹卒，子堅石嗣。堅石追坐父禹及弟平與楚王英謀反，弃市，國除。

杜茂字諸公，南陽冠軍人也。初歸光武於河北，爲中堅將軍，常從征伐。世祖卽位，拜大將軍，封樂鄉侯。〔一〕北擊五校於眞定，進降廣平。建武二年，更封苦陘侯。與中郎將王梁擊五校賊於魏郡、清河、東郡，悉平諸營保，降其持節大將三十餘人，〔二〕三郡清靜，道路流通。明年，遣使持節拜茂爲驃騎大將軍，擊沛郡，拔芒。〔三〕時西防復反，迎佼彊。五年春，茂率捕虜將軍馬武進攻西防，數月拔之，彊奔董憲。

〔一〕樂鄉屬信都國。

〔二〕續漢書曰：「降其渠帥大將軍杜猛、持節光祿大夫董敦等。」

〔三〕芒，縣名也。郡國志曰後名臨睢，屬沛國。

東方既平，七年，詔茂引兵北屯田晉陽、廣武，以備胡寇。〔一〕九年，與鴈門太守郭涼擊盧芳將尹由於繁畤，〔二〕芳將賈覽率胡騎萬餘救之，茂戰，軍敗，引入樓煩城。〔三〕時盧芳據高柳，與匈奴連兵，數寇邊民，帝患之。十二年，遣謁者段忠將衆郡弛刑配茂，鎮守北邊，因發邊卒築亭候，修烽火，又發委輸金帛繒絮供給軍士，并賜邊民，冠蓋相望。茂亦建屯田，驢車轉運。先是，鴈門人賈丹、霍匡、解勝等爲尹由所略，由以爲將帥，與共守平城。丹等聞芳敗，遂共殺由詣郭涼；涼上狀，皆封爲列侯，詔送委輸金帛賜茂、涼軍吏及平城降民。自是盧芳城邑稍稍來降，涼誅其豪右郇氏之屬，鎮撫羸弱，旬月閒鴈門且平，芳遂亡入匈奴。帝擢涼子爲中郎，宿衞左右。

〔一〕廣武，縣名，屬太原郡。

〔二〕繁畤，縣名，今代州縣也。

〔三〕樓煩，縣名，屬鴈門郡，故城在今代州崞縣東北。崞音郭。

涼字公文，右北平人也。身長八尺，氣力壯猛，雖武將，然通經書，多智略，尤曉邊事，有名北方。初，幽州牧朱浮辟爲兵曹掾，擊彭寵有功，封廣武侯。

十三年，增茂邑，更封脩侯。〔一〕十五年，坐斷兵馬稟縑，〔二〕使軍吏殺人，免官，削戶邑，定封參蘧鄉侯。十九年，卒。

〔一〕脩，縣名，屬信都國也。

〔三〕斷猶割截也。

子元嗣，永平十四年，坐與東平王等謀反，減死一等，國除。永初七年，鄧太后紹封茂孫奉爲安樂亭侯。

馬成字君遷，南陽棘陽人也。少爲縣吏。世祖徇潁川，以成爲安集掾，調守郟令。〔一〕及世祖討河北，成即弃官步負，追及於（滿）〔蒲〕陽，以成爲期門，從征伐。世祖即位，再遷護軍都尉。

〔一〕郟，縣名，今汝州縣也。

建武四年，拜揚武將軍，督誅虜將軍劉隆、振威將軍宋登、射聲校尉王賞，發會稽、丹陽、九江、六安四郡兵擊李憲，時帝幸壽春，設壇場，祖禮遣之。〔一〕進圍憲於舒，令諸軍各深溝高壘。憲數挑戰，成堅壁不出，守之歲餘，至六年春，城中食盡，乃攻之，遂屠舒，斬李憲，追擊其黨與，盡平江淮地。

〔一〕應劭風俗通曰：「謹案禮傳，共工氏之子曰修，好遠游，舟車所至，足跡所逮，靡不窮覽，故祀以爲祖神。祖，徂也。」

七年夏，封平舒侯。〔一〕八年，從征破隗囂，以成爲天水太守，將軍如故。冬，徵還京師。九年，代來歙守中郎將，率武威將軍劉尙等破河池，遂平武都。〔二〕明年，大司空李通罷，以成行大司空事，居府如眞，數月復拜揚武將軍。

〔一〕平舒屬代郡。

〔二〕河池，縣，一名仇池，屬武都郡，今鳳州縣也。

十四年，屯常山、中山以備北邊，并領建義大將軍朱祐營。又代驃騎大將軍杜茂繕治障塞，自西河至渭橋，〔一〕河上至安邑，〔二〕太原至井陘，〔三〕中山至鄴，皆築保壁，起烽燧，十里一候。在事五六年，帝以成勤勞，徵還京師。邊人多上書求請者，復遣成還屯。及南單于保塞，北方無事，拜爲中山太守，上將軍印綬，領屯兵如故。二十四年，南擊武谿蠻賊，無功，〔四〕上太守印綬。

〔一〕西河，今勝州富昌縣也。渭橋本名橫橋，在今咸陽縣東南。

〔二〕前書曰，河上，地名，故秦內史，高帝二年改爲河上郡，武帝分爲左馮翊。

〔三〕太原，今并州也。井陘，（今）屬常山郡，（常山）今恆州縣也。

〔四〕武溪水在今辰州瀘溪縣西。

二十七年，定封全椒侯，〔一〕就國。三十二年卒。

〔一〕全椒，縣名，今滁州縣也。

子衞嗣。衞卒，子香嗣，徙封棘陵侯。香卒，子豐嗣。豐卒，子玄嗣。玄卒，子邑嗣。邑卒，子醜嗣，桓帝時以罪失國。延熹二年，帝復封成玄孫昌爲益陽亭侯。

劉隆字元伯，南陽安衆侯宗室也。王莽居攝中，隆父禮與安衆侯崇起兵誅莽，事泄，隆以年未七歲，故得免。及壯，學於長安，更始拜爲騎都尉。謁歸，〔一〕迎妻子置洛陽。聞世祖在河內，卽追及於射犬，以爲騎都尉，與馮異共拒朱鮪、李軼等，軼遂殺隆妻子。建武二年，封亢父侯。〔二〕四年，拜誅虜將軍，討李憲。憲平，遣隆屯田武當。〔三〕

〔一〕謁，請也，謂請假歸也。

〔二〕亢父，縣名，屬東平國，故城在今兗州任城縣南。

〔三〕武當，今均州縣也。

十一年，守南郡太守，歲餘，上將軍印綬。十三年，增邑，更封竟陵侯。是時，天下墾田多不以實，又戶口年紀互有增減。十五年，詔下州郡檢覈其事，而刺史太守多不平均，或優饒豪右，侵刻羸弱，百姓嗟怨，遮道號呼。時諸郡各遣使奏事，帝見陳留吏牘上有書，視之，云

「潁川、弘農可問，河南、南陽不可問」。帝詰吏由趣，吏不肯服，抵言於長壽街上得之。〔一〕帝怒。時顯宗爲東海公，年十二，在幄後言曰：「吏受郡勑，當欲以墾田相方耳。」帝曰：「卽如此，何故言河南、南陽不可問？」對曰：「河南帝城，多近臣，南陽帝鄉，多近親，田宅踰制，不可爲準。」帝令虎賁將詰問吏，吏乃實首服，如顯宗對。於是遣謁者考實，具知姦狀。明年，隆坐徵下獄，其疇輩十餘人皆死。帝以隆功臣，特免爲庶人。

〔一〕抵，欺也。

明年，復封爲扶樂鄉侯，以中郎將副伏波將軍馬援擊交阯蠻夷徵側等，隆別於禁谿口破之，〔一〕獲其帥徵貳，〔二〕斬首千餘級，降者二萬餘人。還，更封大國，爲長平侯。〔三〕及大司馬吳漢薨，隆爲驃騎將軍，行大司馬事。

〔一〕交阯郡麊泠縣有金溪穴，相傳音訛，謂之「禁溪」，則徵側等所敗處也。其地今峯州新昌縣也。麊音麋，泠音零。

〔二〕徵側之妹。

〔三〕長平，縣，屬汝南郡。

隆奉法自守，視事八歲，上將軍印綬，罷，賜養牛，上樽酒十斛，〔一〕以列侯奉朝請。三十年，定封愼侯。〔二〕中元二年，卒，謚曰靖侯。子安嗣。

〔一〕前書音義曰：「稻米一斗得酒一斗爲上樽，稷米一斗爲中樽，粟米一斗爲下樽也。」

〔三〕慎，縣名，屬汝南郡也。

傅俊字子衞，潁川襄城人也。世祖徇襄城，俊以縣亭長迎軍，拜爲校尉，襄城收其母弟宗族，皆滅之。從破王尋等，〔一〕以爲偏將軍。別擊京、密，破之，遣歸潁川，收葬家屬。

〔一〕東觀記曰：「傅俊從上迎擊王尋等於陽關，漢兵反走，還汝水上，上以手飲水，澡盥鬚眉塵垢，謂俊曰：『今日罷倦甚，諸卿寧憊邪？』」

及世祖討河北，俊與賓客十餘人北追，及於邯鄲，上謁，世祖使將潁川兵，常從征伐。世祖卽位，以俊爲侍中。建武二年，封昆陽侯。三年，拜俊積弩將軍，與征南大將軍岑彭擊破秦豐，因將兵徇江東，揚州悉定。七年，卒，謚曰威侯。子昌嗣，徙封蕪湖侯。〔一〕建初中，遭母憂，因上書，以國貧不願之封，乞錢五十萬，爲關內侯。肅宗怒，貶爲關內侯，竟不賜錢。永初七年，鄧太后復封昌子鐵爲高置亭侯。

〔一〕蕪湖，縣名，屬丹陽郡。

堅鐔字子伋，〔一〕潁川襄城人也。爲郡縣吏。世祖討河北，或薦鐔者，因得召見。以其吏能，署主簿。又拜偏將軍，從平河北，別擊破大槍於盧奴。世祖即位，拜鐔揚化將軍，封㶏強侯。〔二〕

〔一〕東觀記「伋」作「皮」。

〔二〕㶏強，縣名，屬汝南郡。㶏音於靳反。

與諸將攻洛陽，而朱鮪別將守東城者爲反閒，私約鐔晨開上東門。〔一〕鐔與建義大將軍朱祐乘朝而入，與鮪大戰武庫下，〔二〕殺傷甚衆，至旦食乃罷，朱鮪由是遂降。又別擊內黃，平之。建武二年，與右將軍萬脩徇南陽諸縣，而堵鄉人董訢反宛城，獲南陽太守劉驎。鐔乃引軍赴宛，選敢死士夜自登城，斬關而入，訢遂棄城走還堵鄉。鄧奉復反新野，攻破吳漢。時萬脩病卒，鐔獨孤絕，南拒鄧奉，北當董訢，一年閒道路隔塞，糧饋不至，鐔食蔬菜，與士卒共勞苦。每急，輒先當矢石，〔三〕身被三創，以此能全其衆。及帝征南陽，擊破訢、奉，以鐔爲左曹，常從征伐。六年，定封合肥侯。二十六年，卒。

〔一〕上東門，洛陽故城東面北頭第一門也。

〔二〕洛陽記曰：「建始殿東有太倉，倉東有武庫，藏兵之所。」

〔三〕石謂發石以投人也。墨子曰：「備城者積石百枚，重十鈞已上者。」

子鴻嗣。鴻卒，子浮嗣。浮卒，子雅嗣。

馬武字子張，南陽湖陽人也。少時避讎，客居江夏。王莽末，竟陵、西陽三老起兵於郡界，武往從之，後入綠林中，遂與漢軍合。更始立，以武爲侍郎，與世祖破王尋等，拜爲振威將軍，與尚書令謝躬共攻王郎。

及世祖拔邯鄲，請躬及武等置酒高會，因欲以圖躬，不剋。既罷，獨與武登叢臺，〔一〕從容謂武曰：「吾得漁陽、上谷突騎，欲令將軍將之，何如？」武曰：「駑怯無方略。」世祖曰：「將軍久將，習兵，豈與我掾史同哉！」武由是歸心。

〔一〕故趙王臺也，在今（潞）〔洺〕州邯鄲城中。

及謝躬誅死，武馳至射犬降，世祖見之甚悅，引置左右，每勞饗諸將，武輒起斟酌於前，世祖以爲歡。復使將其部曲至鄴，武叩頭辭以不願，世祖愈美其意，因從擊羣賊。世祖擊尤來、五幡等，敗於愼水，武獨殿，還陷陣，故賊不得迫及。〔一〕進至安（定）次、小廣陽，〔二〕武常爲軍鋒，力戰無前，諸將皆引而隨之，故遂破賊，窮追至平谷、浚靡而還。〔三〕

〔一〕殿，鎭後也，音丁殿反。言兵敗而鎭其後也。

〔二〕即廣平亭也，在今幽州范陽縣西南，以有廣陽國，故謂此亭爲小廣陽也。

〔三〕平谷，縣名，屬漁陽郡。浚靡，縣名，屬右北平郡。靡音糜。

世祖即位，以武爲侍中、騎都尉，封山都侯。建武四年，與虎牙將軍蓋延等討劉永，武別擊濟陰，下成武、楚丘，拜捕虜將軍。明年，龐萌反，攻桃城，武先與戰，破之；會車駕至，萌遂敗走。六年夏，與建威大將軍耿弇西擊隗囂，漢軍不利，引下隴。囂追急，武選精騎還爲後拒，身被甲持戟奔擊，殺數千人，囂兵乃退，諸軍得還長安。

十三年，增邑，更封鄃侯。〔一〕將兵北屯下曲陽，備匈奴。坐殺軍吏，受詔將妻子就國。武徑詣洛陽，上將軍印綬，削戶五百，定封爲楊虛侯，因留奉朝請。

〔一〕鄃，縣名，屬平原郡，故城在今德州平原縣西南。鄃音俞。

帝後與功臣諸侯讌語，從容言曰：「諸卿不遭際會，自度爵祿何所至乎？」高密侯鄧禹先對曰：「臣少嘗學問，可郡文學博士。」帝曰：「何言之謙乎？卿鄧氏子，志行脩整，何爲不掾功曹？」餘各以次對，至武，曰：「臣以武勇，可守尉督盜賊。」帝笑曰：「且勿爲盜賊，自致亭長，斯可矣。」武爲人嗜酒，闊達敢言，〔一〕時醉在御前面折同列，言其短長，無所避忌。帝故縱之，以爲笑樂。帝雖制御功臣，而每能回容，宥其小失。〔二〕遠方貢珍甘，必先徧賜列侯，而太官無餘。有功，輒增邑賞，不任以吏職，故皆保其福祿，終無誅譴者。

〔一〕闊達，大度也。敢言謂果敢於言，無所隱也。

〔二〕回，曲也，曲法以容也。

二十五年，武以中郎將將兵擊武陵蠻夷，還，上印綬。顯宗初，西羌寇隴右，覆軍殺將，朝廷患之，復拜武捕虜將軍，以中郎將王豐副，與監軍使者竇固、右輔都尉陳訢，將烏桓、黎陽營、三輔募士、〔一〕涼州諸郡羌胡兵及弛刑，合四萬人擊之。到金城浩亹，與羌戰，〔二〕斬首六百級。又戰於洛都谷，爲羌所敗，〔三〕死者千餘人。羌乃率衆引出塞，武復追擊到東、西邯，大破之，〔四〕斬首四千六百級，獲生口千六百人，餘皆降散。武振旅還京師，增邑七百戶，并前千八百戶。永平四年，卒。

〔一〕光武置黎陽營，見鄧訓傳。

〔二〕浩亹，縣名，屬金城郡，故城在今蘭州廣武縣西南。浩音閤，亹音門。

〔三〕湟水一名洛都水，西自吐谷渾界入，在今鄯州湟水縣。

〔四〕酈元水經注曰邯川城左右有水，自北出，南經邯亭注于河。蓋以此水分流，謂之東、西邯也，在今廓州化(陰)〔隆〕縣東。

子檀嗣，坐兄伯濟與楚王英黨顏忠謀反，國除。永初七年，鄧太后紹封武孫震爲滲亭侯。〔一〕震卒，子側嗣。

〔一〕滲音胡巧反，又力彫反。

論曰：中興二十八將，前世以爲上應二十八宿，未之詳也。然咸能感會風雲，奮其智勇，〔一〕稱爲佐命，亦各志能之士也。〔二〕議者多非光武不以功臣任職，至使英姿茂績，委而勿用。然原夫深圖遠筭，固將有以焉爾。若乃王道既衰，降及霸德，〔三〕猶能授受惟庸，勳賢皆序，如管、隰之迭升桓世，先、趙之同列文朝，可謂兼通矣。〔四〕降自秦、漢，世資戰力，至於翼扶王運，皆武人屈起。〔五〕亦有鬻繒屠狗輕猾之徒，〔六〕或崇以連城之賞，或任以阿衡之地，〔七〕故勢疑則隙生，力侔則亂起。〔八〕蕭、樊且猶縲紲，信、越終見葅戮，不其然乎！〔九〕自茲以降，迄于孝武，宰輔五世，莫非公侯。〔一〇〕遂使縉紳道塞，賢能蔽壅，〔一一〕朝有世及之私，下多抱關之怨。〔一二〕其懷道無聞，委身草莽者，亦何可勝言。故光武鑒前事之違，存矯枉之志，〔一三〕雖寇、鄧之高勳，耿、賈之鴻烈，分土不過大縣數四，所加特進、朝請而已。〔一四〕觀其治平臨政，課職責咎，將所謂「導之以政，齊之以刑」者乎！〔一五〕若格之功臣，其傷已甚。〔一六〕何者？直繩則虧喪恩舊，橈情則違廢禁典，選德則功不必厚，舉勞則人或未賢，參任則羣心難塞，並列則其敝未遠。〔一七〕不得不校其勝否，卽以事相權。〔一八〕故高秩厚禮，允荅元功，峻文深憲，責成吏職。建武之世，侯者百餘，若夫數公者，則與參國議，分均休咎，〔一九〕其餘並優以寬科，完其封祿，莫不終以功名延慶于後。昔留侯以爲高祖悉用蕭、曹故人，〔二〇〕

而郭伋亦譏南陽多顯，〔一一〕鄭興又戒功臣專任。〔一二〕夫崇恩偏授，易啓私溺之失，至公均被，必廣招賢之路，意者不其然乎！

〔一〕風雲，已具聖公傳。

〔二〕易通卦驗曰：「黃佐命。」鄭玄注云：「黃者，火之子。佐命，張良是也。」已上皆華嶠之辭。

〔三〕王謂周也，霸謂齊桓、晉文公。

〔四〕史記曰，管仲、隰朋修齊國之政，齊人皆悅事之。管子曰：「管仲寢疾，桓公問之：『若不可諱，政將安移之？』對曰：『隰朋可。』」國語云，文公使趙衰爲卿，辭曰：「先軫有謀，臣不若也。」乃使先軫佐下軍。公曰：「趙衰〔三讓〕，其所讓皆社稷之衞也。」

〔五〕屈起猶勃起也。音其勿反。

〔六〕灌嬰，睢陽販繒者，樊噲，沛人，以屠狗爲事，皆從高祖。

〔七〕樊噲封爲舞陽侯；灌嬰爲丞相，封爲潁陰侯。阿，倚也。衡，平也。言天下依倚而取平也。

〔八〕埶位過，則君臣相疑。侔，等也。

〔九〕蕭何爲丞相，爲人請上林中空地，上大怒，乃下廷尉械繫之。燕王盧綰反，樊噲以相國擊燕，人有惡噲黨於呂氏，帝大怒，使陳平即軍中斬噲，平畏呂氏，執噲詣長安。韓信封爲淮陰侯，人上書告信反，呂后使武士縛信，斬之。彭越爲梁王，呂后令其舍人告越謀反，遂夷宗族。刑法志曰：「夷三族者梟其首，菹其骨肉。」彭越、韓信皆受此誅。

〔一〇〕自高祖至于孝武凡五代也，其中宰輔皆以公侯勳貴爲之。

〔一〕緹，赤色也。紳，帶也。或作「搢」，搢，插也，謂插笏於帶也。

〔二〕世及謂父子相繼也。禮記曰：「大人世及以爲禮。」抱關謂守門者。前書曰，蕭望之署小苑東門候，王仲翁謂望之曰：「不肯碌碌，反抱關爲？」

〔三〕矯，正也。違，失也。枉，曲也。孟子曰：「矯枉者過其正。」

〔四〕鄧禹爲大司徒，封高密侯，食邑四縣。耿弇好畤侯，食邑二縣，奉朝請。賈復封膠東侯，凡食六縣，以列侯加特進。

〔五〕論語曰：「導之以政，齊之以刑，人免而無恥。」

〔六〕格，正也。若以上法繩正功臣，則於其〔人〕有害也。

〔七〕參任，謂兼勳賢而任之，則羣臣之心各有覬望，故難塞也。若遵高祖並用功臣，則其敝未遠。

〔八〕勝否猶可否。卽，就也。權謂平其輕重。

〔九〕賈復傳曰「帝方以吏事責三公，故功臣遂不用。是時列侯唯高密、固始、膠東三侯與公卿參議國家大事，恩遇甚厚」也。

〔一〇〕前書曰，上望見諸將往往偶語，張良曰：「此謀反耳。陛下起布衣爲天子，而所封皆蕭、曹故人耳，〔故〕相聚謀反也。」見高紀。

〔一一〕郭伋傳曰：「光武以伋爲幷州牧，帝引見，伋因言：『選補衆職，當簡天下賢俊，不宜專用南陽人也。』帝深納其言。」

〔一二〕鄭興傳曰：「興徵爲太中大夫，上疏曰：『道路咸曰朝廷欲用功臣，功臣用則人位謬矣。』」

永平中，顯宗追感前世功臣，乃圖畫二十八將於南宮雲臺，其外又有王常、李通、竇融、卓茂，合三十二人。故依其本弟係之篇末，以志功臣之次云爾。

太傅高密侯鄧禹
中山太守全椒侯馬成
大司馬廣平侯吳漢
河南尹阜成侯王梁
左將軍膠東侯賈復
琅邪太守祝阿侯陳俊
建威大將軍好畤侯耿弇
驃騎大將軍參蘧侯杜茂
執金吾雍奴侯寇恂
積弩將軍昆陽侯傅俊
征南大將軍舞陽侯岑彭
左曹合肥侯堅鐔
征西大將軍陽夏侯馮異
上谷太守淮（陽）〔陵〕侯王霸
建義大將軍鬲侯朱祐
信都太守阿陵侯任光
征虜將軍潁陽侯祭遵
豫章太守中水侯李忠
驃騎大將軍櫟陽侯景丹
右將軍槐里侯萬脩
虎牙大將軍安平侯蓋延
太常靈壽侯邳彤
衞尉安成侯銚期
驍騎將軍昌成侯劉植
東郡太守東光侯耿純
横野大將軍山桑侯王常
城門校尉朗陵侯臧宮
大司空固始侯李通

捕虜將軍楊虛侯馬武　大司空安豐侯竇融

驃騎將軍愼侯劉隆　太傅宣德侯卓茂

贊曰：帝績思乂，庸功是存。〔一〕有來羣后，捷我戎軒。〔二〕婉孌龍姿，儷景同飜。〔三〕

〔一〕庸，勳也。言將興帝績，則念勳功之臣也。

〔二〕捷，勝也，謂寇、鄧之徒翼佐王烈，戎車所至，皆克捷也。

〔三〕婉孌猶親愛也。龍姿謂光武也。儷，齊也，偶也。言諸將齊景飜飛而舉大功也。

校勘記

七六九頁三行 朱祜　按：刊誤謂案注引東觀漢記安帝諱，則此人當名祜。集解引通鑑考異，謂當作「示」旁「古」之「祜」，不當作「示」旁「右」之「祐」。校補謂范書凡「祐」字皆實「祜」字，當由范氏別有所避耳，否則以宋人述漢事，不應並安帝名亦改之也。

七六九頁九行 東觀記(曰)祜作福　按：「曰」字衍，今删。

七七一頁二行 坐從兄伯爲外孫陰皇后巫蠱事免爲庶人　按：李慈銘謂和帝陰皇后紀言后外祖母鄧朱及二子奉、毅，俱坐巫蠱事下獄考治，奉、毅皆死獄中，朱徙日南。鄧禹傳亦言禹之孫高密侯乾以陰皇后巫蠱事發，乾從兄奉以后舅被誅，乾從坐國除。是鄧朱者，朱氏女而嫁鄧氏者也，此「伯」字誤。

七七三頁三行 閈外有大兵(自)來〔上自〕登城 據王先謙說改。

七七三頁五行 東觀記(曰)載讖文曰孫咸征狄也 「曰」字據刊誤删。按：集解引惠棟說，謂袁宏紀「孫咸」作「孫臧」。

七七四頁八行 漁陽(安)〔要〕陽人也 按：安陽屬五原，不屬漁陽，洪頤煊、沈欽韓皆謂是「要陽」之譌，今據改。

七七五頁二行 遣尚書宗廣持節軍中斬梁 按：李慈銘謂「節」下當脱一字。

七七五頁五行 文陽 按：郡國志「文」作「汶」。

七七五頁三行 爲人興利 按：王先謙謂「人」當作「民」，此避唐諱未回改者。

七七五頁三行 定封(封)阜成侯 據汲本、殿本删。

七七六頁七行 道路流通 按：通鑑「道」作「邊」，胡注云自洛陽至漁陽、上谷，路出三郡，三郡既平，則邊路流通矣。

七七六頁三行 鴈門太守郭涼 按：校補謂「涼」應作「凉」，下同。

七七七頁三行 更封脩侯 王先謙謂「脩」一作「絛」，見皇后紀。按：校補謂脩絛古通作。

七七八頁二行 坐與東平王等謀反 按：刊誤謂王平、顏忠是楚王同時謀反者，多連士大夫，故杜元坐之，傳寫之誤，遂作「東平王」，東平何嘗反也！又按：沈家本謂劉說是。事在永平十三年，「四」字亦誤。

七七八頁五行　追及於（滿）〔蒲〕陽　惠棟云「滿」當作「蒲」。今據改。按：光武紀作「蒲陽」，陳俊傳、鄧禹傳並譌「滿陽」。

七七九頁三行　以成行大司空事　按：集解引錢大昕說，謂光武紀馬成平武都，在建武十一年，其行大司空事，在十二年，與傳異。

七七九頁一三行　井陘（令）屬常山郡（常山）今恆州縣也　據校補改。

七八一頁一〇行　交阯郡麊泠縣有金溪穴　按：「金溪穴」當依水經葉榆水注作「金溪究」，詳後馬援傳校勘記。

七八一頁一〇行　其地今岑州新昌縣也　按：通鑑胡注謂按唐志，新昌縣屬豐州，「岑」字誤。

七八四頁四行　與尚書令謝躬共攻王郎　按：張熷謂光武紀作「尚書僕射」。

七八四頁八行　在今（潞）〔洺〕州邯鄲城中　據殿本考證改。

七八四頁一二行　敗於慎水　按：集解引錢大昕說，謂光武紀作「順水」，注云本或作「慎水」者誤。

七八四頁一二行　進至安（定）次小廣陽　據集解引陳景雲、錢大昕說刪。

七八五頁六行　殺數千人　按：刊誤謂「千」當作「十」。

七八六頁一三行　在今鄜州化(陰)〔隆〕縣東　據集解引沈欽韓說改。

七八八頁七行　趙衰〔三讓〕　沈欽韓謂按晉語，「趙衰」下合有「三讓」二字。今據補。

七八九頁一行　緡赤色也　按：蔡邕傳注作「赤白色也」。

七八九頁八行　則於其〔人〕有害也　據刊誤補。

七八九頁一三行　而所封皆蕭曹故人耳〔故〕相聚謀反也　據殿本補。按：殿本脫「耳」字，各本脫「故」字。

七九〇頁—七九一頁　按：雲臺二十八將排列次序，原作一行，故首鄧禹，次卽馬成，次吳漢，次王梁。汲本則作兩行排列，王先謙謂二十八將當以汲本次第爲正，今從之。又按：通鑑胡注：「雲臺功臣之次，以鄧禹、吳漢、賈復、耿弇、寇恂、岑彭、馮異、朱祜、祭遵、景丹、蓋延、銚期、耿純、臧宮、馬武、劉隆爲一列，馬成、王梁、陳俊、杜茂、傅俊、堅鐔、王霸、任光、李忠、萬脩、邳彤、劉植、王常、李通、竇融、卓茂爲一列。」後人誤認橫列爲縱次，將上下兩列，先奇後偶，硬相排比，列爲一行，遂失范書之舊，惟汲本不誤。

七九〇頁八行　征西大將軍陽夏侯馮異　按：「陽夏」原譌「夏陽」，逕據汲本、殿本乙正。

七九〇頁八行　上谷太守淮(陽)〔陵〕侯王霸　王先謙謂「淮陽」誤，本傳作「淮陵」。今據改。

後漢書卷二十三

竇融列傳第十三 弟子固 曾孫憲 玄孫章

竇融字周公，扶風平陵人也。七世祖廣國，孝文皇后之弟，封章武侯。〔一〕融高祖父，宣帝時以吏二千石自常山徙焉。融早孤。王莽居攝中，爲強弩將軍司馬，〔二〕東擊翟義，還攻槐里，〔三〕以軍功封建武男。〔四〕女弟爲大司空王邑小妻。家長安中，出入貴戚，連結閭里豪傑，以任俠爲名；然事母兄，養弱弟，內修行義。王莽末，青、徐賊起，太師王匡〔五〕請融爲助軍，與共東征。

〔一〕章武，縣，屬勃海郡，故城在今滄州魯〔城〕縣也。
〔二〕強弩將軍卽莽明義侯王俊。
〔三〕槐里趙明、霍鴻等起兵以應翟義，王邑等破義還，合軍擊明、鴻等滅之，融時隨其軍也。見前書。
〔四〕東觀記、續漢書並云「寧武男」。
〔五〕匡，王舜之子。

及漢兵起，融復從王邑敗於昆陽下，歸〔長安。漢兵〕長驅入關，王邑薦融，拜爲波水將軍，〔一〕賜黃金千斤，引兵至新豐。莽敗，融以軍降更始大司馬趙萌，萌以爲校尉，甚重之，薦融爲鉅鹿太守。

〔一〕前書音義曰：「波水在長安南。」

融見更始新立，東方尚擾，不欲出關，而高祖父嘗爲張掖太守，從祖父爲護羌校尉，從弟亦爲武威太守，累世在河西，知其土俗，獨謂兄弟曰：「天下安危未可知，河西殷富，帶河爲固，張掖屬國精兵萬騎，〔一〕一旦緩急，杜絕河津，足以自守，此遺種處也。」〔二〕兄弟皆然之。融於是日往守萌，〔三〕辭讓鉅鹿，圖出河西。〔四〕萌爲言更始，乃得爲張掖屬國都尉。融大喜，卽將家屬而西。既到，撫結雄傑，懷輯羌虜，〔五〕甚得其歡心，河西翕然歸之。

〔一〕漢邊郡皆置屬國。

〔二〕遺，留也，可以保全不畏絕滅。

〔三〕守猶求也。

〔四〕圖，謀也。

〔五〕輯，和也。

是時酒泉太守梁統、金城太守厙鈞、〔一〕張掖都尉史苞、〔二〕酒泉都尉竺曾、敦煌都尉辛彤，並州郡英俊，融皆與爲厚善。及更始敗，融與梁統等計議曰：「今天下擾亂，未知所歸。河西斗絕在羌胡中，〔三〕不同心勠力〔四〕則不能自守；權鈞力齊，復無以相率。當推一人爲大將軍，共全五郡，觀時變動。」議既定，而各謙讓，咸以融世任河西爲吏，人所敬向，乃推融行河西五郡大將軍事。是時武威太守馬期、張掖太守任仲並孤立無黨，乃共移書告示之，二人卽解印綬去。於是以梁統爲武威太守，史苞爲張掖太守，竺曾爲酒泉太守，辛肜爲敦煌太守，厙鈞爲金城太守。融居屬國，領都尉職如故，置從事監察五郡。河西民俗質樸，而融等政亦寬和，上下相親，晏然富殖。修兵馬，習戰射，明烽燧之警，羌胡犯塞，融輒自將與諸郡相救，皆如符要，〔五〕每輒破之。其後匈奴懲乂，〔六〕稀復侵寇，而保塞羌胡皆震服親附，安定、北地、上郡流人避凶飢者，歸之不絕。

〔一〕前書音義曰，厙姓，卽倉庫吏後也。今羌中有姓厙，音舍，云承鈞之後也。

〔二〕三輔決錄注：「苞字叔文，茂陵人也。」

〔三〕斗，峻絕也，前書曰：「成山斗入海。」

〔四〕勠，并也。

〔五〕赴敵不失期契也。

〔六〕懲，創也。說文云乂亦懲也。

融等遙聞光武卽位，而心欲東向，以河西隔遠，未能自通。時隗囂先稱建武年號，融等從受正朔，囂皆假其將軍印綬。囂外順人望，內懷異心，使辯士張玄游說河西曰：「更始事業已成，尋復亡滅，此一姓不再興之效。今卽有所主，便相係屬，一旦拘制，自令失柄，後有危殆，雖悔無及。今豪傑競逐，雌雄未決，〔一〕當各據其土宇，與隴、蜀合從，〔二〕高可爲六國，下不失尉佗。」〔三〕融等於是召豪傑及諸太守計議，其中智者皆曰：「漢承堯運，〔四〕歷數延長。今皇帝姓號見於圖書，〔五〕自前世博物道術之士谷子雲、夏賀良等，建明漢有再受命之符，言之久矣，〔六〕故劉子駿改易名字，冀應其占。〔七〕及莽末，道士西門君惠言劉秀當爲天子，遂謀立子駿。事覺被殺，出謂百姓觀者曰：『劉秀眞汝主也。』皆近事暴著，〔八〕智者所共見也。除言天命，且以人事論之：今稱帝者數人，而洛陽土地最廣，甲兵最彊，號令最明。觀符命而察人事，它姓殆未能當也。」諸郡太守各有賓客，或同或異。融小心精詳，遂決策東向。五年夏，遣長史劉鈞奉書獻馬。

〔一〕項羽謂高祖曰：「願與沛公決雌雄。」

〔二〕前書音義曰：「以利合爲從，以威埶相脅曰橫。」

〔三〕佗姓趙，眞定人也。陳勝起，佗行南海尉，遂王有南越，故曰尉佗也。

〔四〕左傳曰，陶唐氏既衰，其後有劉累，學擾龍，事孔甲爲御龍氏，春秋時晉卿士會卽其後也。士會奔秦，後歸晉，其處者爲劉氏。戰國時，劉氏自秦獲於魏，魏遷大梁都於豐，號豐公，即太上皇父也，故曰「漢承堯運」。

〔五〕謂河圖赤伏符曰「劉秀發兵捕不道」。

〔六〕前書成帝時谷永上書曰：「陛下當陽數之標季，涉三七之節紀。」哀帝時夏賀良言：「赤精子讖，漢家曆運中衰，當再受命矣。」

〔七〕劉歆以哀帝建平元年改名秀，字（穎）〔潁〕叔，冀應符命。

〔八〕㬥，露也。著，見也。

先是，帝聞河西完富，地接隴、蜀，常欲招之以逼囂、述，亦發使遺融書，遇鈞於道，即與俱還。帝見鈞歡甚，禮饗畢，乃遣令還，賜融璽書曰：「制詔行河西五郡大將軍事、屬國都尉：勞鎮守邊五郡，兵馬精彊，倉庫有蓄，民庶殷富，外則折挫羌胡，內則百姓蒙福。威德流聞，虛心相望，道路隔塞，邑邑何已！長史所奉書獻馬悉至，深知厚意。今益州有公孫子陽，天水有隗將軍，方蜀漢相攻，權在將軍，舉足左右，便有輕重。〔一〕以此言之，欲相厚豈有量哉！諸事具長史所見，將軍所知。王者迭興，千載一會。〔二〕欲遂立桓、文，輔微國，當勉卒功業；〔三〕欲三分鼎足，連衡合從，亦宜以時定。〔四〕天下未幷，吾與爾絕域，非相吞之國。今之議者，必有任囂效尉佗制七郡之計。〔五〕王者有分土，無分民，自適己事而已。今以黃金二百斤賜將軍，便宜輒言。」因授融爲涼州牧。

〔一〕猶蒯通曰「與楚卽楚勝，與漢卽漢捷」。

〔二〕言時難得而易失也。

〔三〕周室微弱，齊桓、晉文輔之以霸天下。

〔四〕蒯通說韓信曰：「三分天下，鼎足而立。」

〔五〕秦胡亥時，南海尉任囂病且死，召龍川令趙佗語曰：「番禺負山險阻，南北東西數千里，頗有中國人相輔，此亦一州之主，可爲國，故召公卽令行南〔國〕〔海〕尉事。」地理志曰蒼梧、鬱林、合浦、交阯、九眞、南海、日南，皆越之分也，此爲七郡也。效，致也，流俗本作「敎」者誤也。

璽書既至，河西咸驚，以爲天子明見萬里之外，網羅張立〔一〕之情。融卽復遣鈞上書曰：「臣融竊伏自惟，幸得託先后末屬，蒙恩爲外戚，累世二千石。至臣之身，復備列位，假歷將帥，〔二〕守持一隅。以委質則易爲辭，以納忠則易爲力。書不足以深達至誠，故遣劉鈞口陳肝膽。自以底裏上露，長無纖介。〔三〕而璽書盛稱蜀、漢二主，三分鼎足之權，任囂、尉佗之謀，竊自痛傷。臣融雖無識，猶知利害之際，順逆之分。豈可背眞舊之主，事姦僞之人；廢忠貞之節，爲傾覆之事；弃已成之基，求無冀之利。此三者雖問狂夫，猶知去就，而臣獨何以用心！謹遣同產弟友詣闕，口陳區區。」友至高平，〔四〕會囂反叛，道絕，馳還，遣司馬席封閒行通書。〔五〕帝復遣席封賜融、友書，所以尉藉之甚備。〔六〕

〔一〕一作「玄」。

〔二〕假猶濫也。

〔三〕底裏皆露，言無臧隱。

〔四〕高平，今（涼）〔原〕州〔平高〕縣也。

〔五〕東觀記及續漢書「席」皆作「（虎）〔虞〕」字。

〔六〕尉藉，解見隗囂傳。

融既深知帝意，乃與隗囂書責讓之曰：「伏惟將軍國富政修，士兵懷附。親遇厄會之際，國家不利之時，〔一〕守節不回，〔二〕承事本朝，後遣伯春〔三〕委身於國，無疑之誠，於斯有效。融等所以欣服高義，願從役於將軍者，良爲此也。而忿悁之閒，〔四〕改節易圖，君臣分爭，上下接兵。〔五〕委成功，造難就，〔六〕去從義，爲橫謀，〔七〕百年累之，一朝毀之，豈不惜乎！殆執事者貪功建謀，以至於此，〔八〕融竊痛之！當今西州地埶局迫，人兵離散，易以輔人，難以自建。計若失路不反，聞道猶迷，〔九〕不南合子陽，則北入文伯耳。〔一〇〕夫負虛交而易強禦，恃遠救而輕近敵，〔一一〕未見其利也。融聞智者不危衆以舉事，仁者不違義以要功。今以小敵大，於衆何如？〔一二〕棄子徼功，於義何如？〔一三〕且初事本朝，稽首北面，忠臣節也。〔一四〕及遣伯春，垂涕相送，慈父恩也。俄而背之，謂吏士何？忍而棄之，謂留子何？〔一五〕自兵起以來，轉相攻擊，城郭皆爲丘墟，生人轉於溝壑。今其存者，非鋒刃之餘，則流亡之孤。迄今傷痍之體未愈，哭泣之聲尙聞。幸賴天運少還，而(大)將軍復重於難，是使積痾不得遂瘳，幼孤將復流離，其爲悲痛，尤足愍傷，言之可爲酸鼻！〔一六〕庸人且猶不忍，況仁者乎？融聞爲忠甚易，得宜實難。〔一七〕憂人大過，以德取怨，〔一八〕知且以言獲罪也。區區所獻，唯將軍省焉。」囂不納。融乃與五郡太守共砥厲兵馬，上疏請師期。

〔一〕謂漢遭王莽篡奪也。

〔二〕回，邪也。

〔三〕囂子恂之字也。

〔四〕悁，恚也。

〔五〕言違背光武也。

〔六〕委，弃也。

〔七〕去從，背山東也。爲橫，通西蜀也。

〔八〕言隗囂執政事者，貪有其功而立此逆謀也。

〔九〕淮南子曰：「通於道者如車軸，不運於己，而與轂致數千里。不通於道者若迷惑，告以東西南北，然猶復迷惑矣。」

〔一〇〕文伯，盧芳也。

〔一一〕負亦恃也。易，輕也。恃公孫述而輕光武也。易音以豉反。

〔一二〕言危衆也。

〔三〕言違義也。

〔四〕稽首，拜天子禮也。禮，君南嚮，荅陽之義；臣北面，荅君也。

〔五〕留子謂見在之子，對伯春，故曰留也。

〔六〕宋玉曰：「孤子寡婦，寒心酸鼻。」

〔七〕左傳曰：「忠爲令德，非其人猶不可，況不令乎？」

〔八〕詩曰：「不以我爲德，反以我爲讎。」

帝深嘉美之，乃賜融以外屬圖及太史公五宗、外戚世家、〔一〕魏其侯列傳。〔二〕詔報曰：「每追念外屬，孝景皇帝出自竇氏，〔三〕定王，景帝之子，朕之所祖。昔魏其一言，繼統以正，〔四〕長君、少君尊奉師傅，〔五〕修成淑德，施及子孫，〔六〕此皇太后神靈，上天祐漢也。從天水來者寫將軍所讓隗囂書，痛入骨髓。畔臣見之，當股慄慙愧，忠臣則酸鼻流涕，義士則曠若發矇，〔七〕非忠孝慤誠，孰能如此？〔八〕豈其德薄者所能克堪！囂自知失河西之助，族禍將及，欲設閒離之說，亂惑眞心，轉相解搆，〔九〕以成其姦。又京師百僚，不曉國家及將軍本意，多能採取虛僞，誇誕妄談，令忠孝失望，傳言乖實。毀譽之來，皆不徒然，不可不思。今關東盜賊已定，大兵今當悉西，將軍其抗厲威武，以應期會。」融被詔，卽與諸郡守將兵入金城。

〔一〕景帝子十三人爲王，而母五人，同母者爲一宗，故曰五宗。言景帝以竇氏所生，而致子孫衆多也。
〔二〕竇嬰，太后從兄子也，封魏其侯。魏其，縣，屬琅邪郡。
〔三〕出，生也。爾雅曰：「男子謂姊妹之子曰出。」
〔四〕梁孝王，景帝弟也，亦竇太后所生。梁王朝，因昆弟燕飲，是時景帝未立太子，酒酣，帝從容曰：「千秋之後傳梁王。」太后驩，竇嬰引巵酒進上曰：「天下者，高祖天下，父子相傳，漢之約也，帝何以得傳梁王！」帝遂止矣。
〔五〕長君，竇太后兄也。少君，太后弟廣國之字也。絳、灌等以兩人所出微，爲擇師傅、長者有節行者與居，長君、少君由此爲退讓君子，不以富貴驕人。見前書。
〔六〕施，延也，音羊豉反。
〔七〕說文曰：「曠，明也。」有眸子而無見曰矇。前書楊雄曰：「乃今日發矇，廓然光照矣。」
〔八〕說文曰：「愨，謹也。」「愨」或作「懿」也。
〔九〕相解說而結搆。

初，更始時，先零羌封何諸種殺金城太守，居其郡，隗囂使使賂遺封何，與共結盟，欲發其衆。融等因軍出，進擊封何，大破之，斬首千餘級，得牛馬羊萬頭，穀數萬斛，因並河揚威武，〔一〕伺候車駕。時大兵未進，融乃引還。

〔一〕並音蒲浪反。

帝以融信効著明，益嘉之。詔右扶風修理融父墳塋，祠以太牢。數馳輕使，致遺四方珍羞。梁統乃使人刺殺張玄，遂與囂絕，皆解所假將軍印綬。七年夏，酒泉太守竺曾以弟報怨殺人而去郡，〔一〕融承制拜曾爲武鋒將軍，更以辛肜代之。

〔一〕東觀記曰：「曾弟嬰報怨，殺屬國候王胤等，曾慙而去郡。」

秋，隗囂發兵寇安定，帝將自西征之，先戒融期。會遇雨，道斷，且囂兵已退，乃止。融至姑臧，〔一〕被詔罷歸。融恐大兵遂久不出，乃上書曰：「隗囂聞車駕當西，臣融東下，士衆騷動，計且不戰。囂將高峻之屬皆欲逢迎大軍，後聞兵罷，峻等復疑。囂揚言東方有變，西州豪桀遂復附從。囂又引公孫述將，令守突門。〔二〕臣融孤弱，介在其閒，〔三〕雖承威靈，宜速救助。國家當其前，臣融促其後，緩急迭用，首尾相資，囂埶排迮，〔四〕不得進退，此必破也。若兵不早進，久生持疑，則外長寇讎，內示困弱，復令讒邪得有因緣，臣竊憂之。惟陛下哀憐！」帝深美之。

〔一〕姑臧，縣名，屬武威郡，今涼州縣也。西河舊事曰：「涼州城昔匈奴故蓋臧城。」後人音訛，名「姑臧」也。
〔二〕突門，守城之門，墨子曰「城百步爲一突門」也。
〔三〕杜預注左傳云「介猶閒也」。
〔四〕排迮謂蹙迫也。

八年夏，車駕西征隗囂，融率五郡太守及羌虜小月氏等〔一〕步騎數萬，輜重五千餘兩，與大軍會高平第一。〔二〕融先遣從事問會見儀適。〔三〕是時軍旅代興，諸將與三公交錯道中，或背使者交私語。帝聞融先問禮儀，甚善之，以宣告百僚。乃置酒高會，引見融等，待以殊禮。拜弟友爲奉車都尉，從弟士太中大夫。遂共進軍，囂衆大潰，城邑皆降。帝高融功，下詔以安豐、陽泉、蓼、（安）安風四縣〔四〕封融爲安豐侯，弟友爲顯親侯。〔五〕遂以次封諸將帥：武鋒將軍竺曾爲助義侯，武威太守梁統爲成義侯，張掖太守史苞爲褒義侯，金城太守厙鈞爲輔義侯，酒泉太守辛肜爲扶義侯。封爵既畢，乘輿東歸，悉遣融等西還所鎮。

〔一〕小月氏，西域胡國名。

〔二〕高平，今原州縣，郡國志云高平有第一城。

〔三〕猶言儀注。

〔四〕四縣並屬廬江郡。安豐，今壽州縣也，故城在今霍山縣西北。安風本漢六安國，及陽泉故城並在今安豐縣南。杜預注左傳曰：「蓼在安豐。」蓼音了。

〔五〕顯親，縣，故城在今秦州成紀縣東南也。

融以兄弟並受爵位，久專方面，懼不自安，數上書求代。詔報曰：「吾與將軍如左右手耳，〔一〕數執謙退，何不曉人意？勉循士民，無擅離部曲。」

〔一〕韓信亡，蕭何自追之，人曰「丞相何亡」，高祖聞之，如失左右手耳。見前書。

及隴、蜀平，詔融與五郡太守奏事京師，官屬賓客相隨，駕乘千餘兩，馬牛羊被野。融到，詣洛陽城門，上涼州牧、張掖屬國都尉、安豐侯印綬，詔遣使者還侯印綬。引見，就諸侯位，賞賜恩寵，傾動京師。數月，拜爲冀州牧，十餘日，又遷大司空。融自以非舊臣，一旦入朝，在功臣之右，每召會進見，容貌辭氣卑恭已甚，帝以此愈親厚之。融小心，久不自安，數辭讓爵位，因侍中金遷口達至誠。〔一〕又上疏曰：「臣融年五十三。有子年十五，質性頑鈍。臣融朝夕教導以經蓺，不得令觀天文，見讖記。誠欲令恭肅畏事，恂恂循道，不願其有才能，何況乃當傳以連城廣土，享故諸侯王國哉？」因復請閒求見，帝不許。後朝罷，逡巡席後，帝知欲有讓，遂使左右傳出。它日會見，迎詔融曰：「日者知公欲讓職還土，〔二〕故命公暑熱且自便。今相見，宜論它事，勿得復言。」融不敢重陳請。

〔一〕金遷，安上之曾孫。安上，日磾弟倫之子。遷哀帝時爲尙書令，見前書。

〔二〕日者猶往日也。

二十年，大司徒戴涉坐所舉人盜金下獄，帝以三公參職，不得已乃策免融。明年，加位特進。二十三年，代陰興行衞尉事，特進如故，又兼領將作大匠。弟友爲城門校尉，兄弟並典禁兵。融復乞骸骨，〔一〕輒賜錢帛，太官致珍奇。及友卒，帝愍融年衰，遣中常侍、中謁者即其臥內強進酒食。

〔一〕說苑曰，晏子任東阿，乞骸骨以避賢者之路。

融長子穆，尚內黃公主，代友爲城門校尉。穆子勳，尚東海恭王彊女沘陽公主，友子固，亦尚光武女湼陽公主。顯宗即位，以融從兄子林爲護羌校尉。竇氏一公，兩侯，三公主，四二千石，〔一〕相與並時。自祖及孫，官府邸第相望京邑，奴婢以千數，於親戚、功臣中莫與爲比。

〔一〕一公，大司空也；兩侯，安豐、顯親也；四二千石，衞尉、城門校尉、護羌校尉、中郎將。

永平二年，林以罪誅，事在西羌傳。帝由是數下詔切責融，戒以竇嬰、田蚡禍敗之事。〔一〕融惶恐乞骸骨，詔令歸第養病。歲餘，聽上衞尉印綬，賜養牛，上樽酒。融在宿衞十餘年，年老，子孫縱誕，多不法。穆等遂交通輕薄，屬託郡縣，干亂政事。以封在安豐，欲令姻戚悉據故六安國，遂矯稱陰太后詔，令六安侯劉盱去婦，因以女妻之。五年，盱婦家上書言狀，帝大怒，乃盡免穆等官，諸竇爲郎吏者皆將家屬歸故郡，獨留融京師。穆等西至函谷關，有詔悉復追還。會融卒，時年七十八，謚曰戴侯，賻送甚厚。

〔一〕田蚡，武帝王皇后異父弟也，爲丞相，搆會竇嬰之罪，使至誅戮。事見前書。

帝以穆不能修尙，〔一〕而擁富貲，居大第，常令謁者一人監護其家。居數年，謁者奏穆父子自失埶，數出怨望語，帝令將家屬歸本郡，唯勳以沘陽主壻留京師。穆坐賂遺小吏，郡捕繫，與子宣俱死平陵獄，勳亦死洛陽獄。久之，詔還融夫人與小孫一人居洛陽家舍。

〔一〕不能修整自高尙也。

十四年，封勳弟嘉爲安豐侯，食邑二千戶，奉融後。和帝初，爲少府。及勳子大將軍憲被誅，免就國。嘉卒，子萬全嗣。萬全卒，子會宗嗣。萬全弟子武，別有傳。

論曰：竇融始以豪俠爲名，拔起風塵之中，〔一〕以投天隙。〔二〕遂蟬蛻王侯之尊，〔三〕終膺卿相之位，此則徼功趣埶之士也。及其爵位崇滿，至乃放遠權寵，恂恂似若不能已者，又何智也！〔四〕嘗獨詳味此子之風度，雖經國之術無足多談，而進退之禮良可言矣。

〔一〕拔音步末反。拔，卒也。亦音彭八反，義兩通。

〔二〕投會天之閒隙。

〔三〕說文曰，蟬蛻所解皮也，言去微至貴也。蛻音稅。

〔四〕言融之心實欲去權貴，以帝不納，故常恂恂恭順，似若不得已然者也。

固字孟孫，少以尙公主爲黃門侍郎。〔一〕好覽書傳，喜兵法，貴顯用事。中元元年，襲父友封顯親侯。顯宗卽位，遷中郎將，監羽林士。〔二〕後坐從兄穆有罪，廢于家十餘年。時天下乂安，帝欲遵武帝故事，擊匈奴，通西域，以固明習邊事，〔三〕十五年冬，拜爲奉車都尉，〔四〕以騎都尉耿忠爲副，〔五〕謁者僕射耿秉爲駙馬都尉，秦彭爲副，皆置從事、司馬，並出屯涼州。明年，固與忠率酒泉、敦煌、張掖甲卒及盧水羌胡〔六〕萬二千騎出酒泉塞，耿秉、秦彭率武威、隴西、天水募士及羌胡萬騎出居延塞，〔七〕又太僕祭肜、度遼將軍吳棠將河東北地、西河羌胡及南單于兵萬一千騎出高闕塞，〔八〕騎都尉來苗、護烏桓校尉文穆將太原、鴈門、代郡、上谷、漁陽、右北平、定襄郡兵及烏桓、鮮卑萬一千騎出平城塞。固、忠至天山，〔九〕擊呼衍王，斬首千餘級。呼衍王走，追至蒲類海。〔一〇〕留吏士屯伊吾盧城。〔一一〕耿秉、秦彭絕漠六百餘里，至三木樓山，〔一二〕來苗、文穆至匈奴河水上，虜皆奔走，無所獲。祭肜、吳棠坐不至涿邪山，免爲庶人。時諸將唯固有功，加位特進。明年，復出玉門擊西域，詔耿秉及騎都尉劉張皆去符傳以屬固。〔一三〕固遂破白山，降車師，事已具耿秉傳。固在邊數年，羌胡服其恩信。〔一四〕

〔一〕續漢書曰：「給事黃門侍郎，六百石。」

〔二〕續漢志曰，宣帝命中郎將、騎都尉監羽林，秩比二千石。

〔三〕固舊隨融在河西，曉知邊事也。

〔四〕續漢志曰，比二千石，掌御乘輿。

〔五〕忠，弇子也。

〔六〕案：湟水東經臨羌縣故城北，又東盧溪水注之，水出西南盧川，即其地也。

〔七〕居延塞在今甘州張掖縣東北。

〔八〕高闕，山名，在朔方北。

〔九〕即祁連山也，今在西州交河縣東北，今名祁縣羅漫山。

〔一〇〕蒲類海今名婆悉海，在今庭州蒲昌縣東南也。

〔一一〕伊吾，今伊州縣也，本匈奴地，明帝置宜禾都尉以爲屯田，故地今伊州納職縣伊吾故小城地是。

〔一二〕匈奴中山名。

〔一三〕專將兵者並有符傳，擬合之取信。今去符，皆受固之節度。

〔一四〕東觀記曰：「羌胡見客，炙肉未熟，人人長跪前割之，血流指閒，進之於固，固輒爲啗，不穢賤之，是以愛之如父母也。」

肅宗即位，以公主修勑慈愛，累世崇重，加號長公主，增邑三千戶；徵固代魏應爲大鴻臚。帝以其曉習邊事，每被訪及。建初三年，追錄前功，增邑一千三百戶。七年，代馬防爲光祿勳。明年，復代馬防爲衞尉。

固久歷大位，甚見尊貴，賞賜租祿，貲累巨億，而性謙儉，愛人好施，士以此稱之。章和二年卒，謚曰文侯。子彪，至射聲校尉，先固卒，無子，國除。

憲字伯度。父勳被誅，憲少孤。建初二年，女弟立爲皇后，拜憲爲郎，稍遷侍中、虎賁中郎將；弟篤，爲黄門侍郎。兄弟親幸，並侍宫省，賞賜累積，寵貴日盛，自王、主及陰、馬諸家，莫不畏憚。憲恃宫掖聲埶，遂以賤直請奪沁水公主園田，〔一〕主逼畏，不敢計。後肅宗駕出過園，指以問憲，憲陰喝不得對。〔二〕後發覺，帝大怒，召憲切責曰：「深思前過，奪主田園時，何用愈趙高指鹿爲馬？〔三〕久念使人驚怖。昔永平中，常令陰黨、陰博、鄧疊三人更相糾察，〔四〕故諸豪戚莫敢犯法者，而詔書切切，〔五〕猶以舅氏田宅爲言。今貴主尚見枉奪，何況小人哉！國家弃憲如孤雛腐鼠耳。」〔六〕憲大震懼，皇后爲毁服深謝，良久乃得解，使以田還主。雖不繩其罪，然亦不授以重任。

〔一〕沁水公主，明帝女。
〔二〕陰喝猶噎塞也。陰音於禁反，喝音一介反。或作「嗚」，音烏故反。
〔三〕愈猶差也。趙高解見靈帝紀。
〔四〕以陰、鄧皆外戚，恐其踰侈，故使更相糾察也。博，陰興之子。
〔五〕切切猶勤勤也。
〔六〕鳥子生而啄者曰雛。

和帝即位，太后臨朝，憲以侍中，內幹機密，〔一〕出宣誥命。肅宗遺詔以篤爲虎賁中郎將，篤弟景、瓌並中常侍，於是兄弟皆在親要之地。憲以前太尉鄧彪有義讓，先帝所敬，而仁厚委隨，〔二〕故尊崇之，以爲太傅，令百官總己以聽。其所施爲，輒外令彪奏，內白太后，事無不從。又屯騎校尉桓郁，累世帝師，而性和退自守，故上書薦之，令授經禁中。所以內外協附，莫生疑異。

〔一〕幹，主也，或曰古「管」字也。

〔二〕委隨猶順從也。

憲性果急，睚眦之怨莫不報復。〔一〕初，永平時，謁者韓紆嘗考劾父勳獄，憲遂令客斬紆子，以首祭勳冢。齊殤王子都鄉侯暢〔二〕來弔國憂，〔三〕暢素行邪僻，與步兵校尉鄧疊親屬數往來京師，因疊母元自通長樂宮，得幸太后，被詔召詣上東門。憲懼見幸，分宮省之權，遣客刺殺暢於屯衞之中，〔四〕而歸罪於暢弟利侯剛，乃使侍御史與青州刺史雜考剛等。後事發覺，太后怒，閉憲於內宮。

〔一〕睚音語解反，眦音仕懈反。廣雅：「睚，裂也。」或謂裂眦瞋目貌。史記曰范睢「睚眦之怨必報」。

〔二〕齊殤王名石，伯升孫章之子。

〔三〕章帝崩也。

〔四〕屯兵宿衞之所。

憲懼誅，自求擊匈奴以贖死。會南單于請兵北伐，乃拜憲車騎將軍，金印紫綬，官屬依司空，〔一〕以執金吾耿秉爲副，發北軍五校、〔二〕黎陽、雍營、緣邊十二郡騎士，〔三〕及羌胡兵出塞。明年，憲與秉各將四千騎及南匈奴左谷蠡王師子〔四〕萬騎出朔方雞鹿塞，南單于屯屠河，〔五〕將萬餘騎出滿夷谷，度遼將軍鄧鴻〔六〕及緣邊義從羌胡八千騎，與左賢王安國萬騎出〔梱〕〔稒〕陽塞，〔七〕皆會涿邪山。憲分遣副校尉閻盤、司馬耿夔、耿譚將左谷蠡王師子、右呼衍王須訾等，〔八〕精騎萬餘，與北單于戰於稽落山，大破之，虜衆崩潰，單于遁走，追擊諸部，遂臨私渠比鞮海。〔九〕斬名王已下萬三千級，獲生口馬牛羊橐駝百餘萬頭。〔一〇〕於是溫犢須、日逐、溫吾、夫渠王柳鞮等八十一部率衆降者，前後二十餘萬人。憲、秉遂登燕然山，去塞三千餘里，刻石勒功，紀漢威德，令班固作銘曰：

〔一〕依，準也。長史一人，千石；掾屬二十九人，令史及御屬三十二人，見續漢志也。

〔二〕漢有南北軍，〔北軍〕中候一人，六百石，掌臨五營，見續漢志。

〔三〕漢官儀曰：「光武中興，以幽、冀、并州兵騎克定天下，故於黎陽立營，以謁者監之。」又曰：「扶風都尉部在雍縣，以涼州近羌，數犯三輔，將兵衞護園陵，故俗稱雍營。」

〔四〕師子其名也。

〔五〕屯屠河，單于名也。

〔六〕鄧禹少子。

〔七〕〔摑〕〔稒〕陽在五原郡。〔摑〕〔稒〕音固。

〔八〕呼衍其號，因以爲姓，匈奴貴種也，今呼延姓是其後。須訾，名也。

〔九〕匈奴中海名也。

〔一〇〕橐音託。

惟永元元年秋七月，有漢元舅曰車騎將軍竇憲，寅亮聖明，登翼王室，〔一〕納于大麓，惟清緝熙。〔二〕乃與執金吾耿秉，述職巡御，理兵於朔方。〔三〕鷹揚之校，螭虎之士，爰該六師，〔四〕暨南單于、東烏桓、西戎氐羌侯王君長之羣，驍騎三萬。元戎輕武，長轂四分，〔五〕雲輜蔽路，萬有三千餘乘。〔六〕勒以八陣，莅以威神，〔七〕玄甲耀日，朱旗絳天。〔八〕遂陵高闕，下鷄鹿，經磧鹵，絕大漠，〔九〕斬溫禺以釁鼓，血尸逐以染鍔。〔一〇〕然後四校橫徂，星流彗埽，蕭條萬里，野無遺寇。於是域滅區單，反旆而旋，考傳驗圖，窮覽其山川。遂踰涿邪，跨安侯，乘燕然，躡冒頓之區落，焚老上之龍庭。〔一一〕上以攄高、文之宿憤，光祖宗之玄靈；下以安固後嗣，恢拓境宇，振大漢之天聲。〔一二〕茲所謂一勞而久逸，暫費而永寧者也。〔一三〕乃遂封山刊石，昭銘上德。〔一四〕其辭曰：

〔一〕寅，敬；亮，信也。尚書曰：「二公弘化，寅亮天地。」登，升也。翼，輔也。

〔二〕孔安國注尚書曰：「麓，錄也，納之使大錄萬機也。」周頌曰：「惟清緝熙。」鄭玄注云：「光明也。」

〔三〕左傳曰：「小有述職，大有巡功。」又曰：「出曰理兵。」

〔四〕鷹揚，如鷹之飛揚也。詩云：「惟師尚父，時惟鷹揚。」螭，山神，獸形也。史記曰：「如熊如羆，如豺如離。」徐廣曰：「離與螭同。」該，備也。詩云：「整我六師，以脩我戎。」

〔五〕曁，及也。元戎，兵車也。詩云：「元戎十乘，以先啓行。」輕武，言疾也。長轂，兵車。

〔六〕輜，車也。稱雲，言多也。

〔七〕兵法有八陣圖。

〔八〕玄甲，鐵甲也。前書曰「發屬國之玄甲」也。

〔九〕沙土曰漠。直度曰絕。

〔一〇〕溫禺、尸逐，皆匈奴王號也。周禮，殺人以血塗鼓謂之釁。鍔，刃也。

〔一一〕四校，四面之校。橫徂，橫行也。星流彗埽，言疾也。安侯，水名。冒頓，單于頭曼子也。區落謂東滅東胡，西走月氏，南取樓煩，悉收秦所奪匈奴地。冒頓子稽粥號老上單于。匈奴五月大會龍庭，祭其先、天地、鬼神，今皆焚蕩之。

〔一二〕高帝被冒頓單于圍於平城七日。孝文帝時匈奴寇邊，殺太守，帝欲自征，太后不許。拓，開也。天聲，雷霆之聲。甘泉賦曰：「天聲起兮勇士厲。」恢，大也。

〔一三〕揚雄曰「以爲不一勞者不久逸，不暫費者不永寧」也。

〔四〕上猶至也。老子曰：「上德不德，是以有德。」

鑠王師兮征荒裔，〔一〕勦凶虐兮截海外，〔二〕敻其邈兮亙地界，〔三〕封神丘兮建隆嵑，〔四〕熙帝載兮振萬世。〔五〕

〔一〕鑠，美也。詩曰：「於鑠王師，遵養時晦。」

〔二〕勦，絕；截，整齊也。詩云：「相土裂裂，海外有截。」

〔三〕敻、邈皆遠也。亙，竟也。

〔四〕神丘即燕然山也。方者謂之碑，員者謂之碣。嵑亦碣也，協韻音其例反。

〔五〕熙，廣也。載，事也。書曰：「奮庸熙帝之載。」

憲乃班師而還。遣軍司馬吳汜、梁諷，奉金帛遺北單于，宣明國威，而兵隨其後。時虜中乖亂，汜、諷所到，輒招降之，前後萬餘人。遂及單于於西海上，宣國威信，致以詔賜，單于稽首拜受。諷因說宜修呼韓邪故事，保國安人之福。〔一〕單于喜悅，即將其衆與諷俱還，到私渠海，聞漢軍已入塞，乃遣弟右溫禺鞮王奉貢入侍，隨諷詣闕。憲以單于不自身到，奏還其侍弟。南單于於漠北遺憲古鼎，容五斗，其傍銘曰「仲山甫鼎，其萬年子子孫孫永保用」，憲乃上之。詔使中郎將持節即五原拜憲大將軍，封武陽侯，食邑二萬戶。憲固辭封，賜策許焉。

〔一〕胥依附漢家，自保護其國也。宣帝時呼韓邪單于款塞，朝于甘泉宮，請留居光祿塞下，有急，保漢受降城也。

舊大將軍位在三公下，置官屬依太尉。〔一〕憲威權震朝庭，公卿希旨，奏憲位次太傅下，三公上；長史、司馬秩中二千石，從事中郎二人六百石，自下各有增。振旅還京師。於是大開倉府，勞賜士吏，其所將諸郡二千石子弟從征者，悉除太子舍人。〔二〕

〔一〕續漢志，太尉長史千石，掾屬二十四人，令史及御屬二十二人也。

〔二〕續漢志曰，太子舍人秩二百石，無員，更直宿衞也。

是時篤爲衞尉，景、瓌皆侍中、奉車、駙馬都尉，四家競修第宅，窮極工匠。明年，詔曰：「大將軍憲，前歲出征，克滅北狄，朝加封賞，固讓不受。舅氏舊典，並蒙爵土。〔一〕其封憲冠軍侯，邑二萬戶；篤郾侯，景汝陽侯，瓌夏陽侯，各六千戶。」憲獨不受封，遂將兵出鎭涼州，以侍中鄧疊行征西將軍事爲副。

〔一〕西漢故事，帝舅皆封侯。

北單于以漢還侍弟，復遣車諧儲王等款居延塞，欲入朝見，願請大使。憲上遣大將軍中護軍班固行中郎將，與司馬梁諷迎之。會北單于爲南匈奴所破，被創遁走，固至私渠海而還。憲以北虜微弱，遂欲滅之。明年，復遣右校尉耿夔、司馬任尙、趙博等將兵擊北虜於金微山，大破之，克獲甚衆。北單于逃走，不知所在。

憲既平匈奴，威名大盛，以耿夔、任尚等爲爪牙，鄧疊、郭璜爲心腹。班固、傅毅之徒，皆置幕府，以典文章。刺史、守令多出其門。尚書僕射郅壽、樂恢並以忤意，相繼自殺。〔一〕由是朝臣震懾，望風承旨。而篤進位特進，得舉吏，〔二〕見禮依三公。景爲執金吾，瓌光祿勳，權貴顯赫，傾動京都。雖俱驕縱，而景爲尤甚，奴客緹騎依倚形執，侵陵小人，〔三〕强奪財貨，篡取罪人，妻略婦女。商賈閉塞，如避寇讎。有司畏懦，莫敢舉奏。太后聞之，使謁者策免景官，以特進就朝位。瓌少好經書，節約自修，出爲魏郡，遷潁川太守。竇氏父子兄弟並居列位，充滿朝廷。叔父霸爲城門校尉，霸弟褒將作大匠，褒弟嘉少府，其爲侍中、將、大夫、郎吏十餘人。

〔一〕壽，郅惲子。

〔二〕漢法三公得舉吏。

〔三〕漢官儀曰：「執金吾緹騎二百人。」說文曰：「緹，帛丹黃色也。」言奴客及緹騎並爲縱橫也。

憲既負重勞，陵肆滋甚。四年，封鄧疊爲穰侯。疊與其弟步兵校尉磊及母元，又憲女壻射聲校尉郭舉，舉父長樂少府璜，〔一〕皆相交結。元、舉並出入禁中，舉得幸太后，遂共圖爲殺害。帝陰知其謀，乃與近幸中常侍鄭衆定議誅之。以憲在外，慮其懼禍爲亂，忍而未發。會憲及鄧疊班師還京師，詔使大鴻臚持節郊迎，賜軍吏各有差。憲等既至，帝乃幸北宮，詔執金吾、五校尉勒兵屯衞南、北宮，閉城門，收捕疊、磊、璜、舉，皆下獄誅，家屬徙合浦。遣謁者僕射收憲大將軍印綬，更封爲冠軍侯。憲及篤、景、瓌皆遣就國。帝以太后故，不欲名誅憲，爲選嚴能相督察之。憲、篤、景到國，皆迫令自殺，宗族、賓客以憲爲官者皆免歸本郡。瓌以素自修，不被逼迫，明年坐稟假貧人，〔二〕徙封羅侯，不得臣吏人。〔三〕

初，竇后之譖梁氏，憲等豫有謀焉，永元十年，梁棠兄弟〔四〕徙九眞還，路由長沙，逼瓌令自殺。後和熹鄧后臨朝，永初三年，詔諸竇前歸本郡者與安豐侯萬全俱還京師。萬全少子章。

〔一〕太后居長樂宮，故有少府，秩二千石。

〔二〕稟，給也。假貸貧人，非侯家之法，故坐焉。

〔三〕羅，縣，屬長沙郡，在今岳州湘陰縣東北。

〔四〕棠及兄雍，雍弟翟，並梁竦子也。

論曰：衞青、霍去病資強漢之衆，連年以事匈奴，國秏太半矣，而猾虜未之勝，後世猶傳其良將，豈非以身名自終邪！竇憲率羌胡邊雜之師，一舉而空朔庭，至乃追奔稽落之表，飲馬比鞮之曲，銘石負鼎，薦告淸廟。列其功庸，兼茂於前多矣，而後世莫稱者，章末釁以降其實也。〔一〕是以下流，君子所甚惡焉。〔二〕夫二三子得之不過房幄之閒，非復搜揚仄陋，選舉而登也。〔三〕當青病奴僕之時，〔四〕竇將軍念咎之日，〔五〕乃庸力之不暇，思鳴之無晨，〔六〕何意裂膏腴，享崇號乎？東方朔稱「用之則爲虎，不用則爲鼠」，信矣。以此言之，士有懷琬琰以就煨塵者，亦何可支哉！〔七〕

〔一〕降，損也。

〔二〕論語曰：「紂之不善不如是之甚也，是以君子惡居下流，天下之惡皆歸焉。」

〔三〕二三子謂衞、霍及憲也，皆緣椒房幃幄之恩耳。

〔四〕衞青本平陽公主家童所生，相者見之，曰：「貴人，官至封侯。」青笑曰：「人奴之生，無笞罵足矣，安得封侯哉！」

〔五〕謂太后閉之南宮，欲誅之日也。

〔六〕吳志諸葛瑾曰「失旦之鷄，復思一鳴」也。

〔七〕琬琰，美玉也。楚詞曰：「懷琬琰以爲心。」支，計也。亦何可計，言其多也。

章字伯向。少好學，有文章，與馬融、崔瑗同好，更相推薦。〔一〕

〔一〕融集與竇伯向書曰：「孟陵奴來，賜書，見手跡，歡喜何量，見於面也。書雖兩紙，紙八行，行七字。」

永初中，三輔遭羌寇，章避難東國，家於外黃。〔一〕居貧，蓬戶蔬食，〔二〕躬勤孝養，然講讀不輟。太僕鄧康〔三〕聞其名，請欲與交，章不肯往，康以此益重焉。是時學者稱東觀爲老氏臧室，道家蓬萊山，〔四〕康遂薦章入東觀爲校書郎。

〔一〕外黃，縣，屬陳留郡，〔故〕城在今汴州雍丘縣東。

〔二〕莊子「原憲編蓬爲戶」，論語「顏回飯蔬食」也。

〔三〕鄧珍之子，禹之孫。

〔四〕老子爲守臧史，復爲柱下史，四方所記文書皆歸柱下，事見史記。言東觀經籍多也。蓬萊，海中神山，爲仙府，幽經祕錄並皆在焉。

順帝初，章女年十二，能屬文，以才貌選入掖庭，有寵，與梁皇后並爲貴人。擢章爲羽林郎將，〔一〕遷屯騎校尉。章謙虛下士，收進時輩，甚得名譽。是時梁、竇並貴，各有賓客，多交搆其閒，章推心待之，故得免於患。

〔一〕續漢志曰，羽林郎秩二百石，無員，常宿衞侍從也。

貴人早卒，帝追思之無已，詔史官樹碑頌德，章自爲之辭。貴人歿後，帝禮待之無衰。永和五年，遷少府。漢安二年，轉大鴻臚。建康元年，梁后稱制，章自免，卒于家。中子唐，有俊才，官至虎賁中郎將。

贊曰：悃悃安豐，亦稱才雄。〔一〕提挈河右，奉圖歸忠。〔二〕孟孫明邊，伐北開西。〔三〕

憲實空漠，遠兵金山。聽笳龍庭，鏤石燕然。〔四〕雖則折鼎，王靈以宣。〔五〕

〔一〕楚詞曰「悃悃款款」也。王逸注曰「志純一也」。亦猶實也。

〔二〕奉圖者，謂既奉外戚圖，乃歸於漢也。

〔三〕叶韻音先。

〔四〕笳，胡樂也，老子作之。

〔五〕鼎三足，三公象。折足者，言其不勝任也。易曰「鼎折足，覆公餗」也。

校勘記

七九五頁八行 今滄州魯〔城〕縣也 據殿本補。

七九五頁九行 強弩將軍即莽明義侯王俊 按：集解引惠棟說，謂案翟義傳，「俊」當作「駿」。又按：惠云此強弩將軍乃趙恢，非王駿，注誤。

七九六頁一行 歸〔長安漢兵〕長驅入關 據汲本、殿本補。

七九六頁一五行 金城太守厙鈞 按：「厙」汲本、殿本並作「庫」。集解引錢大昕、王鳴盛說，謂古讀庫有舍音，猶車音尺遮反，余音食遮反。說文广部無「厙」字。廣韻禡部有「厙」字，云姓也。此流俗妄造，正如「角里」別造「甪」字代之。

七九九頁五行　字(潁)〔穎〕叔　據集解本改。

八〇〇頁六行　行南(國)〔海〕尉事　據刊誤改。

八〇〇頁八行　網羅張立之情　按：集解引周壽昌說，謂時隗囂遣辯士張玄游說，光武察玄所說，而以璽書詔融，「立」字當正作「玄」。

八〇一頁三行　今(涼)〔原〕州〔平高〕縣也　據集解引陳景雲說改。按：漢高平縣，北周改曰平高，唐以後廢。

八〇一頁四行　席皆作(虎)〔虞〕字　據汲本、殿本改，與聚珍本東觀記合。

八〇一頁九行　去從義爲横謀　汲本、殿本「義」作「議」。按：義議通。

八〇一頁一〇行　人兵離散　按：王先謙謂「人」當作「民」，此亦避唐諱未回改者，下「生人」同。

八〇二頁一行　而(大)將軍復重於難　王先謙謂通鑑無「大」字，前後稱將軍，此不得忽加「大」字，明傳寫誤衍。今據删。

八〇二頁一三行　而與轂致數千里　按：汲本、殿本「輿」作「與」。

八〇六頁一行　是時軍旅代興　按：原脱「興」字，逕據汲本、殿本補。

八〇六頁四行　安豐陽泉蓼(安)安風四縣　據刊誤删。

八〇九頁三行　封勳弟嘉爲安豐侯　按：沈家本謂續志廬江郡安風侯國，安豐自爲縣，則嘉所封實安風，亦融所食四縣之一，而其名則不同矣。此「豐」字蓋因上文而誤。

八二〇頁四行　度遼將軍吳棠　按：集解引惠棟說，謂「吳棠」袁宏紀作「吳常」。

八二〇頁八行　至三木樓山　按：集解引惠棟說，謂「三木樓山」袁宏紀作「沐樓山」。

八二〇頁八行　匈奴河水　刊誤謂匈河，水名，多一「奴」字。按：校補謂前書匈奴傳云趙破奴萬餘騎出令居數千里，至匈奴河水，臣瓚云水名也，與武紀注同，未嘗言名有誤。刊誤則據破奴本傳但云「匈河」，爲衍「奴」字，不知匈奴河可省稱匈河也。

八二二頁四行　憲陰喝不得對　按：御覽一五二引，「陰喝」作「喑嗚」。

八二二頁一三行　切切猶勤勤也　按：此注原在「爲言」下，據汲本、殿本移正。

八二三頁二行　篤弟景瓌並中常侍　按：集解引錢大昕說，謂中常侍宦者之職，非外戚所宜居，恐有誤。

八二三頁八行　嘗考劾父勳獄　按：「嘗」原譌「當」，逕改正。

八二三頁九行　齊殤王　按：刊誤謂「殤」當作「煬」，彼既有子，不得謚「殤」明矣。

八二四頁四行　南單于屯居河　按：校補謂南單于傳「河」作「何」，同。

八二四頁六行　出(撾)〔稒〕陽塞　王先謙謂前志作「稒陽」，此誤。今據改。注同。

八二四頁一三行　漢有南北軍(北軍)中候一人　刊誤謂漢有北軍中候耳，衍「南」字。校補謂「南北軍」下誤脱「北軍」二字耳，傳言北軍，注應先釋所起，無突舉北軍之理。按：校補説是。今據補。

八一四頁一三行　掌臨五營　刊誤謂「臨」當作「監」。今按：臨亦監也，劉説泥。

八一五頁九行　暨南單于東烏桓西戎氐羌侯王君長之羣驍騎三萬　按：文選「東」下有「胡」字，「三萬」作「十萬」。

八一七頁二行　夐其邈兮亙地界　按：「邈」原作「貌」，逕據汲本、殿本改。注同。

八一九頁六行　出爲魏郡　按：刊誤謂下少「太守」二字。

八二〇頁六行　安豐侯萬全　按：沈家本謂「豐」當作「風」。

八二二頁一三行　見於面也　藝文類聚三十一引「見」作「次」。按：次於面謂僅次於見面也，義較長。

八二三頁二行　〔故〕城在今汴州雍丘縣東　按「城」上明脱一「故」字，今補。

八二三頁三行　顔回飯蔬食　按：今論語作「飯疏食」，而不云「顔回」。校補謂蔬疏古通作，惟注以爲「顔回」則誤。

八二三頁七行　擢章爲羽林郎將　按：黄山校補及沈家本後漢書瑣言皆謂「郎」上疑奪「中」字。

後漢書卷二十四

馬援列傳第十四 子廖 子防 兄子嚴 族孫棱

馬援字文淵，扶風茂陵人也。其先趙奢爲趙將，號曰馬服君，子孫因爲氏。〔一〕武帝時，以吏二千石自邯鄲徙焉。〔二〕曾祖父通，以功封重合侯，坐兄何羅反，被誅，〔三〕故援再世不顯。〔四〕援三兄況、余、員，〔五〕並有才能，王莽時皆爲二千石。〔六〕

〔一〕馬服者，言能服馭馬也。史記曰，趙惠文王以奢有功，賜爵號爲馬服君。

〔二〕東觀記曰：「徙茂陵成懽里。」

〔三〕重合，縣，屬勃海郡，故城在今滄州樂陵縣東。馬何羅與江充相善，充既誅，遂懼罪及己，謀反，伏誅。事見前書。

〔四〕祖及父不得爲顯任也。東觀漢記，通生賓，宣帝時以郎持節，號使君；使君生仲，仲官至玄武司馬；仲生援。

〔五〕東觀記曰：「況字長平，余字聖卿，員字季主。」

〔六〕況，河南太守。余，中壘校尉。員，增山連率。

援年十二而孤，少有大志，諸兄奇之。嘗受齊詩，意不能守章句，〔一〕乃辭況，欲就邊郡田牧。〔二〕況曰：「汝大才，當晚成。良工不示人以朴，且從所好。」〔三〕會況卒，援行服朞年，不離墓所；敬事寡嫂，不冠不入廬。〔四〕後爲郡督郵，送囚至司命府，〔五〕囚有重罪，援哀而縱之，遂亡命北地。遇赦，因留牧畜，賓客多歸附者，遂役屬數百家。〔六〕轉游隴漢閒，常謂賓客曰：「丈夫爲志，窮當益堅，老當益壯。」因處田牧，至有牛馬羊數千頭，穀數萬斛。既而歎曰：「凡殖貨財產，貴其能施賑也，否則守錢虜耳。」乃盡散以班昆弟故舊，身衣羊裘皮袴。

〔一〕東觀記曰：「受齊詩，師事潁川滿昌。」
〔二〕東觀記曰「援以況出爲河南太守，次兩兄爲吏京師，見家用不足，乃辭況欲就邊郡畜牧」也。
〔三〕從其所請也。
〔四〕廬，舍也。
〔五〕王莽置司命官，上公已下皆糾察。
〔六〕續漢書：「援過北地任氏畜牧。自援祖賓，本客天水，父仲又嘗爲牧（帥）〔師〕令。是時員爲護苑使者，故人賓客皆依援。」

王莽末，四方兵起，莽從弟衞將軍林廣招雄俊，乃辟援及同縣原涉爲掾，〔一〕薦之於莽。莽以涉爲鎭戎大尹，〔二〕援爲新成大尹。〔三〕及莽敗，援兄員時爲增山連率，〔四〕與援俱去郡，復避地涼州。世祖卽位，員先詣洛陽，帝遣員復郡，卒於官。援因留西州，隗囂甚敬重之，以援爲綏德將軍，與決籌策。

〔一〕涉字巨先，見前書。

〔二〕王莽改天水爲鎭戎，改太守爲大尹。

〔三〕莽改漢中爲新成也。

〔四〕莽改上郡爲增山，連率亦太守也。莽法，典郡者公爲牧，侯稱卒正，伯稱連率，其無封爵者爲尹也。

是時公孫述稱帝於蜀，囂使援往觀之。援素與述同里閈，〔一〕相善，以爲旣至當握手歡如平生，而述盛陳陛衞，以延援入，交拜禮畢，使出就館，更爲援制都布單衣、〔二〕交讓冠，會百官於宗廟中，立舊交之位。述鸞旗旄騎，〔三〕警蹕就車，磬折而入，〔四〕禮饗官屬甚盛，欲授援以封侯大將軍位。賓客皆樂留，援曉之曰：「天下雄雌未定，公孫不吐哺走迎國士，〔五〕與圖成敗，反修飾邊幅，〔六〕如偶人形。〔七〕此子何足久稽天下士乎？」〔八〕因辭歸，謂囂曰：「子陽井底蛙耳，〔九〕而妄自尊大，不如專意東方。」

〔一〕說文曰：「閈，閭也。」杜預注左傳：「閈，閭門也。」

〔二〕東觀記(曰)「都」作「荅」。史記曰：「荅布千匹。」前書音義曰：「荅布，白疊布也。」何承天纂文曰：「都致、錯履、無極，皆布名。」方言曰：「禪衣，江、淮、南楚之閒謂之褋，關之東西謂之禪衣。」

〔三〕解在公孫述傳。

〔四〕磬折者，屈身如磬之曲折，敬也。

〔五〕哺，食也。史記，周公誡伯禽曰：「吾一沐三握髮，一食三吐哺，猶恐失天下士心也。」

〔六〕言若布帛脩整其邊幅也。左傳曰：「如布帛之有幅焉，爲之度，使無遷。」

〔七〕禮記曰：「謂爲俑者不仁。」鄭玄云：「俑，偶人也。有面目機發，有似於生人也。」俑音勇。

〔八〕稽，留也。

〔九〕言述志識褊狹，如坎井之蛙。事見莊子。

建武四年冬，囂使援奉書洛陽。援至，引見於宣德殿。世祖迎笑謂援曰：「卿遨遊二帝閒，今見卿，使人大慙。」援頓首辭謝，因曰：「當今之世，非獨君擇臣也，臣亦擇君矣。〔一〕臣與公孫述同縣，少相善。臣前至蜀，述陛戟而後進臣。臣今遠來，陛下何知非刺客姦人，而簡易若是？」〔二〕帝復笑曰：「卿非刺客，顧說客耳。」援曰：「天下反覆，盜名字者不可勝數。〔三〕今見陛下，恢廓大度，同符高祖，乃知帝王自有眞也。」帝甚壯之。援從南幸黎丘，轉至東海。及還，以爲待詔，使太中大夫來歙持節送援西歸隴右。

〔一〕家語曰：「君擇臣而任之，臣亦擇君而事之。」

〔二〕東觀記曰「援初到，勑令中黃門引入，時上在宣德殿南廡下，但幘坐」，故云「簡易」也。

〔三〕盜猶竊也。

隗囂與援共臥起，問以東方流言及京師得失。〔一〕援說囂曰：「前到朝廷，上引見數十，〔二〕每接讌語，自夕至旦，才明勇略，非人敵也。且開心見誠，無所隱伏，闊達多大節，略與高帝同。經學博覽，政事文辯，前世無比。」囂曰：「卿謂何如高帝？」援曰：「不如也。高帝無可無不可；〔三〕今上好吏事，動如節度，又不喜飲酒。」囂意不懌，曰：「如卿言，反復勝邪？」然雅信援，故遂遣長子恂入質。援因將家屬隨恂歸洛陽。居數月而無它職任。援以三輔地曠土沃，而所將賓客猥多，乃上書求屯田上林苑中，帝許之。

〔一〕流猶傳也。
〔二〕東觀記曰凡十四見。
〔三〕此論語孔子自言己之所行也。

會隗囂用王元計，意更狐疑，〔一〕援數以書記責譬於囂。囂怨援背己，得書增怒，其後遂發兵拒漢。援乃上疏曰：「臣援自念歸身聖朝，奉事陛下，本無公輔一言之薦，左右爲容之助。〔二〕臣不自陳，陛下何因聞之。夫居前不能令人輕，居後不能令人軒，〔三〕與人怨不能爲人患，臣所恥也。故敢觸冒罪忌，昧死陳誠。臣與隗囂，本實交友。初，囂遣臣東，謂臣曰：『本欲爲漢，願足下往觀之。於汝意可，即專心矣。』及臣還反，報以赤心，實欲導之於善，非敢譎以非義。而囂自挾姦心，盜憎主人，〔四〕怨毒之情遂歸於臣。臣欲不言，則無以上聞。願聽詣行在所，極陳滅囂之術，得空匈腹，申愚策，退就隴畝，死無所恨。」帝乃召援計事，援具言謀畫。因使援將突騎五千，往來游說囂將高峻、任禹之屬，下及羌豪，爲陳禍福，以離囂(友)〔支〕黨。

〔一〕狐性多疑，故曰狐疑。

〔二〕鄒陽書曰：「蟠木成萬乘之器者，左右爲之容。」

〔三〕言爲人無所輕重也。詩云：「如輊如軒。」輊音丁利反。

〔四〕左傳晉伯宗妻曰：「盜憎主人，民惡其上。」

援又爲書與囂將楊廣，使曉勸於囂，曰：「春卿無恙。〔一〕前別冀南，〔二〕寂無音驛。援閒還長安，因留上林。竊見四海已定，兆民同情，而季孟閉拒背畔，爲天下表的。〔三〕常懼海內切齒，思相屠裂，故遺書戀戀，以致惻隱之計。乃聞季孟歸罪於援，而納王游翁諂邪之說，〔四〕自謂函谷以西，舉足可定，以今而觀，竟何如邪？援閒至河內，過存伯春，〔五〕見其奴吉從西方還，說伯春小弟仲舒望見吉，欲問伯春無它否，竟不能言，曉夕號泣，婉轉塵中。又說其家悲愁之狀，不可言也。夫怨讎可刺不可毀，援聞之，不自知泣下也。援素知季孟孝愛，曾、閔不過。夫孝於其親，豈不慈於其子？可有子抱三木，而跳梁妄作，自同分羹之事乎？〔六〕季孟平生自言所以擁兵衆者，欲以保全父母之國而完墳墓也，又言苟厚士大夫而已。而今所欲全者將破亡之，所欲完者將毀傷之，所欲厚者將反薄之。季孟嘗折愧子陽而不受其爵，〔七〕今更共陸陸，〔八〕欲往附之，將難爲顏乎？若復責以重質，當安從得子主給是哉！往時子陽獨欲以王相待，〔九〕而春卿拒之；今者歸老，更欲低頭與小兒曹共槽櫪而食，併肩側身於怨家之朝乎？〔一〇〕男兒溺死何傷而拘游哉！〔一一〕今國家待春卿意深，宜使牛孺卿與諸耆老大人〔一二〕共說季孟，若計畫不從，眞可引領去矣。前披輿地圖，見天下郡國百有六所，柰何欲以區區二邦以當諸夏百有四乎？春卿事季孟，外有君臣之義，內有朋友之道。言君臣邪，固當諫爭；語朋友邪，應有切磋。〔一三〕豈有知其無成，而但萎腇咋舌，叉手從族乎？〔一四〕及今成計，殊尙善也；過是，欲少味矣。〔一五〕且來君叔天下信士，朝廷重之，其意依依，常獨爲西州言。援商朝廷，尤欲立信於此，〔一六〕必不負約。援不得久留，願急賜報。」廣竟不荅。

〔一〕春卿，楊廣字。

〔二〕天水冀縣也。

〔三〕表猶標也，言爲標準（謂）〔爲〕射的也。言背畔之罪，爲天下所指射也。

〔四〕游翁，王元字也。

〔五〕存猶問也。

〔六〕三木者，謂桎、梏及械也，司馬遷曰：「衣赭關三木。」分蘖謂欒羊也，解見公孫述傳。

〔七〕媿猶辱也。

〔八〕陸陸猶碌碌也。

〔九〕謂欲封爲朔寧王也。

〔一〇〕字林：「併音卑正反。」

〔一一〕游，浮也。

〔一二〕大人謂豪傑也。

〔一三〕骨曰切，象曰磋，言朋友之道如切磋以成器也。詩云：「如切如磋，如琢如磨。」

〔一四〕萎腇，耎弱也。萎音於罪反。腇音乃罪反。

〔一五〕以食爲諭。

〔一六〕商，度也。

八年，帝自西征囂，至漆，〔一〕諸將多以王師之重，不宜遠入險阻，計冘豫未決〔二〕。會召援，夜至，帝大喜，引入，具以羣議質之。〔三〕援因說隗囂將帥有土崩之埶，兵進有必破之狀。又於帝前聚米爲山谷，指畫形埶，開示衆軍所從道徑往來，分析曲折，昭然可曉。帝曰：「虜在吾目中矣。」明旦，遂進軍至第一，囂衆大潰。〔四〕

〔一〕漆，縣，屬右扶風。

〔二〕冘，行貌也，義見說文。豫亦未定也。冘音以林反。

〔三〕廣雅曰：「質，定也。」

〔四〕第一，解見竇融傳。

九年，拜援爲太中大夫，副來歙監諸將平涼州。自王莽末，西羌寇邊，遂入居塞內，金城屬縣多爲虜有。來歙奏言隴西侵殘，非馬援莫能定。十一年夏，璽書拜援隴西太守。援迺發步騎三千人，擊破先零羌於臨洮，斬首數百級，獲馬牛羊萬餘頭。守塞諸羌八千餘人詣援降。諸種有數萬，屯聚寇鈔，拒浩亹隘。〔一〕援與揚武將軍馬成擊之。羌因將其妻子輜重移阻於允吾谷，〔二〕援乃潛行閒道，掩赴其營。羌大驚壞，復遠徙唐翼谷中，援復追討之。羌引精兵聚北山上，援陳軍向山，而分遣數百騎繞襲其後，乘夜放火，擊鼓叫譟，虜遂大潰，凡斬首千餘級。援以兵少，不得窮追，收其穀糧畜產而還。援中矢貫脛，帝以璽書勞之，賜牛羊數千頭，援盡班諸賓客。

〔一〕浩亹音告門，縣名，屬金城郡。浩，水名也。亹者，水流峽山閒，兩岸深若門也。詩曰「鳧鷖在亹」，亦其義也。今俗呼此水爲閤門河，蓋疾言之耳。

〔二〕允吾音鈆牙。

是時，朝臣以金城破羌之西，〔一〕塗遠多寇，議欲棄之。援上言，破羌以西城多完牢，易可依固；其田土肥壤，〔二〕灌漑流通。如令羌在湟中，〔三〕則爲害不休，不可弃也。帝然之，於是詔武威太守，〔四〕令悉還金城客民。〔五〕歸者三千餘口，使各反舊邑。援奏爲置長吏，繕城郭，起塢候，〔六〕開導水田，勸以耕牧，郡中樂業。又遣羌豪楊封譬說塞外羌，皆來和親。又武都氐人背公孫述來降者，援皆上復其侯王君長，賜印綬，帝悉從之。乃罷馬成軍。

〔一〕破羌，縣名，屬金城郡，故城在今鄯州湟水縣西。

〔二〕無塊曰壤。

〔三〕湟，水名。據前書，出金城臨羌縣，東至允吾入河，今鄯州湟水縣取其名也。一名樂都水。

〔四〕東觀記曰梁統也。

〔五〕金城客人在武威者。

〔六〕字林曰：「塢，小障也，一曰小城。字或作『隖』，音一古反。」

十三年，武都參狼羌與塞外諸種爲寇，殺長吏。援將四千餘人擊之，至氐道縣，〔一〕羌在山上，援軍據便地，奪其水草，不與戰，羌遂窮困，豪帥數十萬戶亡出塞，諸種萬餘人悉降，於是隴右清靜。

〔一〕氐道縣屬隴西郡。縣管蠻夷曰道。

援務開〔寬〕〔恩〕信，〔恩〕〔寬〕以待下，任吏以職，但總大體而已。賓客故人，日滿其門。諸曹時白外事，援輒曰：「此丞、掾之任，何足相煩。〔一〕頗哀老子，使得遨游。若大姓侵小民，點羌欲旅距，此乃太守事耳。」〔二〕傍縣嘗有報仇者，吏民驚言羌反，百姓奔入城郭。狄道長詣門，〔三〕請閉城發兵。援時與賓客飲，大笑曰：「燒虜何敢復犯我。〔四〕曉狄道長歸守寺舍，〔五〕良怖急者，可牀下伏。」〔六〕後稍定，郡中服之。視事六年，徵入爲虎賁中郎將。

〔一〕續漢志曰：「郡當邊戍，丞爲長史。」又：「置諸曹掾史。」

〔二〕旅距，不從之貌。

〔三〕狄道，縣，屬隴西郡，今蘭州縣也。

〔四〕燒虜即燒羌也。

〔五〕曉，喩也。寺舍，官舍也。

〔六〕良，甚也。

初，援在隴西上書，言宜如舊鑄五銖錢。事下三府，三府奏以爲未可許，事遂寢。及援還，從公府求得前奏，難十餘條，乃隨牒解釋，〔一〕更具表言。帝從之，天下賴其便。援自還京師，數被進見。爲人明須髮，眉目如畫。〔二〕閑於進對，尤善述前世行事。每言及三輔長者，下至閭里少年，皆可觀聽。自皇太子、諸王侍聞者，莫不屬耳忘倦。又善兵策，帝常言「伏波論兵，與我意合」，每有所謀，未嘗不用。

〔一〕東觀記曰「凡十三難，援一一解之，條奏其狀」也。

〔二〕東觀記曰：「援長七尺五寸，色理髮膚眉目容貌如畫。」

初，卷人維汜，〔一〕訞言稱神，有弟子數百人，坐伏誅。後其弟子李廣等宣言汜神化不死，以誑惑百姓。十七年，遂共聚會徒黨，攻沒皖城，〔二〕殺皖侯劉閔，自稱「南岳大師」。遣謁者張宗將兵數千人討之，復爲廣所敗。於是使援發諸郡兵，合萬餘人，擊破廣等，斬之。

〔一〕卷，縣名，屬河南郡，故城在今鄭州原武縣西北也。

〔二〕皖，縣名，屬廬江郡，今舒州懷寧縣。皖音下板反，又下管反。

又交阯女子徵側及女弟徵貳反，〔一〕攻沒其郡，九眞、日南、合浦蠻夷皆應之，寇略嶺外六十餘城，側自立爲王。於是璽書拜援伏波將軍，〔二〕以扶樂侯劉隆爲副，〔三〕督樓船將軍段志等南擊交阯。軍至合浦而志病卒，詔援幷將其兵。遂緣海而進，隨山刊道千餘里。〔四〕十八年春，軍至浪泊上，與賊戰，破之，斬首數千級，降者萬餘人。援追徵側等至禁谿，數敗之，賊遂散走。明年正月，斬徵側、徵貳，傳首洛陽。〔五〕封援爲新息侯，食邑三千戶。援乃擊牛釃酒，勞饗軍士。〔六〕從容謂官屬曰：「吾從弟少游常哀吾慷慨多大志，曰：『士生一世，但取衣食裁足，乘下澤車，〔七〕御款段馬，〔八〕爲郡掾史，守墳墓，鄉里稱善人，斯可矣。致求盈餘，但自苦耳。』當吾在浪泊、西里閒，虜未滅之時，下潦上霧，毒氣重蒸，仰視飛鳶跕跕墮水中，〔九〕臥念少游平生時語，何可得也！今賴士大夫之力，被蒙大恩，猥先諸君紆佩金紫，且喜且慙。」吏士皆伏稱萬歲。

〔一〕徵側者，麊泠縣雒將之女也，嫁爲朱鳶人詩索妻，甚雄勇。交阯太守蘇定以法繩之，側怨怒，故反。

〔二〕東觀記曰：「援上書：『臣所假伏波將軍印，書「伏」字，「犬」外嚮。城皋令印，「皋」字爲「白」下「羊」；丞印「四」下「羊」；尉印「白」下「人」，「人」下「羊」。即一縣長吏，印文不同，恐天下不正者多。符印所以爲信也，所宜齊同。』薦曉古文字者，事下大司空正郡國印章。奏可。」

〔三〕扶樂，縣名，屬九眞郡。

〔四〕刊，除也。

〔五〕越志云：「徵側兵起，都麊泠縣。及馬援討之，奔入金溪（穴）〔究〕中，二年乃得之。」

〔六〕釃猶濾也。詩曰：「釃酒有藇。」毛萇注云：「以筐曰釃。」釃音所宜反。

〔七〕周禮曰「車人爲車，行澤者欲短轂，行山者欲長轂，短轂則利，長轂則安」也。

〔八〕款猶緩也，言形段遲緩也。

〔九〕鳶，鴟也。跕跕，墯貌也。跕音都牒、泰牒二反。

援將樓船大小二千餘艘，戰士二萬餘人，進擊九眞賊徵側餘黨都羊等，自無功至居風，〔一〕斬獲五千餘人，嶠南悉平。〔二〕援奏言西于縣戶有三萬二千，〔三〕遠界去庭千餘里，〔四〕請分爲封溪、望海二縣，許之。〔五〕援所過輒爲郡縣治城郭，穿渠灌溉，以利其民。條奏越律與漢律駮者十餘事，〔六〕與越人申明舊制以約束之，自後駱越奉行馬將軍故事。〔七〕

〔一〕無功、居風，二縣名，並屬九真郡。居風，今愛州。
〔二〕嶠，嶺嶠也。爾雅曰：「山銳而高曰嶠。」嶠音渠廟反。廣州記曰：「援到交阯，立銅柱，爲漢之極界也。」
〔三〕西于縣屬交阯郡，故城在今交州龍編縣東也。
〔四〕庭，縣庭也。
〔五〕封溪、望海，縣，並屬交阯郡。
〔六〕駮，乖舛也。
〔七〕駱者，越別名。

二十年秋，振旅還京師，軍吏經瘴疫死者十四五。賜援兵車一乘，朝見位次九卿。

援好騎，善別名馬，於交阯得駱越銅鼓，乃鑄爲馬式，〔一〕還上之。因表曰：「夫行天莫如龍，行地莫如馬。〔二〕馬者甲兵之本，國之大用。安寧則以別尊卑之序，有變則以濟遠近之難。昔有騏驥，一日千里，伯樂見之，昭然不惑。〔三〕近世有西河子輿，亦明相法。子輿傳西河儀長孺，長孺傳茂陵丁君都，君都傳成紀楊子阿，臣援嘗師事子阿，受相馬骨法。考之於〔行〕事，輒有驗效。臣愚以爲傳聞不如親見，視景不如察形。今欲形之於生馬，則骨法難備具，又不可傳之於後。孝武皇帝時，善相馬者東門京〔四〕鑄作銅馬法獻之，有詔立馬於魯班門外，則更名魯班門曰金馬門。臣謹依儀氏䩭，中帛氏口齒，謝氏脣鬐，丁氏身中，備此數家骨相以爲法。」〔五〕馬高三尺五寸，圍四尺五寸。有詔置於宣德殿下，以爲名馬式焉。

〔一〕式，法也。裴氏廣州記曰：「俚獠鑄銅爲鼓，鼓唯高大爲貴，面闊丈餘。初成，懸於庭，剋晨置酒，招致同類，來者盈門。豪富子女以金銀爲大釵，執以叩鼓，叩竟，留遺主人也。」

〔二〕史記平準書曰：「以爲在天莫如龍，在地莫如馬。」

〔三〕伯樂，秦穆公時善相馬者也。桓寬鹽鐵論曰：「騏驥負鹽車，垂頭於太行之坂，見伯樂則噴而長鳴。」

〔四〕東門，姓也；京，名也。

〔五〕援銅馬相法曰：「水火欲分明。水火在鼻兩孔閒也。上脣欲急而方，口中欲紅而有光，此馬千里。頷下欲深，下脣欲緩。牙欲前向。牙（欲）去齒一寸，則四百里；牙劍鋒，則千里。目欲滿而澤。腹欲充，膁欲小，季肋欲長，懸薄欲厚而緩。懸薄，股也。腹下欲平滿，汗溝欲深（而）長，（而）膝本欲起，肘腋欲開，膝欲方，蹄欲厚三寸，堅如石。」䩭音居奇反。

初，援軍還，將至，故人多迎勞之，平陵人孟冀，名有計謀，於坐賀援。援謂之曰：「吾望子有善言，反同衆人邪？昔伏波將軍路博德開置七郡，裁封數百戶；〔一〕今我微勞，猥饗大縣，功薄賞厚，何以能長久乎？先生奚用相濟？」冀曰：「愚不及。」援曰：「方今匈奴、烏桓尚擾北邊，欲自請擊之。男兒要當死於邊野，以馬革裹屍還葬耳，何能臥牀上在兒女子手中邪？」冀曰：「諒爲烈士，當如此矣。」

〔一〕漢書曰，平南越以爲南海、蒼梧、鬱林、合浦、交阯、九眞、日南、朱崖、儋耳九郡。今此言「七郡」，則與前書不同也。

還月餘，會匈奴、烏桓寇扶風，援以三輔侵擾，園陵危逼，因請行，許之。自九月至京師，十二月復出屯襄國。〔一〕詔百官祖道。援謂黃門郎梁松、竇固曰：「凡人爲貴，當使可賤，如卿等欲不可復賤，居高堅自持，勉思鄙言。」松後果以貴滿致災，固亦幾不免。

〔一〕襄國，縣名，屬趙國，今邢州龍崗縣也。

明年秋，援乃將三千騎出高柳，行鴈門、代郡、上谷障塞。烏桓候者見漢軍至，虜遂散去，援無所得而還。

援嘗有疾，梁松來候之，獨拜牀下，援不荅。松去後，諸子問曰：「梁伯孫帝壻，〔一〕貴重朝廷，公卿已下莫不憚之，大人柰何獨不爲禮？」援曰：「我乃松父友也。〔二〕雖貴，何得失其序乎？」〔三〕松由是恨之。

〔一〕松尙舞陰公主。爾雅曰：「女子之夫爲壻。」

〔二〕松父統也。

〔三〕禮記曰：「見父之執友，不謂之進不敢進，不謂之退不敢退，不問不敢對。」鄭玄曰：「敬父同志如事父也。」

二十四年，武威將軍劉尙擊武陵五溪蠻夷，〔一〕深入，軍沒，援因復請行。時年六十二，帝愍其老，未許之。援自請曰：「臣尙能被甲上馬。」帝令試之。援據鞍顧眄，以示可用。

帝笑曰：「矍鑠哉是翁也！」〔二〕遂遣援率中郎將馬武、耿舒、劉匡、孫永等，將十二郡募士及弛刑四萬餘人征五溪。援夜與送者訣，謂友人謁者杜愔曰：「吾受厚恩，年迫餘日索，〔三〕常恐不得死國事。今獲所願，甘心瞑目，但畏長者家兒或在左右，或與從事，殊難得調，介介獨惡是耳。」〔四〕明年春，軍至臨鄉，〔五〕遇賊攻縣，援迎擊，破之，斬獲二千餘人，皆散走入竹林中。

〔一〕酈元注水經云「武陵有五溪，謂雄溪、樠溪、酉溪、潕溪、辰溪，悉是蠻夷所居，故謂五溪蠻」。皆槃瓠之子孫也。土俗「雄」作「熊」，「樠」作「朗」，「潕」作「武」，在今辰州界。

〔二〕矍鑠，勇貌也。東觀記作「矆哉是翁」。矆音許縛反。

〔三〕索，盡也。

〔四〕長者家兒謂權要子弟等。介介猶耿耿也。

〔五〕東觀記曰「二月到武陵臨鄉」也。

初，軍次下雋，〔一〕有兩道可入，從壺頭則路近而水嶮，〔二〕從充則塗夷而運遠，〔三〕帝初以爲疑。及軍至，耿舒欲從充道，援以爲弃日費糧，不如進壺頭，搤其喉咽，〔四〕充賊自破。以事上之，帝從援策。三月，進營壺頭。賊乘高守隘，水疾，船不得上。會暑甚，士卒多疫死，援亦中病，遂困，乃穿岸爲室，以避炎氣。〔五〕賊每升險鼓譟，援輒曳足以觀之，左右哀其壯意，莫不爲之流涕。耿舒與兄好畤侯弇書曰：「前舒上書當先擊充，糧雖難運而兵馬得用，軍人數萬爭欲先奮。今壺頭竟不得進，大衆怫鬱行死，誠可痛惜。前到臨鄉，賊無故自致，若夜擊之，即可殄滅。伏波類西域賈胡，到一處輒止，〔六〕以是失利。今果疾疫，皆如舒言。」弇得書，奏之。帝乃使虎賁中郎將梁松乘驛責問援，因代監軍。會援病卒，松宿懷不平，〔七〕遂因事陷之。帝大怒，追收援新息侯印綬。

〔一〕下雋，縣名，屬長沙國，故城今辰州沅陵縣。雋音字兗反。

〔二〕壺頭，山名也，在今辰州沅陵東。武陵記曰「此山頭與東海方壺山相似，神仙多所游集，因名壺頭山」也。

〔三〕充，縣名，屬武陵郡。充音昌容反。

〔四〕搤，持也。

〔五〕武陵記曰「壺頭山邊有石窟，即援所穿室也。室內有蛇如百斛船大，云是援之餘靈」也。

〔六〕言似商胡，所至之處輒停留。賈音古。

〔七〕以援往受其拜。

初，兄子嚴、敦並喜譏議，〔一〕而通輕俠客。援前在交阯，還書誡之曰：「吾欲汝曹聞人過失，如聞父母之名，耳可得聞，口不可得言也。好論議人長短，妄是非正法，〔二〕此吾所大惡也，寧死不願聞子孫有此行也。汝曹知吾惡之甚矣，所以復言者，施衿結褵，申父母之戒，〔三〕欲使汝曹不忘之耳。龍伯高敦厚周慎，口無擇言，謙約節儉，廉公有威，吾愛之重之，願汝曹効之。杜季良豪俠好義，憂人之憂，樂人之樂，清濁無所失，〔四〕父喪致客，數郡畢至，吾愛之重之，不願汝曹効也。効伯高不得，猶爲謹敕之士，所謂刻鵠不成尚類鶩者也。〔五〕効季良不得，陷爲天下輕薄子，所謂畫虎不成反類狗者也。訖今季良尚未可知，郡將下車輒切齒，州郡以爲言，吾常爲寒心，是以不願子孫効也。」季良名保，京兆人，時爲越騎司馬。〔六〕保仇人上書，訟保「爲行浮薄，亂羣惑衆，伏波將軍萬里還書以誡兄子，而梁松、竇固以之交結，將扇其輕僞，敗亂諸夏」。書奏，帝召責松、固，以訟書及援誡書示之，松、固叩頭流血，而得不罪。詔免保官。伯高名述，亦京兆人，爲山都長，〔七〕由此擢拜零陵太守。〔八〕

〔一〕並余之子也。喜音許吏反。

〔二〕譏刺時政也。

〔三〕說文曰：「衿，交衽也。」詩云：「親結其褵。」毛萇注云：「褵，婦人之褘也，女施衿結帨。」爾雅曰：「褵，緌也。」郭璞注曰：「即今之香纓也。」儀禮，父戒女曰「戒之敬之，夙夜無違命」；母戒之曰「戒之敬之，夙夜無違宮事」也。

〔四〕輕重合宜。

〔五〕鶩，鴨也。

〔六〕續漢書曰：「越騎司馬秩千石。」

〔七〕山都，縣，屬南陽郡，故城在今襄州義清縣東北，今名固城也。

〔六〕今永州也。

初，援在交阯，常餌薏苡實，用能輕身省慾，以勝瘴氣。〔一〕南方薏苡實大，援欲以爲種，軍還，載之一車。時人以爲南土珍怪，權貴皆望之。援時方有寵，故莫以聞。及卒後，有上書譖之者，以爲前所載還，皆明珠文犀。〔二〕馬武與於陵侯侯昱等〔三〕皆以章言其狀，帝益怒。援妻孥惶懼，不敢以喪還舊塋，裁買城西數畝地槀葬而已。〔四〕賓客故人莫敢弔會。嚴與援妻子草索相連，詣闕請罪。帝乃出松書以示之，方知所坐，上書訴冤，前後六上，辭甚哀切，然後得葬。

〔一〕神農本草經曰：「薏苡味甘，微寒，主風溼痹下氣，除筋骨邪氣，久服輕身益氣。」

〔二〕犀之有文彩也。

〔三〕昱，司徒侯霸之子也。

〔四〕裁，僅也，與纔同。槀，草也。以不歸舊塋，時權葬，故稱槀。

又前雲陽令同郡朱勃詣闕上書曰：

臣聞王德聖政，不忘人之功，〔一〕採其一美，不求備於衆。〔二〕故高祖赦蒯通而以王禮葬田橫，〔三〕大臣曠然，咸不自疑。夫大將在外，讒言在內，微過輒記，大功不計，誠爲國之所愼也。故章邯畏口而奔楚，〔四〕燕將據聊而不下。〔五〕豈其甘心末規哉，悼巧

言之傷類也。〔六〕

〔一〕周書曰：「記人之功，忘人之過，宜爲君也。」

〔二〕論語周公謂魯公曰：「不使大臣怨乎不以，無求備於一人。」

〔三〕蒯通說韓信背漢，高祖徵通至，釋不誅。田横初自稱齊王，漢定天下，横猶以五百人保於海島，高祖追横，横自殺，以王禮葬之。並見前書也。

〔四〕章邯爲秦將，使人請事，至咸陽，趙高不見，有不信之心，使還報，邯畏趙高讒之，遂降項羽。

〔五〕史記曰，燕將攻下聊城，人或讒之於燕，燕將懼誅，因保守聊城不敢歸。聊即今博州聊城縣也。

〔六〕末規猶下計也。詩云：「巧言如簧。」類，善也。

竊見故伏波將軍新息侯馬援，拔自西州，欽慕聖義，閒關險難，〔一〕觸冒萬死，孤立羣貴之閒，傍無一言之佐，馳深淵，入虎口，豈顧計哉！〔二〕寧自知當要七郡之使，徼封侯之福邪？八年，車駕西討隗囂，國計狐疑，衆營未集，援建宜進之策，卒破西州。及吳漢下隴，冀路斷隔，唯獨狄道爲國堅守，士民飢困，寄命漏刻。援奉詔西使，鎮慰邊衆，乃招集豪傑，曉誘羌戎，謀如涌泉，埶如轉規，〔三〕遂救倒縣之急，〔四〕存幾亡之城，〔五〕兵全師進，因糧敵人，隴、冀略平，而獨守空郡，〔六〕兵動有功，師進輒克。銖鉏先零，緣入山谷，猛怒力戰，飛矢貫脛。又出征交阯，土多瘴氣，援與妻子生訣，無悔吝之心，〔七〕遂斬滅徵側，克平一州。〔八〕閒復南討，立陷臨鄉，師已有業，未竟而死，吏士雖疫，援不獨存。夫戰或以久而立功，或以速而致敗，深入未必爲得，不進未必爲非。人情豈樂久屯絕地，不生歸哉！惟援得事朝廷二十二年，北出塞漠，南度江海，觸冒害氣，僵死軍事，〔九〕名滅爵絕，國土不傳。海內不知其過，衆庶未聞其毁，卒遇三夫之言，橫被誣罔之讒，〔一〇〕家屬杜門，葬不歸墓，怨隙並興，宗親怖慄。死者不能自列，生者莫爲之訟，臣竊傷之。

〔一〕閒關猶崎嶇也。

〔二〕戰國策曰：「魏安釐王畏秦，將入朝，周訢止之。王曰：『許綰爲我呪曰：「若入不出，請徇寡人以首。」』周訢對曰：『今有人謂臣，入不測之泉，而徇臣以鼠首，可乎？綰之首猶鼠首也。囚王於不測之秦而徇王以首，竊爲王不取也。』」司馬遷書曰「垂餌虎口」，又曰「夫人臣出萬死不顧一生之計，赴公家之難」。謂援使隗囂也。

〔三〕規，員也。孫子曰：「戰如轉員石於萬仞之山者，埶也。」

〔四〕孟子曰：「當今之時，行仁政，人悅之，猶解於倒縣也。」

〔五〕幾音祈。幾，近也。

〔六〕守音式授反。

〔七〕吝猶恨也。

〔八〕南海、蒼梧、鬱林、合浦、交阯、日南、九眞皆屬交州。

〔九〕僵，仆也。

〔10〕韓子曰：「龐共與魏太子質於邯鄲，共謂魏王曰：『今一人言市有虎，王信乎？』王曰：『否。』『二人言，王信乎？』王曰：『否。』『三人言，王信乎？』曰：『寡人信。』龐共曰：『夫市無虎明矣，然三人言，誠市有虎。今邯鄲去魏遠於市，謗臣者過三人，願王熟察之。』」

夫明主醲於用賞，約於用刑。高祖嘗與陳平金四萬斤以閒楚軍，不問出入所爲，豈復疑以錢穀閒哉？夫操孔父之忠而不能自免於讒，此鄒陽之所悲也。〔一〕詩云：「取彼讒人，投畀豺虎。豺虎不食，投畀有北。有北不受，投畀有昊。」〔二〕此言欲令上天而平其惡。惟陛下留思竪儒之言，〔三〕無使功臣懷恨黃泉。臣聞春秋之義，罪以功除；〔四〕聖王之祀，臣有五義。〔五〕若援，所謂以死勤事者也。願下公卿平援功罪，宜絕宜續，以厭海內之望。

〔一〕史記鄒陽書曰：「昔者，魯聽季孫之說而逐孔子，宋信子罕之計而囚墨翟。夫以孔、墨之辯，不能自免於讒諛。」

〔二〕詩小雅巷伯篇也。畀，與也。昊，昊天也。投與昊天，制其罰也。

〔三〕言如僮竪無知也。高祖曰：「竪儒幾敗吾事。」

〔四〕公羊傳曰：「夏滅項。孰滅之？齊滅之。曷爲不言齊滅？爲桓公諱也，以桓公嘗有繼絕存亡之功，故君子爲之諱也。」

〔五〕禮記曰：「夫聖王之制祀也，法施於人則祀之，以死勤事則祀之，以勞定國則祀之，能禦大災則祀之，能捍大患則祀之。」

臣年已六十，常伏田里，竊感欒布哭彭越之義，〔一〕冒陳悲憤，戰慄闕庭。

〔一〕前書曰，彭越爲梁王，欒布爲梁大夫使於齊。越以謀反，梟首洛陽，詔有收視者捕之。布使還，奏事越頭下，祠而哭之。

書奏，報，歸田里。

勃字叔陽，年十二能誦詩、書。常候援兄況。勃衣方領，能矩步，〔一〕辭言嫺雅，〔二〕援裁知書，見之自失。況知其意，乃自酌酒慰援曰：「朱勃小器速成，智盡此耳，卒當從汝稟學，勿畏也。」〔三〕朱勃未二十，右扶風請試守渭城宰，〔四〕及援爲將軍，封侯，而勃位不過縣令。援後雖貴，常待以舊恩而卑侮之，勃愈身自親，及援遇讒，唯勃能終焉。肅宗即位，追賜勃子穀二千斛。〔五〕

〔一〕續漢書曰：「勃能說韓詩。」前書音義曰：「頸下施衿領正方，學者之服也。」矩步者，回旋皆中規矩。

〔二〕嫺音閑。嫺雅猶沈靜也，司馬相如曰「雍容嫺雅」。

〔三〕稟，受也。

〔四〕渭城，縣名，故城在今咸陽縣東北。前書音義曰：「試守者，試守一歲，乃爲眞，食其全俸。」

〔五〕東觀記曰：「章帝下詔曰：『告平陵令、丞：縣人故雲陽令朱勃，建武中以伏波將軍爵土不傳，上書陳狀，不顧罪戾，懷旌善之志，有烈士之風。詩云：「無言不讎，無德不報。」其以縣見穀二千斛賜勃子若孫，勿令遠詣闕謝。』」

初，援兄子壻王磐子石，〔一〕王莽從兄平阿侯仁之子也。莽敗，磐擁富貴居故國，爲人尚氣節而愛士好施，有名江淮閒。後游京師，與衞尉陰興、大司空朱浮、齊王章共相友善。援謂姊子曹訓曰：「王氏，廢姓也。子石當屏居自守，而反游京師長者，〔二〕用氣自行，多所陵折，其敗必也。」後歲餘，磐果與司隸校尉蘇鄴、丁鴻事相連，坐死洛陽獄。而磐子肅復出入北宮及王侯邸第。援謂司馬呂种曰：〔三〕「建武之元，名爲天下重開。自今以往，海内日當安耳。但憂國家諸子並壯，而舊防未立，〔四〕若多通賓客，則大獄起矣。卿曹戒慎之！」及郭后薨，有上書者，以爲肅等受誅之家，客因事生亂，慮致貫高、任章之變。〔五〕帝怒，乃下郡縣收捕諸王賓客，更相牽引，死者以千數。呂种亦豫其禍，臨命歎曰：「馬將軍誠神人也！」

〔一〕子石，磐字也。

〔二〕長者謂豪俠者也。

〔三〕是援行軍之司馬也。

〔四〕舊防，諸侯王子不許交通賓客。

〔五〕張敖爲趙王，其相貫高。高祖不禮趙王，高恥之，置人壁中，欲害高祖。又任章父宣，霍氏女壻，坐謀反誅。宣帝祠昭帝廟，章乃玄服夜入廟，待帝至，欲爲逆。發覺，伏誅。並見前書。

永平初，援女立爲皇后。顯宗圖畫建武中名臣、列將於雲臺，〔一〕以椒房故，獨不及援。

東平王蒼觀圖，言於帝曰：「何故不畫伏波將軍像？」帝笑而不言。至十七年，援夫人卒，乃更脩封樹，起祠堂。

〔一〕雲臺在南宮也。

建初三年，肅宗使五官中郎將持節追策，謚援曰忠成侯。

四子：廖，防，光，客卿。客卿幼而歧嶷，年六歲，能應接諸公，專對賓客。嘗有死罪亡命者來過，客卿逃匿不令人知。外若訥而內沈敏。援甚奇之，以爲將相器，故以客卿字焉。〔一〕援卒後，客卿亦夭沒。

〔一〕張儀、虞卿並爲客卿，故取名焉。事見史記。

論曰：馬援騰聲三輔，遨游二帝，及定節立謀，以干時主，將懷負鼎之願，蓋爲千載之遇焉。〔一〕然其戒人之禍，智矣，〔二〕而不能自免於讒隙。豈功名之際，理固然乎？〔三〕夫利不在身，以之謀事則智；慮不私己，以之斷義必厲。誠能回觀物之智而爲反身之察，若施之於人則能恕，自鑒其情亦明矣。〔四〕

〔一〕伊尹負鼎以干湯。光武與竇融書曰「千載之遇」也。

〔二〕謂誡竇固，梁松、王磐、呂种等，皆如所言也。

〔三〕居功名之地，讒構易興，而能免之者少矣。

〔四〕見人之謂智，自見之謂明。以自見之明爲見人之用，其於物理豈不通乎。

廖字敬平，少以父任爲郎。〔一〕明德皇后既立，拜廖爲羽林左監、虎賁中郎將。顯宗崩，受遺詔典掌門禁，遂代趙憙爲衞尉，肅宗甚尊重之。

〔一〕東觀記曰：「廖少習易經，清約沈靜。援擊武谿無功，卒于師，廖不得嗣爵。」

時皇太后躬履節儉，事從簡約，廖慮美業難終，上疏長樂宮以勸成德政，曰：「臣案前世詔令，以百姓不足，起於世尚奢靡，故元帝罷服官，〔一〕成帝御浣衣，哀帝去樂府。〔二〕然而侈費不息，至於衰亂者，百姓從行不從言也。〔三〕夫改政移風，必有其本。傳曰：『吳王好劍客，百姓多創瘢；楚王好細腰，宮中多餓死。』〔四〕長安語曰：〔五〕『城中好高髻，四方高一尺；城中好廣眉，四方且半額；城中好大袖，四方全匹帛。』斯言如戲，有切事實。前下制度未幾，後稍不行。雖或吏不奉法，良由慢起京師。今陛下躬服厚繒，斥去華飾，素簡所安，發自聖性。〔六〕此誠上合天心，下順民望，浩大之福，莫尚於此。陛下既已得之自然，猶宜加以勉勗，法太宗之隆德，戒成、哀之不終。〔七〕易曰：『不恒其德，或承之羞。』〔八〕誠令斯事一竟，〔九〕則四海誦德，聲薰天地，〔一〇〕神明可通，金石可勒，而況於行仁心乎，況於行令乎！願置章坐側，以當瞽人夜誦之音。」〔一一〕太后深納之。朝廷大議，輒以詢訪。

〔一〕前書音義曰：「齊國舊有三服之官，春獻冠幘縰為首服，紈素為冬服，輕綃為夏服。元帝約省，故罷之。」

〔二〕哀帝即位，詔罷鄭衛之音，減郊祭及武樂等人數也。

〔三〕書曰：「違上所命，從厥攸好。」

〔四〕墨子曰「楚靈王好細腰，而國多餓人」也。

〔五〕當時諺言。

〔六〕言儉素約飭，后之所安。

〔七〕太宗，孝文也。玄默為化，身衣弋綈。成帝下詔，務崇儉約，禁斷綺縠、女樂，嫁娶葬埋過制，唯青綠人所常服不禁。哀帝初即位，易帷帳，去錦繡，乘輿席緣綈繒而已。成帝以趙飛燕，哀帝以董賢，為儉並不終。

〔八〕恆卦九三爻詞也。巽下震上，鄭玄注云：「巽為進退，不恆其德之象。又（玄）〔互〕體兌，兌為毀折，後將有羞辱也。」

〔九〕竟猶終也。

〔一〇〕薰猶蒸也，言芳聲薰天地也。

〔一一〕瞽人，無目者也。古者瞽師教國子誦六詩。前書禮樂志云「乃采詩夜誦」。夜誦者，其辭或祕，不可宣露，故於夜中歌誦也。

廖性質誠畏慎，不愛權埶聲名，盡心納忠，不屑毀譽。〔一〕有司連據舊典，奏封廖等，累讓不得已，建初四年，遂受封爲順陽侯，以特進就第。每有賞賜，輒辭讓不敢當，京師以是稱之。

〔一〕王逸注楚詞云：「屑，顧也。」

子豫，爲步兵校尉。太后崩後，馬氏失埶，廖性寬緩，不能教勒子孫，豫遂投書怨誹。又防、光奢侈，好樹黨與。八年，有司奏免豫，遣廖、防、光就封。豫隨廖歸國，考擊物故。〔一〕後詔還廖京師。永元四年，卒。和帝以廖先帝之舅，厚加賵賻，使者弔祭，王主會喪，謚曰安侯。

〔一〕物，無也；故，事也：謂死也。

子遵嗣，徙封程鄉侯。遵卒，無子，國除。元初三年，鄧太后（詔）〔紹〕封廖孫度爲潁陽侯。

防字江平，永平十二年，與弟光俱爲黃門侍郎。肅宗即位，拜防中郎將，稍遷城門校尉。建初二年，金城、隴西保塞羌皆反，〔一〕拜防行車騎將軍事，以長水校尉耿恭副，將北軍五校兵及諸郡積射士三萬人擊之。軍到冀，而羌豪布橋等圍南部都尉於臨洮。防欲救之，臨洮道險，車騎不得方駕，防乃別使兩司馬將數百騎，分爲前後軍，去臨洮十餘里爲大營，多樹幡幟，揚言大兵且當進。羌候見之，馳還言漢兵盛不可當。明旦遂鼓譟而前，羌虜驚走，因追擊破之，斬首虜四千餘人，遂解臨洮圍。防開以恩信，燒當種皆降，唯布橋等二萬餘人在臨洮西南望曲谷。〔二〕十二月，羌又敗耿恭司馬及隴西長史於和羅谷，死者數百人。明年春，防遣司馬夏駿將五千人從大道向其前，潛遣司馬馬彭將五千人從閒道衝其心腹，又令將兵長史李調等將四千人繞其西，三道俱擊，復破之，斬獲千餘人，得牛羊十餘萬頭。羌退走，夏駿追之，反爲所敗。防乃引兵與戰於索西，又破之。〔三〕布橋迫急，將種人萬餘降。詔徵防還，拜車騎將軍，城門校尉如故。

〔一〕羌，東吾燒當之後也，以其父滇吾降漢，乃入居塞內，故稱保塞。

〔二〕酈元注水經云望曲在臨洮西南，去龍桑城二百里。

〔三〕索西，縣名，故城在今岷州和政縣東，亦名臨洮東城，亦謂之赤城。沙州記云：「從東洮至西洮一百二十里。」東洮即謂此城。

防貴寵最盛，與九卿絕席。光自越騎校尉遷執金吾。四年，封防潁陽侯，光爲許侯，兄弟二人各六千戶。防以顯宗寢疾，入參醫藥，又平定西羌，增邑千三百五十戶。屢上表讓位，俱以特進就第。皇太后崩，明年，拜防光祿勳，光爲衞尉。防數言政事，多見採用。是冬始施行十二月迎氣樂，防所上也。〔一〕子鉅，爲常從小侯。〔二〕六年正月，以鉅當冠，〔三〕特拜爲黃門侍郎。肅宗親御章臺下殿，陳鼎俎，自臨冠之。明年，防復以病乞骸骨，詔賜故中山王田廬，〔四〕以特進就第。

〔一〕解見章帝紀。

〔二〕以小侯故得常從也。

〔三〕禮記曰二十弱冠。儀禮曰，士冠，筮於廟門，主人玄冠朝服，有司如主人服。卒筮旅占告吉，若不吉即筮遠日如初。前期三日，筮賓如求日之儀。陳服于房中西墉下，東領北上。始加緇布冠，次加皮弁，次加爵弁。嫡子冠於阼，以著代也。三加而彌尊，冠而字之，敬其名也。祝曰：「令月吉辰，加爾元服，弃爾幼志，順爾成德。」

〔四〕中山王焉以郭太后少子故，獨留京師。建武三十年徙封中山，永平二年就國，故以其田廬賜防也。

防兄弟貴盛，奴婢各千人已上，資產巨億，皆買京師膏腴美田，又大起第觀，連閣臨道，彌亙街路，多聚聲樂，曲度比諸郊廟。〔一〕賓客奔湊，四方畢至，京兆杜篤之徒數百人，常為食客，居門下。刺史、守、令多出其家。歲時賑給鄉閭，故人莫不周洽。防又多牧馬畜，賦斂羌胡。帝不喜之，數加譴勑，所以禁遏甚備，由是權埶稍損，賓客亦衰。八年，因兄子豫怨謗事，有司奏防、光兄弟奢侈踰僭，濁亂聖化，悉免就國。臨上路，詔曰：「舅氏一門，俱就國封，四時陵廟無助祭先后者，朕甚傷之。其令許侯思愆田廬，有司勿復請，〔二〕以慰朕渭陽之情。」〔三〕

〔一〕曲度謂曲之節度也。

〔二〕留之於京，守田廬而思愆過也。

〔三〕渭陽，詩秦風也。秦康公送舅晉文公于渭之陽，念母之不見也。其詩曰：「我見舅氏，如母存焉。」

光爲人小心周密，喪母過哀，〔一〕帝以是特親愛之，乃復位特進。子康，黃門侍郎。永元二年，光爲太僕，康爲侍中。及竇憲誅，光坐與厚善，復免就封。後憲奴誣光與憲逆，自殺，〔二〕家屬歸本郡。本郡復殺康，而防及廖子遵皆坐徙封丹陽。防爲翟鄉侯，租歲限三百萬，不得臣吏民。防後以江南下溼，上書乞歸本郡，和帝聽之。十三年，卒。

〔一〕東觀記曰：「光遭母喪，哀慟感傷，形骸骨立。」

〔二〕東觀記曰：「奴名玉當。初，竇氏有事，玉當亡，私從光乞，不與。恨去，懷挾欲中光。官捕得玉當，因告言光與憲有惡謀，光以被誣不能自明，乃自殺。光死後，憲他奴郭扈自出證明光、憲無惡言，光子朗上書迎光喪葬舊塋，詔許之。」

子鉅嗣，後爲長水校尉。永初七年，鄧太后詔諸馬子孫還京師，隨四時見會如故事，復紹封光子朗爲合鄉侯。

嚴字威卿。父余，王莽時爲楊州牧。嚴少孤，〔一〕而好擊劍，習騎射。〔二〕後乃白援，從平原楊太伯講學，專心墳典，能通春秋左氏，〔三〕因覽百家羣言，遂交結英賢，京師大人咸器異之。〔四〕仕郡督郵，援常與計議，委以家事。弟敦，字孺卿，亦知名。援卒後，嚴乃與敦俱歸安陵，居鉅下，〔五〕三輔稱其義行，號曰「鉅下二卿」。

〔一〕東觀記：「余卒時，嚴七歲，依姊壻父九江連率平阿侯王述。明年，母復終，會述失郡，居沛郡。建武三年，余外孫右扶風曹貢爲梧安侯相，迎嚴歸，養視之。至四年，叔父援從車駕東征，過梧安，乃將嚴兄弟西。嚴年十三至雒陽，留寄郎朱仲孫舍，大奴步護視之也。」

〔二〕東觀記曰：「嚴從其故門生肆都學擊劍，習騎射。」

〔三〕東觀記曰，從司徒祭酒陳元受之。

〔四〕大人，長者之稱也。

〔五〕決錄注曰：「鉅下，地名也。」

明德皇后既立，嚴乃閉門自守，猶復慮致譏嫌，遂更從北地，斷絕賓客。永平十五年，皇后敕使移居洛陽。顯宗召見，嚴進對閑雅，意甚異之，有詔留仁壽闥，與校書郎杜撫、班固等雜定建武注記。常與宗室近親臨邑侯劉復等論議政事，甚見寵幸。後拜將軍長史，將北軍五校士、羽林禁兵三千人，屯西河美稷，〔一〕衞護南單于，聽置司馬、從事。牧守謁敬，同之將軍。敕嚴過武庫，祭蚩尤，〔二〕帝親御阿閣，〔三〕觀其士衆，時人榮之。

〔一〕美稷，縣名。

〔二〕武庫，掌兵器，令一人，秩六百石。前書音義曰：「蚩尤，古天子，好五兵，故今祭之。」見高祖紀也。

〔三〕阿，曲也。

肅宗卽位，徵拜侍御史中丞，除子鱄爲郎，〔一〕令勸學省中。〔二〕其冬，有日食之災，嚴上封事曰：「臣聞日者衆陽之長，食者陰侵之徵。書曰：『無曠庶官，天工人其代之。』〔三〕言王者代天官人也。故考績黜陟，以明褒貶。〔四〕無功不黜，則陰盛陵陽。臣伏見方今刺史太守專州典郡，不務奉事盡心爲國，而司察偏阿，取與自己，同則舉爲尤異，異則中以刑法，〔五〕不卽垂頭塞耳，採求財賂。今益州刺史朱酺、楊州刺史倪説、〔六〕涼州刺史尹業等，每行考事，輒有物故，〔七〕又選舉不實，曾無貶坐，是使臣下得作威福也。故事，州郡所舉上奏，司直察能否以懲虛實。〔八〕今宜加防檢，式遵前制。舊丞相、御史親治職事，唯丙吉以年老優游，不案吏罪，〔九〕於是宰府習爲常俗，更共罔養，以崇虛名，〔一〇〕或未曉其職，便復遷徙，誠非建官賦祿之意。宜勑正百司，各責以事，州郡所舉，必得其人。若不如言，裁以法令。傳曰：『上德以寬服民，其次莫如猛。故火烈則人望而畏之，水懦則人狎而翫之。爲政者寬以濟猛，猛以濟寬。』〔一一〕如此，綏御有體，災眚消矣。」〔一二〕書奏，帝納其言而免酺等官。

〔一〕鱄音時兗反。

〔二〕勸，勉也。前書王鳳薦班伯於成帝，宜勸學，召見宴昵殿是也。

〔三〕尚書咎繇之詞。

〔四〕尚書曰：「三載考績，三考黜陟幽明。」

〔五〕中音丁仲反。

〔六〕倪音五兮反。 說音悅。

〔七〕考，按也。

〔八〕前書武帝元狩五年，初置司直，比二千石，掌佐丞相舉不法。 續漢書曰：「光武以武帝故事置司直，居丞相府，助督錄諸州。 建武十八年省之。」

〔九〕丙吉字少卿，魯人也。 宣帝時，爲丞相。 掾史有罪，終無所驗。 公府不按吏，自吉始也。 見前書。

〔10〕罔養猶依違也。

〔11〕左傳鄭子產誠子太叔爲政之詞也。

〔12〕眚亦災也。

建初元年，遷五官中郎將，除三子爲郎。 嚴數薦達賢能，申解冤結，多見納用。 復以五官中郎將行長樂衞尉事。 二年，拜陳留太守。 嚴當之職，乃言於帝曰：「昔顯親侯竇固誤先帝出兵西域，置伊吾盧屯，煩費無益。 又竇勳受誅，其家不宜親近京師。」 是時勳女爲皇后，竇氏方寵，時有側聽嚴言者，以告竇憲兄弟，由是失權貴心。 嚴下車，明賞罰，發姦慝，郡界清靜。 時京師訛言賊從東方來，百姓奔走，轉相驚動，諸郡遑急，各以狀聞。 嚴察其虛妄，獨不爲備。 詔書勑問，使驛係道，嚴固執無賊，後卒如言。 典郡四年，坐與宗正劉軼、少府丁鴻等更相屬託，徵拜太中大夫；十餘日，遷將作大匠。 七年，復坐事免。 後既爲竇氏所忌，遂不復在位。及帝崩，竇太后臨朝，嚴乃退居自守，訓教子孫。永元十年，卒於家，時年八十二。

弟敦，官至虎賁中郎將。嚴七子，〔一〕唯續、融知名。續字季則，七歲能通論語，十三明尚書，十六治詩，博觀羣籍，善九章筭術。〔二〕順帝時，爲護羌校尉，遷度遼將軍，所在有威恩稱。融自有傳。

〔一〕謂固，伉，歆，鱄，融，留，續。

〔二〕劉徽九章筭術曰方田第一，粟米第二，（羨外）〔差分〕第三，少廣第四，商功第五，均輸第六，盈不足第七，方程第八，句股第九。

棱字伯威，援之族孫也。少孤，依從兄毅共居業，恩猶同產。毅卒無子，棱心喪三年。〔一〕

〔一〕東觀記曰：「毅，張掖屬國都尉。」

建初中，仕郡功曹，舉孝廉。及馬氏廢，肅宗以棱行義，徵拜謁者。章和元年，遷廣陵太守。時穀貴民飢，奏罷鹽官，以利百姓，賑貧羸，薄賦稅，興復陂湖，溉田二萬餘頃，吏民刻石頌之。〔一〕永元二年，轉漢陽太守，有威嚴稱。大將軍竇憲西屯武威，棱多奉軍費，侵賦百姓，憲誅，坐抵罪。後數年，江湖多劇賊，以棱爲丹陽太守。棱發兵掩擊，皆禽滅之。轉會稽太守，治亦有聲。轉河內太守。永初中，坐事抵罪，卒于家。

〔一〕東觀記曰：「棱在廣陵，蝗（虫）〔蟲〕入江海，化爲魚蝦，興復陂湖，增歲租十餘萬斛。」

贊曰：伏波好功，爰自冀、隴。南靜駱越，西屠燒種。徂年已流，壯情方勇。明德既升，家祚以興。廖乏三趣，防遂驕陵。〔一〕

〔一〕左氏傳曰，宋正考甫三命滋益恭，「一命而僂，再命而傴，三命而俯，循牆而走，亦莫余敢侮」。

校勘記

八二七頁八行　馬何羅　集解引惠士奇說，謂「馬」前書作「莽」，莽馬音同，古文通。

八二七頁一〇行　況字長平　汲本、殿本「長」作「君」。按：聚珍本東觀記亦作「君」。

八二八頁五行　否則守錢虜耳　按：集解引惠棟說，謂「虜」袁宏紀作「奴」。

八二八頁七行　師事潁川滿昌　按：汲本「滿」作「蒲」，東觀記同。

八二八頁一三行　又嘗爲牧（帥）〔師〕令　集解引陳景雲說，謂注「帥」當作「師」，前漢有牧師令。今據改。

八二九頁一一行　如偶人形　按：汲本「偶」作「偊」。袁紀同。

八二九頁一四行　東觀記(曰)　「曰」字當衍，今刪。

八三〇頁一四行　但幘坐　殿本「但」作「袒」，聚珍本東觀記同。按：校補引說文「但，裼也」，「裼，但也」，謂古「袒」作「但」，故通鑑亦作「但幘坐」。

八三三頁二行　以離罶(友)〔支〕黨　據汲本改。按：刊誤謂「友」當作「支」。

八三三頁一三行　言爲標準(謂)〔爲〕射的也　據殿本改。

八三五頁一五行　其田土肥壤　按：集解引沈欽韓說，謂方言「䑋，肥也」，廣雅「䑋，盛也」，「壤」當爲「䑋」。

八三六頁一三行　縣管蠻夷曰道　刊誤謂「管」當依漢書本文作「有」。今按：漢志作「有蠻夷曰道」，續志作「縣主蠻夷曰道」。

八三六頁一四行　務開(寬)〔恩〕信(恩)〔寬〕以待下　據刊誤改。按：聚珍本東觀記正作「務開恩信，寬以待下」。

八三八頁七行　督樓船將軍段志等　按：「段志」袁宏紀作「殷志」。

八三八頁九行　援追徵側等至禁谿　按：通鑑胡注謂「禁谿」水經注及越志皆作「金谿」。

八三八頁一三行　當吾在浪泊西里閒　按：王先謙謂東觀記「里」下有「塢」字。

八三八頁一三行　毒氣重蒸　刊誤謂「重」當作「熏」。今按：集解引周壽昌說，謂重蒸言下潦上霧，兩重相蒸也，不必改「熏」。王先謙謂東觀記作「熏」，案「重」字亦通。

八三九頁一行　雒將之女也　按：沈欽韓謂「雒」當爲「駱」，賈捐之所謂「駱越之民」，前書閩越傳「甌駱將左黃同」。

八三九頁七行　奔入金溪（穴）〔究〕中　集解引沈欽韓說，謂「穴」當爲「究」。水經鬱水注引竺枝扶南記曰，山溪瀨中謂之究。又葉榆水注，援將兵討側，側走金溪究中。今據改。

八三九頁一三行　徵側餘黨都羊等　光武紀「都羊」作「都陽」。按：陽羊古通作。

八四〇頁一三行　考之於〔行〕事　據汲本、殿本補。

八四一頁八行　牙（欲）去齒一寸　據刊誤刪。

八四一頁九行　腹下欲平滿　按：集解引惠棟說，謂唐、宋舊本皆云「脅堂欲平滿」。

八四一頁九行　汗溝欲深〔而〕長（而）膝本欲起　據刊誤改。

八四二頁一三行　見父之執友　按：殿本、集解本無「友」字，與禮記合。

八四二頁一四行　武威將軍劉尙　按：王先謙謂東觀記「劉尙」作「劉禹」。

八四三頁二行　謁者杜愔　按：集解引惠棟說，謂袁宏紀「杜愔」作「杜憶」。

八四三頁二行　年迫餘日索　按：集解引王補說，謂通鑑作「年迫日索」，無「餘」字。

八四四頁一四行　妄是非正法　按：通鑑「正」作「政」。集解引惠棟說，謂案注當作「政」。

八四五頁六行　竇固以之交結　按：王先謙謂「以」字無義，疑當作「與」，音近而訛。

八四六頁九行　犀之有文彩也　按：校補謂「之」當作「角」。

八四六頁一二行　時權葬　按：校補謂「時權」二字當乙。

八四九頁一行　寵共與魏太子質於邯鄲　按：校補謂「寵共」魏策作「寵葱」。

八五〇頁一行　常伏田里　按：校補謂覩下文「報歸田里」，則朱勃上書之時必尚未歸田里，安得云「常伏田里」，「常」蓋「當」之誤。

八五〇頁四行　書奏報歸田里　按：王補謂袁紀「書奏不報，歸田里」，此「報」上奪「不」字，通鑑作「帝意稍解」。校補則謂袁紀「不」字必係誤衍。當時帝方盛怒，勃固無不待報而擅歸田里之理。勃書本自陳年已六十，當伏田里，故帝報許之，不以其訟伏波爲罪，即意稍解也。

八五一頁六行　客因事生亂　按：刊誤謂「客」是「容」之誤。

八五三頁一行　讒構易興　按：「構」原作「搆」，逕改正。

八五三頁一〇行　前下制度未幾後稍不行　刊誤謂案文有「未幾」，則不當更有「後」字，蓋本是「復」字也。今按：應讀「前下制度未幾」爲句，「後」字連下讀，劉說未諦。

八五三頁一四行　而況於行仁心乎　按：「行」字疑涉下「行令」而譌衍，羣書治要引此無「行」字，通鑑則刪此一句。

八五四頁一〇行　又（玄）〔互〕體兌　據殿本改。

八五五頁七行　謚曰安侯　按：汲本、殿本「安」作「哀」。

八五五頁九行　（詔）〔紹〕封廖孫度爲潁陽侯　殿本考證謂「詔」當作「紹」。今據改。

八五六頁一四行　十二月迎氣樂　按：東觀記「十二月」作「十月」。

八五七頁四行　二十弱冠　按：張森楷校勘記謂「弱」上當有「曰」字。

八五七頁四行　篚於廟門　按：刊誤謂「篚」下當有「日」字。

八五九頁五行　嚴從其故門生肆都學擊劍　刊誤謂門生無故者，「故」當作「叔」。按：集解引周壽昌說，謂「其」字指馬援，謂援之故門生，注蔵引東觀記原文，故字句微闋。

八六〇頁一行　徵拜侍御史中丞　集解引惠棟説，謂徵拜侍御史，復遷中丞也。按：沈家本謂疑此「侍」字衍。

八六二頁七行　（羨外）〔差分〕第三　據汲本、殿本改。

八六三頁三行　蝗（虫）〔蟲〕入江海化爲魚蝦　據汲本改。